AF341504

FERNAND ENGERAND

DÉPUTÉ DU CALVADOS

LA BATAILLE

DE

LA FRONTIÈRE

(AOUT 1914)

BRIEY

(DEUX CARTES)

ÉDITIONS BOSSARD

43, RUE MADAME, 43

PARIS

1920

DU MÊME AUTEUR

—

L'ALLEMAGNE ET LE FER : LES FRONTIÈRES LORRAINES ET LA FORCE ALLEMANDE. *Ouvrage couronné par l'Académie Française.* Paris, Librairie Académique Perrin, 1916.

CE QUE L'ALLEMAGNE VOULAIT, CE QUE LA FRANCE AURA. LE MINERAI DE BRIEY, LA HOUILLE DE LA SARRE. Paris, Librairie Sirey, 1916.

LE SECRET DE LA FRONTIÈRE, 1815-1871-1914. CHARLEROI. Paris, Éditions Bossard, 1918.

LE FER SUR UNE FRONTIÈRE. LA POLITIQUE MÉTALLURGIQUE DE L'ETAT ALLEMAND. Paris, Éditions Bossard, 1919.

ANGE PITOU, AGENT ROYALISTE ET CHANTEUR DES RUES (1767-1846). *Ouvrage couronné par l'Académie Française.* Paris, Librairie Ernest Leroux, 1899.

INVENTAIRES DE LA COLLECTION DE LA COURONNE :

Inventaire des tableaux du Roy, dressé en 1709 et 1710 par Nicolas BAILLY, garde des tableaux, publié pour la première fois avec des additions et notes. Paris, Librairie Ernest Leroux, 1898.

Inventaire des tableaux commandés et achetés par la Direction des Bâtiments du Roy, 1709-1792. Paris, Librairie Ernest Leroux, 1899.

LA BATAILLE DE LA FRONTIÈRE

(AOUT 1914)

BRIEY

FERNAND ENGERAND

DÉPUTÉ DU CALVADOS

LA BATAILLE

DE

LA FRONTIÈRE

(AOUT 1914)

BRIEY

(DEUX CARTES)

ÉDITIONS BOSSARD
43, RUE MADAME, 43
PARIS
1920

✺✺✺✺✺✺✺✺✺✺✺✺✺✺✺✺✺✺✺✺✺

PRÉFACE

BRIEY ET CHARLEROI

J'eus, au cours de la guerre, le redoutable et peut-être funeste avantage, ayant entrevu la vérité sur les débuts de la guerre — sur ce mois d'août 1914, le plus tragique assurément de toute l'histoire de la France — d'avoir osé la dire.

Ayant trouvé le mot de la prétendue énigme de Charleroi, je l'ai donné et par là dévoilé les erreurs dont on avait abusé l'opinion, les causes de l'invasion et de la cruelle occupation du plus riche quartier de la France, celles enfin des difficultés et des souffrances sans nombre qui s'ensuivirent.

J'ai tenu le flambeau, dont parle Vigny, et « dont les yeux faibles détestent la lumière ». On m'en fit grief. Dire si tôt la vérité, erreur politique ! gémissait-on. Non. Que si erreur il y avait eu, elle n'eut pas, au surplus, été que mienne, mais également celle du gouvernement, dont en 1918 la censure autorisa la publication de mes articles du Correspondant puis celle de mon livre. Le gouvernement, ce faisant, avait *assurément ses raisons ; peut-être les trouverait-on en rapprochant la date où parurent ces articles **de** celle des événements militaires qui se produisirent alors sur le front allié.*

Je prévois pour ce nouveau livre une autre critique. Il est le quatrième d'une série sur la frontière : idée fixe, dira-t-on. Quatre livres sur le même objet, c'est beaucoup, je le reconnais, mais ce n'est pas trop quand le sujet est d'une telle importance. Assurément j'eusse préféré « boucler le dossier » et passer à un autre sujet. Je n'éprouverai aucune confusion d'une telle critique, et si j'ai un remords, c'est, au cours de ma vie parlementaire, d'avoir trop regardé ma circonscription et pas assez la frontière. Le devoir actuel d'un représentant de la France est de renverser son champ de vision d'avant-guerre.

~

Après Charleroi, j'étudie donc aujourd'hui un autre coin de la bataille de la frontière d'août 1914 : Briey. Voici comment j'y fus amené.

Mon livre : Le Secret de la Frontière *: Charleroi subit le tir de barrage le moins inattendu. J'avais déclaré qu'il « n'était que pour quelques-uns » ; son tirage avait été volontairement limité, l'éditeur ni l'auteur ne voulant tirer profit de la révélation d'un tel malheur national. Mon but était d'empêcher la légende de se substituer à la vérité historique. Je me félicitais presque du silence quasi-universel de la presse.*

Un hasard politique vint le rompre.

En janvier 1919, au cours d'une interpellation à la Chambre sur la politique métallurgique du gouverne-

ment, *l'interpellateur, ayant évoqué la question de Briey, dont j'avais dans mon livre exposé la gravité, fit appel à mon témoignage ; je ne le lui refusai pas, et je ne pouvais le lui refuser. Je signalai donc la double cause de nos difficultés métallurgiques au cours de la guerre : la non-défense, en août 1914, de Briey, le pays du fer, et du Nord, le pays de la houille. L'émotion fut vive ; M. Viviani la porta à son comble en affirmant que cet abandon de Briey provenait du fait du commandement et non du gouvernement, que le recul de 10 kilomètres, prescrit à nos troupes le 30 juillet, n'avait été pour rien dans cette mesure, prévue dans le plan de concentration.*

Bien d'autres choses furent encore dites, hors de cette question, qui, d'accessoire dans la pensée de l'interpellateur, devint principale dans la pensée publique. Par Briey la question du début de la guerre était posée. Cette fois, la grande presse, comme mue par un chef invisible, fit rage : sabotage de la victoire! scandale parlementaire !! légende de Briey !!!.. Je laissai passer l'orage.

La Chambre décida, comme conclusion du débat, de nommer une commission d'enquête « sur le rôle et la situation de la métallurgie en France ». Un tel programme était illimité alors que, par contre, les pouvoirs de la Chambre étaient extrêmement limités, la malignité publique les disait même périmés.

La perte de Briey ayant été l'origine certaine et la cause principale de nos difficultés métallurgiques, son examen s'imposait d'abord. La Commission rechercha donc les raisons de cet immense malheur, que le ministre M. Loucheur, n'hésita pas à qualifier de « catastrophe » : c'était conséquemment l'examen des événe-

ments militaires du début de la guerre sur ce point du front de bataille français.

Les chefs qui avaient participé à ces batailles ou qui furent associés à leur préparation apportèrent leur témoignage. Le général de Castelnau d'abord, le maréchal Joffre enfin avertirent la Commission qu'au point de vue stratégique, Briey n'était que la partie d'un tout et que, pour comprendre ce grave détail, il était nécessaire d'envisager l'ensemble, de connaître le plan de concentration et les plans successifs d'opérations.

Et la Commission se vit obligée, pour remplir le mandat que lui avait donné la Chambre, d'orienter dans ce sens son enquête. Elle recueillit des témoignages qui resteront d'importantes contributions à l'histoire de la guerre. Mais le public, mal renseigné, ne comprit pas comment une Commission chargée d'enquêter sur la métallurgie portait ses investigations sur les graves problèmes du début de la guerre : la situation lui parut paradoxale ; elle l'était apparemment, mais trop compliquée pour lui pouvoir être congrûment expliquée.

Le rapport sur cette question de Briey me fut confié. C'était une occasion exceptionnelle de pousser plus à fond cette question du début de la guerre que, le premier, j'avais posée, et ce dans des conditions sans égales puisque les témoignages pouvaient être requis et reçus sous la foi du serment, et que, comme rapporteur, je devais avoir la communication des documents officiels essentiels.

Les témoignages reçus furent nombreux, et plusieurs seront, pour l'histoire, des documents de premier ordre.

Pourtant, si autorisés que fussent ces témoins et si évidemment sincères leurs dépositions, il apparut vite qu'ils ne pouvaient suffire à manifester pleinement la vérité. Le témoignage direct sur des faits de guerre — et surtout pour une guerre aussi longue — par ceux qui en furent les acteurs, est, en effet, très délicat : le souvenir subit inévitablement des déformations ; la mémoire, après de telles épreuves, risque, sinon de s'oblitérer, au moins de n'être pas toujours fidèle ; l'idée fixe peut, et de la meilleure foi, l'impressionner...

Un fait surtout imposait une grande réserve. Au début de la guerre les commandants d'armée ne furent pas mis au courant du plan général d'opérations ou, plus exactement, de la pensée du général en chef. Le général Berthelot, qui apparaît un peu comme le chef irresponsable des opérations d'août 1914, a déclaré à la Commission de Briey que « l'ensemble du plan d'opérations était inconnu d'une manière générale des commandants d'armée, mais qu'il était en réalité connu par les chefs d'état-major qui avaient participé à l'établissement de ce plan ». En fait, de propos délibéré, le Grand Quartier Général ignora les commandants d'armée, et par dessus leur tête ne communiquait qu'avec leurs états-majors. Ces généraux d'armée ne furent que des exécutants supérieurs, sans contact avec le général en chef, ne recevant de lui aucune indication personnelle...

Ainsi, dans le cas spécial de Briey, le rôle de l'armée de Lorraine, créée le 19 août et mise sous le commandement du général Maunoury, était essentiel, puisque cette armée, reliant les 3ᵉ et 2ᵉ armées, avait pour mis-

*sion l'investissement de Metz, combiné avec la défense
des Hauts-de-Meuse. Or, le général de Castelnau, à la
gauche de qui cette armée devait opérer, n'en soupçonna même pas l'existence ; le général Ruffey la
croyait pour partie sous ses ordres et ne fut avisé ni
de son existence ni de sa mission ; et son commandant
le général Maunoury fut jeté en pleine bataille avec
cette armée qu'il ne connaissait pas et qui ne le connaissait pas, sans savoir ce que faisaient les armées entre
lesquelles il se trouvait.*

*Un tel état de choses a amené des malentendus ter-
ribles et des oppositions de témoignages presque tragiques.*

*Exclusivement confinés dans le secteur de leur ar-
mée, ne soupçonnant souvent rien de ce qui se passait
à leurs côtés, tenus dans l'ignorance de la pensée du
commandement, parfois même — on le verra — inexac-
tement renseignés par lui, ces commandants d'armée
n'ont à peu près rien su de l'ordre général de la
grande bataille à laquelle ils participèrent et qu'ils ne
connurent que par les réactions qu'elle produisit sur
leur armée...*

*Leur témoignage était assurément nécessaire, il reste
important ; il contient des éléments de vérité, mais
non toute la vérité.*

*Cette pensée du commandement, cette vue d'en-
semble des opérations le gouvernement ne la possédait
pas plus que ces éminents agents d'exécution.*

*Avant la guerre aucune organisation solide et ra-
tionnelle des rapports entre le haut commandement et
le gouvernement n'avait été établie, et, la guerre venue,
le Grand Quartier Général avait purement et simplement « chambré » le gouvernement. L'aveu formel en
fut fait, le 28 mars 1919, devant la Commission de*

Briey par le général Messimy, ministre de la Guerre en août 1914 : « Presque tout ce que je sais du début de la guerre — a-t-il déclaré — je l'ai appris depuis deux mois, depuis que je suis rentré au Parlement, depuis que j'ai compulsé les archives et lu les diverses publications récemment parues sur cette période obscure pour moi comme pour tous les Français. » (¹)...

Dans ces conditions le contrôle des témoignages devait être demandé aux pièces et documents officiels : ce fut ma tâche.

Cette tâche, le Ministre de la Guerre l'a facilitée en mettant à ma disposition, sinon tous les documents nécessaires, au moins tous ceux qui se trouvaient réunis alors à la Section historique.

Les pièces essentielles me furent procurées ; elles sont suffisantes pour éclairer le sujet envisagé, mais non pour asseoir un jugement certain et encore moins pour établir des responsabilités.

Dans les deux mois de mai et de juin 1919 où je fis ces recherches, les documents innombrables sur la

---

(¹) *On peut trouver une critique, de tout point académique, de cet état de choses dans ce passage du discours de réception à l'Académie française de M. le Maréchal Foch : « Une bataille se gagne bien avec les jambes des soldats, mais encore faut-il qu'un commandement avisé et actif ait judicieusement choisi et fixé le but à atteindre... La bataille ainsi menée s'appelle Denain. Mais la bataille se perd avec les mêmes soldats, dans une marche à l'aventure, à la simple recherche d'une occasion militaire favorable, sans une nette compréhension tout d'abord de la situation politique ; c'est alors Malplaquet. Les rapports de la politique et de la guerre étaient déjà trop étroits pour que ces deux activités pussent s'ignorer. Chaque jour ils le deviennent davantage, et de même qu'un gouvernement ne peut avoir dans la paix que la politique de son état militaire, de même une armée, quand elle entre en campagne, ne peut avoir qu'une attitude et une tactique : celles correspondant à la politique jusqu'alors pratiquée par l'État. »*

guerre n'étaient pas encore réunis à Paris. La Section historique n'en possédait qu'une partie assez réduite : les documents relatifs aux armées étaient à Montpellier ; le Grand Quartier Général détenait à Chantilly ses archives particulières, et le ministère de la Guerre n'avait que le surnombre des épreuves photographiques de ces derniers. Ce n'était donc qu'une sélection, mais très impartialement faite, car des pièces de toute importance s'y trouvaient, qui auraient pu facilement être écartées.

Enfin, et c'est là un point grave, le 1er septembre 1914, lors de l'avance des Allemands sur Paris, l'ordre fut donné par le général en chef de détruire les documents existant dans les coffres-forts des membres du Conseil supérieur de la guerre, ainsi que les plans antérieurs au plan 17. M. le ministre de la Guerre, en me confirmant le fait, m'a déclaré que l'ordre avait été en partie exécuté et qu'il n'avait pas été dressé d'inventaire des documents ainsi détruits ([1]). Il manque donc une source essentielle de documentation, et cette lacune risque de rendre difficile l'œuvre de l'historien.

L'état des dossiers communiqués, le nombre des pièces, l'insuffisance de leur classement et l'absence de toute méthode scientifique ont encore été des obstacles sérieux.

Un tel état de choses ne permet donc qu'une explication, un exposé impartial des faits envisagés ; je me suis seulement efforcé de les comprendre, d'en suivre le déroulement et l'enchaînement. Sachant combien la vérité est difficile à dégager sur des faits aussi

---

([1]) *Voir ces pièces aux Annexes.*

proches, aussi obscurs, et où tant de passions sont aux prises, et que, pour se parfaire, l'œuvre de l'historien exige une documentation plus complète et aussi le témoignage de l'ennemi, j'ai estimé ne pouvoir pas formuler un jugement ni des conclusions qui seraient prématurées et risqueraient peut-être de n'être pas tout à fait justes.

Ce livre n'est donc qu'un simple exposé de la perte de Briey, qui n'est, au vrai, que la question même du début de la guerre. Les deux sources essentielles de sa documentation sont les dépositions reçues par la Commission de Briey et les pièces mises à ma disposition par le ministre de la Guerre.

∾

Par cet enchaînement de circonstances, cette enquête sur Briey est devenue en quelque sorte l'examen critique de mon livre sur Charleroi et le mandat parlementaire, qui me fut donné, m'a permis d'en trouver les pièces justificatives.

Dans l'ordre général de la bataille de la frontière et des échecs successifs qui la marquèrent, Briey fut le pendant de Charleroi : Charleroi nous obligea à abandonner le pays de la houille, Briey le pays du fer.

On a parlé d'énigme de Charleroi ; rien pourtant n'est moins énigmatique que notre revers de Charleroi. La Germanie avait trois entrées dans la maison française, les trouées de Belfort, de Charmes et de l'Oise ; nous avions solidement verrouillé les deux premières portes, nous avons laissé la troisième grande ouverte, l'ennemi est entré par là. Charleroi est le prototype de la bataille perdue, de la surprise stratégique la plus complète, de la faute de commandement la plus extraordinaire que jamais peut-être l'Histoire ait enregistrée.

Bien plus exactement on pourrait prononcer le mot d'« énigme de Briey », car, suivant la définition académique, il n'est pas de « chose plus difficile à définir, à connaître à fond ». On trouve là le mystère le plus épais, le secret le plus étroit, le réseau le plus serré d'obscurités voulues.

C'est que du fait d'une autre « tragique erreur » on passa à Briey près d'une victoire qui eut pu influer profondément sur le cours de la guerre. Sans doute pour éviter l'irritation d'une telle déception, on couvrit ces faits d'une ombre épaisse, quasi impénétrable. Ce mystère de Briey s'expliquait au cours de la guerre ; après il n'a plus sa raison d'être ; ma mission fut d'essayer de le faire disparaître, de rechercher la vérité.

Ce faisant j'ai été amené à reconnaître que dans mon livre sur Charleroi, il existait une erreur précisément sur ce point de Briey.

Je la proclame avec d'autant moins d'embarras qu'elle est la preuve de l'indépendance absolue de mon jugement. J'avais au surplus annoncé que des erreurs y étaient inévitables, car on n'arrive pas d'un coup, sur un aussi formidable sujet, à la vérité, mais je prévoyais que ces erreurs seraient de détail et non de fond : l'examen critique auquel je me suis livré a confirmé cette prévision.

Le fait capital, la surprise du haut commandement français devant le mouvement débordant de l'aile droite allemande est maintenant hors de conteste et acquis à l'Histoire.

Un point du livre doit être rectifié — et c'est précisément l'objet du présent.

Etudiant le dispositif général du front français avant la remontée de la 5e armée sur la Sambre, j'écrivais (page 417) : « Il faut observer que dans ce dispositif, les deux ailes étaient indépendantes : entre elles se trouvait toute la région de Briey, sans défense, en sorte qu'il n'y avait pas une armée et un front, mais deux groupes d'armées. » Et, une fois la 5e armée remontée sur la Sambre, je montrais qu'à l'armée allemande, dont l'unité de front était absolue, nous opposions trois groupes d'armées sans liaison » (page 432).

A l'appellation de « la bataille des frontières » que M. Hanotaux avait donnée à cet engagement général d'août 1914, j'avais donc substitué celle de : « les batailles de la frontière » arguant de ce qu'il n'y avait qu'une frontière — celle du Nord ne faisant qu'un avec celle de l'Est puisque visée par la même menace — et qu'il y eut plusieurs batailles parce qu'il y eut plusieurs armées distinctes et sans liaison et avec des objectifs séparés.

Il m'est apparu, après ce nouvel examen, que l'appellation exacte doit être : la bataille de la frontière.

C'est qu'en effet je voyais plusieurs armées, principalement du fait de la solution de continuité entre le groupe des 2e et 1er armées et le groupe des 3e et 4e, solution de continuité qui précisément était la région de Briey et de la Woëvre, et, avec bien d'autres, je recherchais les raisons de ce « vide de Briey ».

Or l'étude, que j'ai été amené à faire pour remplir le mandat que me donna la Commission de Briey, m'a permis de reconnaître que ce vide était plus apparent

F. ENGERAND   *b*

que réel. Il n'existait pas dans la pensée initiale du commandement ni dans le plan d'opérations annexé au plan 17, et, quand le mouvement débordant de l'aile droite ennemie le créa, il fut — trop tardivement, il est vrai — comblé par une armée, dont on dissimula presque l'existence, peut-être parce qu'elle était le témoin d'une grave erreur : l'armée de Lorraine, postée sur les Hauts-de-Meuse, face à Briey.

Il n'y eut donc pas deux armées distinctes, il y eut une armée en deux tronçons sans liaison ; il n'y eut pas deux ailes sans centre, il y eut une aile droite, très distante du centre, et une aile gauche, plus distante encore. Si la liaison n'exista pas sur le terrain, elle existait dans la pensée du commandement, parce que ces trois éléments, devaient coopérer à une même action d'ensemble.

Et cette région de Briey et de la Woëvre ne fut pas négligée, comme les apparences portaient à le croire. L'objectif initial de notre plan de concentration et qui, par malheur, demeura trop longtemps celui du haut commandement, fut l'investissement de Metz, et cet investissement devait se faire en partie par Briey.

C'est là que le général en chef escomptait primitivement la décision. Briey c'est la bataille attendue et préparée à l'est quand l'ennemi montait son attaque par le nord. L'erreur fut de s'hypnotiser trop longtemps sur cet objectif. Quand cette erreur ne put pas ne pas être reconnue, quand le haut commandement se vit contraint par la manœuvre de l'ennemi d'étendre son front de bataille pour parer à ce mouvement débordant dont il n'osa pas, au premier coup et malgré les avertissements donnés, voir l'extension par delà la rive gauche de la Meuse, il n'abandonna pas la région de Briey, il y établit l'armée de Lorraine, qui devait

se substituer à la 3ᵉ armée pour procéder à l'inves-
tissement de Metz.

L'énigme de Briey, c'est l'armée de Lorraine.

*Armée fantôme, pourrait-on presque dire. En mai
1919, quand je commençai mon enquête, le ministère
de la Guerre n'en soupçonnait pas l'existence ; il
n'y avait pas de dossier de l'armée de Lorraine ; c'est,
je crois, sur ma demande, qu'il fut créé.*

*Singulière destinée : établie sur le papier le 19 août
1914, constituée en fait le 21, elle fut dissoute le 25.
Au cours de la bataille, dite de Virton, le 22 août,
son inaction, imposée par le commandement et sans
doute aussi par les circonstances même de sa constitution, empêcha la 3ᵉ armée de remporter une victoire
qui eut pu être de sérieuse conséquence ; cette victoire,
cette armée de Lorraine la saisissait, le 25, à l'heure
même où elle recevait l'ordre de se dissoudre. Charleroi
était survenu dans l'intervalle et force était de parer
sans délai à la menace ennemie sur Paris sans défense.*

*Il y eut donc un drame de Briey comme il y eut un
drame de Charleroi, et l'on fit le silence sur Briey
plus encore que sur Charleroi.*

*C'est que ce coin du champ de bataille fut le seul
où nous ayons eu vraiment une supériorité numérique
incontestable et le seul surtout où le front ennemi eut
chance de pouvoir être brisé. Une mauvaise organisation, la dispersion, l'inexistence même du commandement, une fâcheuse utilisation ou plus exactement l'inu-
tilisation des moyens dont nous disposions empêchèrent
un succès dont les conséquences eussent pu être grandes.
Toute une armée de réserve, à sept divisions, resta
comme immobilisée sur le champ de bataille, deux
jours inerte, sans marcher au canon — et par ordre !*

Le général Belin, sous-chef d'état-major au début

de la guerre, a dit à la Commission de Briey que le plan du général en chef avait failli réussir : ce fut sans doute là.

Le général Ruffey commandait la 3e armée ; il escomptait, le 22 août, le concours de deux divisions de réserve de cette armée de Lorraine ; elles lui firent défaut en pleine bataille. Le 31 août, après qu'il fut relevé de son commandement, le général Ruffey se présenta au Grand Quartier Général, et le général en chef le retint à dejeuner. Après le repas, les convives éloignés, l'ex-commandant de cette 3e armée mit l'entretien sur cette journée du 22 août : « Quel succès pour nos armes, disait-il, si l'armée de Lorraine avait marché au canon ou si j'avais eu à ma disposition les divisions de réserve sur lesquelles je croyais pouvoir compter : avec ces 40.000 hommes de troupes fraîches et la 7e division de cavalerie, nous aurions ramassé toute la gauche ennemie à bout de souffle. » Le général Ruffey affirme que, mettant un doigt sur ses lèvres, le général Joffre aurait répondu : « Chut ! il ne faut pas le dire ! »

Le général Ruffey, qui n'a rien d'un politique, fut choqué de ce propos. On le peut expliquer par le moment où il fut dit : le silence sur un tel malheur était alors nécessaire ; la guerre finie et gagnée, il ne l'est plus...

∾

Pour terminer, un mot personnel.

Dans mon livre sur Charleroi, j'ai, le premier, révélé le rôle du général Lanrezac, le pressentiment qu'il eut dès la première heure de la manœuvre allemande, ses avertissements réitérés au Grand Quartier Géné-

ral, le dédain avec lequel ces avertissements prophétiques furent accueillis. Et j'ai montré comment, à Charleroi, pressentant une menace de double enveloppement pour la 5e armée et l'armée anglaise, et osant prendre sur lui de rompre un combat qui ne pouvait aboutir qu'à un nouveau Sedan, il sauva la France en sauvant l'aile gauche française et rendit ainsi possible, après une rude retraite, le retablissement de la Marne (1).

Je ne sais s'il est dans l'histoire militaire d'exemple d'une plus clairvoyante volonté. Je n'avais pas caché mon admiration pour un tel chef et je l'avais même accentuée parce qu'il était et qu'il est encore la victime de la plus grande injustice. Le général Lanrezac fut sacrifié pour des prétextes diplomatiques, en fait parce qu'il avait eu raison contre tous.

Rien n'est plus facile que d'établir une légende ; il suffit d'un étourdi et d'une dizaine de bavards. C'est ainsi qu'on prétendit que le général Lanrezac avait « inspiré » mon livre sur Charleroi, que j'étais son porte-plume, certains dirent même son avocat.

---

(1) Sur ce pressentiment du général Lanrezac quant à la présence de la IIIe Armée de von Hausen sur la rive droite de la Meuse et formant l'une des branches de la tenaille dont la Ire Armée de von Kluck était l'autre, il faut lire dans la Revue militaire suisse, du 11 novembre 1919 un article sur les opérations de l'armée de von Hausen en août-septembre 1914, qui démontre que le général Lanrezac vit à ce moment très clair dans la situation, qui échappait totalement au Grand Quartier Général. Le porte parole du général von Hausen déclare nettement que ce fut la retraite de l'aile gauche française et l'habile manœuvre du général Lanrezac qui bouleversa tout le plan d'opérations, méthodiquement monté par le Grand Etat-major allemand, provoqua dans les diverses armées un flottement qui amena l'armée allemande en mauvais arroi sur la Marne et détermina le mouvement célèbre de l'armée de Von Kluck.

Le point de départ de cette légende fut, je crois, un propos de Polybe dans son article quotidien du Figaro *du 28 mai 1918 où il commentait la tragique surprise du Chemin-des-Dames. Je ne pouvais, à un pareil moment, soulever une polémique ; le point de vue personnel disparaissait dans l'angoisse nationale. Je me contentai de demander à M. Joseph Reinach si c'était à mon livre qu'il avait fait allusion ; très franchement il ne me cacha pas qu'il avait cru reconnaître le général Lanrezac comme mon « inspirateur ». Je lui demandai de remettre à des temps moins malheureux la controverse et je laissai prescrire mon droit de réponse : depuis, malgré mon insistance, il ne me fut pas possible de l'exercer...*

Cette explication, qu'il ne m'a pas été permis de donner à ceux du Figaro, *je la dois à mes lecteurs.*

Je répète que j'ai pour le général Lanrezac la plus haute et la plus reconnaissante admiration ; que j'ai la conviction, la certitude même, que, le 23 août 1914, en rompant le combat impossible de Charleroi, il sauva la France en lui gardant sa 5ᵉ armée, dont la présence maintint l'unité de front et permit la Marne. J'ajoute qu'à Guise il vit aussi plus clair que le haut commandement, que là encore, pour la seconde fois, sa clairvoyance et sa décision nous préservèrent d'un nouveau revers et qu'il sut, par son habileté manœuvrière, changer un insuccès stratégique en un succès tactique. J'ai reçu le témoignage de nombre de ses compagnons d'armes et des plus illustres qui, me remerciant de lui avoir enfin rendu justice, regrettaient de ne l'avoir pas eu pour chef au début de la guerre ; tous déploraient sa disgrâce, déclarant que ce fut un malheur national que d'avoir privé l'armée et la France d'un tel chef.

Si donc mon œuvre avait été « inspirée » par le général Lanrezac, je ne le cacherais pas ; si j'avais été son « défenseur », ce serait pour moi un très grand honneur, et je le revendiquerais hautement ; mais ce n'est pas.

Le Correspondant, en juillet 1917, avait déjà publié trois de mes articles sur la frontière du nord et de l'est et l'esprit d'offensive. Mon dessein fut alors de relater le jeu de notre frontière militaire pendant la guerre, et, pour être parfaitement libre, je ne voulus prendre ma documentation d'aucun des chefs qui avaient participé à ces tragiques actions d'août 1914. Mon jugement ne se fit que par l'étude du livre de M. Hanotaux. Un esprit critique, que près de vingt ans de vie parlementaire ont assez affiné, me fit vite reconnaître le sens de la bataille de Charleroi et les causes de nos revers, et il m'apparut avec évidence qu'un chef, au moins, avait vu, prévu, annoncé, en un mot eu raison contre un Grand Quartier Général aveuglé. Mon jugement, alors, fut fait sur le général Lanrezac et je désirai naturellement le pouvoir connaître pour avoir de lui quelques précisions sur ce grand drame, dont il avait été l'acteur le plus clairvoyant.

Ne le connaissant pas, je fis solliciter par deux de ses camarades l'honneur d'un entretien : c'était fin août 1917. Le général Lanrezac, absent de Paris, répondit, le 1er septembre, qu'il ne pourrait me recevoir avant le mois d'octobre. Date fut prise ultérieurement pour le 27 du dit mois : le 25, le général tombait gravement malade, et l'entrevue projetée ne put avoir lieu que le 27 novembre.

Que l'on consulte la collection du Correspondant : à cette date, quatre de mes articles avaient déjà paru *et le cinquième était sous presse ; dans les deux derniers, intitulés : « La genèse de Charleroi », toute ma pensée sur le grand drame est déjà très nettement formulée, et mon jugement posé.*

Le général Lanrezac, assurément, me donna des précisions et me révéla des points particuliers et personnels, que je n'aurais pu autrement connaître. Ces révélations ne firent que confirmer mon jugement et n'en modifièrent aucune des bases essentielles. Le général Lanrezac pourrait dire que, pour ce qui est des grandes lignes, il ne m'apprit rien, car ce qu'il me découvrit, je l'avais préalablement deviné et même consigné par écrit.

Tout cela, je le puis établir par lettres, accompagnées de leurs enveloppes, timbrées par la poste.

L'admiration est donc absolument sincère que j'ai exprimée pour ce grand chef, à qui nous devons tant et que l'Histoire, j'en suis convaincu, placera parmi les meilleurs serviteurs de la France au cours de cette guerre. Mais il ne fut pas plus mon « inspirateur » que je ne fus son « défenseur » : je m'honore d'être maintenant son ami.

Cette confession publique était nécessaire. Les pièces officielles, que j'ai été à même de consulter au ministère de la Guerre, au cours de mon enquête sur Briey, établissent la réalité parfaite de mes affirmations sur le général Lanrezac et la claire vue qu'il eut de la situation.

Je ne veux pas qu'on puisse encore suspecter mon indépendance ni qualifier d'apologie intéressée ou même amicale une vérité historique désormais acquise.

F. E.

27 janvier 1920.

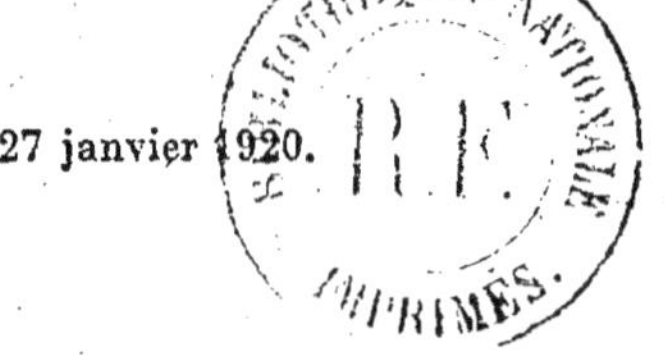

PREMIÈRE PARTIE

LA FRONTIÈRE DE BRIEY

ET LES HAUTS-DE-MEUSE

I

L'ÉNIGME DE BRIEY

LE 20 mai 1915, les six grandes associations industrielles et agricoles d'Allemagne adressaient au chancelier de Bethmann-Hollweg un mémoire confidentiel sur les conditions de la paix future ; entre autres choses il y était dit :

« La fabrication des obus nécessite des quantités de fer et d'acier dont on ne pouvait se faire une idée autrefois... Si la production de fer brut et d'acier n'avait pas été doublée depuis le mois d'août (1914) la continuation de la guerre eût été impossible.

« Comme matière première pour la fabrication de ces quantités de fer brut et d'acier, « la minette » (minerai lorrain) prend une place de plus en plus importante, car ce minerai seul peut être

F. ENGERAND 1

*extrait chez nous en quantités qui augmentent rapidement. La mi-
nette couvre en ce moment 60 à 80 o/o de la fabrication du fer
brut et de l'acier.* SI LA PRODUCTION DE LA MINETTE ÉTAIT TROU-
BLÉE, LA GUERRE SERAIT QUASIMENT PERDUE. »

Ce mémoire fut publié, en septembre 1915, par le *Comité des
Forges de France* (¹). Ce jour-là, ce qu'on a appelé assez impro-
prement la question de Briey — et qui est celle de l'ensemble
du bassin minier lorrain — était posée devant l'opinion et les
pouvoirs publics.

En décembre 1917, les métallurgistes allemands insistaient et
accentuaient l'aveu. L'Association des industriels allemands du
fer et de l'acier et l'Association des métallurgistes allemands
adressaient un nouveau mémoire au gouvernement et au haut
commandement en vue de l'annexion des bassins miniers de la
Lorraine française à l'empire allemand ; les exposants y signalaient ainsi le péril terrible où l'Allemagne se fût trouvée si l'armée française avait pu maintenir sur ce point de Briey l'inté-
grité de la frontière :

« *Notre production de fer brut ne s'est élevée en 1915 et 1916
qu'à 60 et 68 o/o de la production du temps de paix ; nous n'aurions même pu obtenir ce rendement si de la forteresse de Longwy,
située près de la frontière, les Français avaient bombardé avec des
canons à longue portée, immédiatement après la déclaration de
guerre, les objectifs faciles et dominants que présentaient les vastes
constructions des puits et des forges des bassins luxembourgeois et
lorrain, s'ils avaient aussitôt fait sauter leurs propres mines et leurs
usines dans le voisinage de la frontière.*

« *Par bonheur pour nous, les Français n'ont pas réussi à détruire
les organisations des districts situés des deux côtés de la frontière*

(¹) *Comité des Forges de France.* Circulaire n° 666. — En novembre
1915, j'enregistrais cet aveu dans mon livre : *Les Frontières lorraines
et la force allemande* et j'en tirais cette conclusion : « C'est par Briey
que l'Allemagne peut tenir et mener cette guerre » (p. 274).

franco-allemande ; sans cela notre artillerie n'ayant pu être approvisionnée en munitions, LE SORT DE LA GUERRE EUT ÉTÉ RÉGLÉ EN QUELQUES SEMAINES A NOTRE DÉSAVANTAGE. *L'Allemagne eût été sans doute obligée d'abandonner de grands territoires sur la rive gauche du Rhin, et elle aurait perdu avec ses principaux gisements de minerai de fer — le bassin lorrain — une des sources les plus importantes de sa force, en même temps que sa situation prépondérante dans le monde...*

« *Même au cas où nous aurions, à la suite de la perte de la Lorraine, poussé la production de nos autres mines, nous eussions disposé de moyens de guerre sept et huit fois moindres que ceux de nos adversaires, et les empires du Centre eussent été certainement contraints, dans un bref délai, à déposer les armes.*

« *C'est grâce à la célérité avec laquelle ont été menées les opérations que le peuple allemand a échappé à un tel dénouement. La Belgique a été franchie ; les Français, dès le premier choc, ont été rejetés de l'autre côté de la frontière, et la guerre a été portée très avant en pays ennemi. En remportant ces succès, nous avons sauvegardé notre bassin de Lorraine et conquis, avec une partie importante du territoire français, de grands trésors de minerai de fer que nous avons mis au service de la guerre.* LES MINES QUE NOUS AVONS REMISES EN EXPLOITATION DANS LE BASSIN DE LA LORRAINE FRANÇAISE FIRENT SI BIEN, AU COURS DE L'ANNÉE 1917, QUE NOUS PUMES, GRACE A ELLES, FAIRE FACE A TOUS LES BESOINS DE NOTRE ARTILLERIE. »

Ce document, d'une importance sans égale, fut, pour la première fois, publié et commenté par M. Maurice Barrès dans quatre articles de l'*Echo de Paris* du 25 février au 8 mars 1918 ([1]).

([1]) Je rappelle pour mémoire mes livres : *Les Frontières lorraines et la force allemande* (Perrin, 1916) ; — *Le Secret de la frontière* (Bossard, 1918) ; — *Le Fer sur une frontière* (Bossard, 1919), où cette question de Briey fut traitée.

La presse allemande a très vivement, au cours de cette guerre, insisté sur l'importance pour l'Allemagne de la tranquille possession

La question de Briey n'est pas née au Parlement ; l'opinion, dès 1916, en fut saisie par la presse, où elle fut agitée des côtés les plus divers : par Maurice Barrès et par moi-même dans l'*Echo de Paris* ; par le général Verraux et par Gustave Téry dans l'*Œuvre* ; par le général Malleterre dans le *Temps* ; par le sénateur Henry Bérenger dans *Paris-Midi*, par bien d'autres encore qu'on ne peut rappeler.

Tous ne voyaient là qu'un moyen de hâter la fin de la guerre en troublant l'exploitation par les Allemands de ce minerai de fer, qu'ils n'avaient pour ainsi dire que là, et tous signalaient

---

du bassin lorrain. Voici, entre autres, quelques extraits des plus suggestifs :

« Si aux premiers jours de la guerre — déclarait la *Leipziger Nachrichten*, du 10 octobre 1917 — les Français avaient pénétré sur une profondeur d'une douzaine de kilomètres en Lorraine, ils auraient non seulement protégé leur propre production de minerai de Briey, mais porté à notre production allemande de minerai le coup mortel, et la guerre eût été terminée en six mois par la défaite de l'Allemagne. »

« L'Allemagne — avoue le conseiller Haux, dans la *Kœlnische Zeitung*, du 15 janvier 1918 — ne doit qu'à l'ignorance de ses ennemis, sur ces questions du fer et du charbon, d'avoir pu continuer sans aucune gêne sa fabrication industrielle. Ses grands bassins miniers sont exposés aux coups de l'ennemi. Les mines de Lorraine sont à la frontière même : les Français en auraient pu aisément anéantir, dès les premiers jours, toutes les superstructures avec des pièces à longue portée et en paralyser l'activité. Si nos ennemis avaient su, au début de la guerre, qu'ils pouvaient paralyser toute notre activité industrielle, c'en était fait de nous ! »

« Si nous ne possédions Briey — confesse le Dr Reichert, l'un des signataires du mémoire rapporté, dans le *Wirtchajtzeitung der Zentralmaetche*, du 7 décembre 19 7 — nous aurions été depuis longtemps vaincus, car nous n'aurions pu produire en suffisance le fer et l'acier Thomas ; nous n'aurions pu approvisionner, comme il le fallait, notre armée, notre marine, les armées de nos alliés. Il est facile de se représenter ce qui serait alors advenu des puissances centrales. Si nos ennemis nous avaient chassés de Lorraine, nous n'aurions pu produire que le quart de la fonte que nous fabriquions en temps de paix ; ni nous, ni nos alliés, n'aurions pu vivre dans ces conditions. *Briey nous a sauvé la vie.* »

On pourrait multiplier ces témoignages.

avec insistance au commandement et au gouvernement cet objectif capital.

Le 29 mai 1916, M. Henry Bérenger, rapporteur de la Commission de l'armée, présentait à la Délégation sénatoriale des
grandes Commissions son rapport sur « le minerai de fer, le
coke métallurgique et la conduite de la guerre actuelle ». La
Commission de l'armée du Sénat prenait en conséquence une
délibération ainsi motivée :

« *La Commission... constatant qu'il résulte d'une déclaration
officielle du ministère des Travaux publics, en date du 26 mai 1916,
que si l'Allemagne était privée des 30 millions de tonnes de minerai
de fer de la Lorraine et du Luxembourg, l'empire allemand serait
dans l'impuissance de continuer la guerre actuelle... appelle de la
manière la plus pressante l'attention du gouvernement sur cette
question vitale...* »

En décembre 1916, de mon côté, je saisissais la Chambre,
réunie en Comité secret, de cette question de Briey : je ne fus ni
écouté, ni entendu.

A la longue et la réflexion aidant, on put se rendre compte du
péril effroyable qu'avait fait courir à la France la perte de cette
région de Briey, l'âme même de notre métallurgie.

L'évaluation du dommage a été faite par le Comité consultatif
des arts et manufactures et consignée dans le *Rapport général
sur l'industrie française*, publié en 1919 par le ministère du Com-
merce. Je ne fais qu'en transcrire les données essentielles :

« L'INVASION DE 1914 NOUS A PRIVÉS DE 83 0/0 DE NOTRE PRO-
DUCTION DE MINERAI DE FER, EN LAISSANT 9 0/0 DANS LA ZONE
DES ARMÉES, D'UNE EXPLOITATION TRÈS DIFFICILE ; — DE 62 0/0
DE NOTRE PRODUCTION DE FONTE, EN LAISSANT 19 0/0 DANS LA
ZONE DES ARMÉES ET NOUS RÉDUISANT A 19 0/0 DE NOS MOYENS ;
— ENFIN DE 60 0/0 ENVIRON DE NOTRE PRODUCTION D'ACIER. »

La perte de Briey et l'occupation de la région houillère du
Nord furent l'origine et la cause essentielle de toutes nos diffi-

cultés métallurgiques et pesèrent du plus lourd poids sur les finances du pays.

M. Loucheur, ministre de la Reconstitution industrielle, l'a énergiquement déclaré à la Commission de Briey : (¹)

« Je considère que le fait de n'avoir pas sauvé à tout prix les usines de Briey est une chose extrêmement regrettable et qu'avoir été privé de toute la métallurgie du Nord et de l'Est est une chose effroyable, qui pouvait avoir de terribles conséquences.

...« LA PERTE DE BRIEY A ÉTÉ UNE CATASTROPHE.

« J'estime que le fait d'avoir été privé de toute la métallurgie de l'Est, du Nord et du Pas-de-Calais a pu, à un moment donné, mettre en péril le pays et, de plus, lui a coûté, au point de vue dépense à l'étranger, un prix énorme puisque de ce fait il a fallu payer en dollars et en livres toute une série de produits que nous aurions pu avoir autrement. »

La justification de ce mot de CATASTROPHE se trouve encore dans le rapport du maréchal Foch, présenté le 25 février 1919 à la Conférence de la Paix, et connu sous le nom de *Mémoire du gouvernement français sur la fixation au Rhin de la frontière occidentale de l'Allemagne et l'occupation interalliée des ponts du fleuve* : (²)

« Avant même la déclaration de guerre — y peut-on lire — l'Allemagne a occupé un territoire d'où la France tirait 90 o/o de sa production de minerai, 86 o/o de sa production de fonte, 75 o/o de sa production d'acier, et 95 hauts fourneaux sur 127 sont tombés aux mains de l'ennemi. Cette situation a permis à l'Allemagne de multiplier ses ressources de guerre, en même temps qu'elle privait la France de ses moyens de défense les plus nécessaires. Elle a failli aboutir à la prise de Paris en septembre 1914, de Dunkerque, de

---

(¹) Pour la commodité du discours, je donne le nom plus bref de Commission de Briey à « la Commission d'enquête sur le rôle et la situation de la métallurgie en France » : l'enquête sur Briey fut, en effet, le principal objet de son travail.

(²) Ce mémoire est publié en annexe du rapport général de M. Louis Barthou sur le traité de Versailles.

Calais et de Boulogne six semaines plus tard. Tout cela n'a été possible que parce que, à nos portes, à quelques jours de marche de notre capitale, l'Allemagne disposait de la plus formidable place d'armes offensive que l'histoire ait jamais connue. »

Et le maréchal Foch, dans ce même mémoire, affirmant le grand but de guerre que fut pour l'Allemagne le minerai de Briey, déclarait que « *l'Allemagne a reconnu explicitement que, si elle a pu mener la dernière guerre, c'est en se saisissant par une attaque brusquée du minerai français sans lequel jamais, au grand jamais, elle n'aurait pu conduire victorieusement cette guerre.* »

Si la perte de Briey fut « une catastrophe » au point de vue français, la perte de Thionville en eût pu être une comparable au point de vue allemand. Le 26 mai 1916, la Direction des mines remettait à M. le sénateur Henry Bérenger une note officielle où l'on peut relever cette déclaration catégorique :

« *Si la région de Thionville était occupée par nos troupes, l'Allemagne serait réduite aux quelques 7 millions de tonnes de minerais pauvres qu'elle tire de la Prusse et de divers autres États ; toutes ses fabrications seraient arrêtées. Il semble donc que l'on puisse affirmer que* L'OCCUPATION DE LA RÉGION DE THIONVILLE METTRAIT IMMÉDIATEMENT FIN A LA GUERRE, PARCE QU'ELLE PRIVERAIT L'ALLEMAGNE DE LA PRESQUE TOTALITÉ DU MÉTAL QUI LUI EST NÉCESSAIRE POUR SES ARMEMENTS. »

De fait, en 1913, redisons-le une fois de plus, sur 50 millions et demi de tonnes de minerai que consommait la métallurgie allemande, 28 millions et demi provenaient de la Lorraine annexée et du Luxembourg, et, sur les 14 millions demandés à l'étranger, 4 millions environ étaient en provenance de Briey.

L'extraction de ce minerai lorrain était concentrée sur la frontière même, dans un rayon d'une trentaine de kilomètres. Le bassin lorrain annexé n'était en effet exploité que du Luxembourg jusqu'au sud de la rivière d'Orne ; le reste était gardé comme réserve. La partie exploitée s'étendait de la frontière aux coteaux de la Moselle ; le point le plus éloigné était à 12 ou 13 kilomètres, les plus rapprochés de 2 à 5 kilomètres ; les mines où se relevaient les plus fortes extractions se trouvaient sur la frontière même.

Ainsi, en défendant ce coin de notre frontière, nous eussions pu tenir sous le canon et rendre inutilisables ces mines d'où l'Allemagne tirait les deux tiers de son minerai.

C'était certainement là le défaut de la cuirasse de l'Allemagne.

Comme on le voit, le problème de Briey est double : gardant étroitement sur ce point notre frontière, nous tenions sous le canon les mines de fer, d'où les Allemands tiraient la quasi totalité du minerai de fer nécessaire à leur métallurgie — perdant la région de Briey, nous perdions, nous, non seulement la quasi totalité de notre production de minerai de fer, mais encore les trois quarts de notre production de fonte et plus de la moitié de notre production d'acier.

L'importance de cette région de Briey était double, économique et stratégique.

Le côté stratégique sera seul envisagé dans ce livre ; je laisse provisoirement le point de vue économique, qui se ramène à cette question : Comment le gouvernement de la République laissa-t-il se concentrer la quasi totalité de notre production minière et métallurgique, c'est-à-dire l'âme même de notre défense nationale, sur la frontière franco-allemande, sous le canon de Metz. L'examen d'un tel problème n'est autre, en effet, que l'histoire de la métallurgie française pendant un demi-siècle : ce sera l'objet d'un autre livre.

L'histoire d'une telle erreur doit être écrite : c'est l'une des plus terribles leçons de cette terrible guerre. L'enseignement n'en doit pas être perdu ; il faut, au contraire, qu'il soit incessamment rappelé puisqu'aussi bien les conditions de notre victoire ou plus exactement de la paix qui nous fut faite, n'ont pas écarté le danger et semblent même le faire renaître.

Un point seulement doit être préalablement éclairci.

Il est acquis que dans les prévisions successives des plans de concentration, jamais n'entra la défense directe de ce coin, pourtant capital, de la frontière et que la région de Briey ne fut l'objet, à aucun moment, d'aucun projet de défense fixe, qu'elle demeura même en deça du périmètre de la couverture.

Le pourquoi de cette énigme stratégique sera donné dans les chapitres suivants, ainsi que les raisons d'une négligence d'apparence si invraisemblable.

Il s'agit préalablement de reconnaître si l'État-Major soupçonna l'importance économique et, parce qu'économique, stratégique de cette partie de la frontière, et s'il fut exactement tenu au courant par les organes administratifs compétents d'une situation intéressant si étroitement la défense nationale.

Sut-il, en un mot, toute l'importance qu'avait pour la France, la région de Briey, siège principal et quasi unique de sa métallurgie ; sut-il surtout l'importance qu'avait pour l'Allemagne la région de Thionville, réserve minière quasi unique de sa métallurgie ?

La Commission de Briey a spécialement examiné la question. Aucun doute n'est possible : il y eut là une négligence et un désintéressement administratifs qui font frémir.

L'État, par son organe compétent, la Direction des mines, ne vit que très lentement et trop tard — en 1913, à la veille de la guerre — le danger de cette concentration de notre force métallurgique dans la région de Briey, et rien de sérieux ne fut fait pour conjurer un tel péril.

Bien plus, cette direction des mines ne prévint pas l'État-Major de l'armée, pour qui l'affaire était d'une telle importance !

J'ai, personnellement, posé nettement la question aux deux anciens directeurs des mines intéressés.

A l'un, cette interrogation fut faite : « L'importance stratégique de cette frontière de Briey, d'où l'on tenait sous le canon la presque totalité des mines allemandes apparut-elle à la Direction des mines ? » — « Cela ne nous apparaissait pas avec toute son importance, nous a répondu M, Charguéraud ; nous ne pensions pas tellement à des événements comme ceux qui se sont produits. On voulait prendre des précautions parce qu'on se disait qu'il ne faut pas risquer des choses semblables, mais on ne pensait pas à la conflagration aussi prochaine et on ne pensait pas à aller dire au Ministère de la Guerre : nous sommes dans une situation inquiétante. »

Avec l'autre, le dialogue fut le suivant :

M. ENGERAND. — *La métallurgie française était concentrée sur la frontière, sous le canon de Metz, dans une situation extraordinairement dangereuse qui a dû vous frapper. Comment aucune mesure de défense n'a-t-elle pas été prise pour sauvegarder ce point essentiel ?*

M. WEISS. — *Ce n'était pas notre affaire. Je n'ai pas eu à intervenir.*

M. ENGERAND. — *Vous n'avez pas appelé l'attention du ministre de la guerre sur la position du minerai allemand sur la frontière ? nous pouvions tenir sous notre canon les trois quarts du minerai de la métallurgie allemande.*

M. WEISS. — *Non, c'était une chose tellement évidente que je n'avais pas à intervenir. L'idée de l'Etat-Major était que le stock était suffisant pour faire la guerre.*

M. Messimy, qui fut ministre de la Guerre en juillet-août 1914, a fait à cette Commission de Briey la déclaration suivante :

« Jamais personne, ni dans la période angoissante qui a précédé la déclaration de guerre, ni dans les premiers jours qui ont suivi la mobilisation — le G. Q. G. est resté jusqu'au 5 août à Paris, accolé au ministère de la Guerre — jamais personne ne m'a, d'une façon quelconque, entretenu de la valeur du bassin de Briey, et, inversement, de la valeur du bassin de Thionville pour les Allemands.

« Mon sentiment très net est que cette question n'a jamais été examinée au ministère de la Guerre. Si elle a été examinée au ministère des Travaux publics — car dans la circonstance la responsabilité des deux départements me paraît égale — je ne crois pas que le ministère des Travaux publics ait signalé au ministère de la Guerre que la totalité de la fonte produite en France l'était par le bassin de Briey. »

Le général Pont, ancien chef du 3e bureau de l'État-Major, a bien déclaré que l'importance du bassin de Thionville au point de vue de la production métallurgique de l'Allemagne, avait été exposée, dès 1907, dans une notice sur la Lorraine publiée par le 2ème bureau de l'État-Major de l'armée. Je me suis reporté au document visé et n'y ai relevé que cette seule phrase (p. 24) : « Cette industrie du fer comprend, sur la rive gauche de la Moselle, 28 mines et 8 travaux au jour produisant 3.922.000 tonnes, soit 48 o/o de la production totale de l'Allemagne. » Après avoir indiqué les principaux établissements métallurgiques de la Lorraine, le document ajoute que la production du fer en Lorraine est de 803.889 tonnes de fonte brute, dont 45 o/o seulement sont travaillées dans le pays.

C'est à ces quelques vingt lignes, dans un livre de 550 pages, que se résument les indications fournies par le document signalé — indications au surplus périmées puisqu'en 1913, ce n'était plus 3 millions 922.000 tonnes de minerai que l'Allemagne tirait de sa frontière lorraine, mais, compte non tenu du Luxembourg, 21.136.000 — soit les 3/4 de la production totale de l'Allemagne, — et la production de fonte, de 800.000 tonnes, était passée là à 2.358.000 tonnes.

Il apparaît donc bien que l'État-Major ne fut pas tenu au courant du développement foudroyant de la production minière et métallurgique sur cette frontière lorraine.

M. le général Pont, au surplus, l'a très loyalement reconnu. Je lui posai l'interrogation suivante :

« La direction des mines avait-elle appelé l'attention de l'État-Major sur l'importance de cette région de Thionville ? La Commission possède une note de M. Weiss, ancien directeur des mines au moment de la guerre, note par lui remise, le 26 mai 1916, à la Commission de l'armée du Sénat et dont voici la conclusion :

« Si la région de Thionville était occupée par nos troupes, l'Alle-
« magne serait réduite aux 7 millions de tonnes de minerais pauvres
« qu'elle tire de la Prusse ; toutes ses fabrications seraient arrêtées.
« L'occupation de la région de Thionville mettrait immédiatement
« fin à la guerre parce qu'elle priverait l'Allemagne de la presque
« totalité du minerai qui lui est nécessaire pour ses armements. »
Si une déclaration aussi catégorique avait été faite à l'État-Major,
estimez-vous qu'elle eût pu modifier ses décisions ? »

M. le général Pont a répondu : « Je ne crois pas, sans pouvoir
le certifier, qu'une telle déclaration ait été faite. Si elle avait été
faite avec cette netteté, cette précision, si on avait pu apercevoir
avec une telle évidence l'importance du bassin de Thionville,
il est certain que cela aurait pu modifier dans une certaine mesure, sinon dans son ensemble, un problème qui se posait depuis
Dunkerque jusqu'à Belfort. *J'accorde très nettement qu'une*
donnée aussi nette et précise pouvait modifier l'orientation du pro-
blème : il n'y a pas de doute sur ce point, c'est l'évidence même. »

II

L'ABANDON DE LA WOËVRE ET DE LA RÉGION DE BRIEY DANS LE PLAN
DE DÉFENSE DE SÉRÉ DE RIVIÈRES

ON sait que, dans cette région de Briey, l'ancienne frontière de 1871 avait été tracée de façon à englober la presque totalité de notre métallurgie lorraine avec les mines de fer qui en dépendaient et celles estimées utilisables. Cette délimitation fut parfaitement arbitraire, et inspirée par la seule cupidité.

Toutefois, une pensée stratégique avait également motivé la prise de cette partie de la Lorraine. Bismarck ne voulait pas annexer Metz, ce fut de Moltke qui l'exigea pour cette raison dont on trouve l'aveu dans la lettre fameuse de Guillaume Ier à l'impératrice Eugénie : « Les cessions de territoires exigées n'ont d'autre but que de reculer le point de départ des armées françaises qui, à l'avenir, viendront nous attaquer. »

La possession de Metz et de son territoire combinée avec l'angle rentrant de la frontière à Longwy faisait plus et constituait pour l'Allemagne une base offensive contre la France, — à tout le moins une barrière redoutable qui, immobilisant une partie des forces françaises, facilitait aux armées allemandes une manœuvre débordante par la Belgique, et devait obliger la

France à surveiller étroitement sa frontière du Nord et par là à diviser ses forces.

Il s'ensuivit que le renforcement des défenses de Metz fut l'objet constant de la politique stratégique allemande.

En même temps qu'ils développaient leur réseau de chemins de fer sur la frontière belge et qu'ils y multipliaient, pour des raisons exclusivement militaires, les quais de débarquement, reliant ainsi les champs de bataille belges aux champs de bataille lorrains, les Allemands assuraient de plus en plus contre une agression française les 140 kilomètres de la frontière commune, spécialement par le système défensif Metz-Thionville.

De 1893 à 1901 105 millions, de 1901 à 1911 335 millions furent consacrés à ces fortifications. Metz devint un immense camp retranché dont le périmètre fut étendu de 25 à 90 kilomètres ; 23 forts — ceinture sans égale — en même temps qu'ils défendaient la région de Thionville, tenaient sous leurs feux celle de Briey. L'Alsace fut également mise en état de défense, et la plaine du Rhin solidement barrée. Ces fortifications de la Lorraine et de l'Alsace valaient à l'Allemagne une armée de plus de 100.000 hommes. « Cette situation, — écrivait en 1911 le général Herment, le clairvoyant défenseur de notre frontière du Nord, — entrave très fortement toute offensive française, et elle permet de lui tenir tête avec des troupes de campagne inférieures en nombre, en utilisant pour la défense de ces positions des divisions de réserve ([1]). »

Le traité de Francfort obligeait donc la France à établir sa frontière militaire en deçà de sa frontière politique et nous condamnait à une stricte défensive. C'est dans cet esprit que fut conçue la frontière du général Séré de Rivières.

Il est superflu d'en décrire tout le dispositif ([2]) ; il sied seule-

---

([1]) *L'état des forteresses belges et sa répercussion sur la défense de notre frontière du Nord* (Lavauzelle, 1913).

([2]) Voir dans notre livre : *Le secret de la frontière*, le chapitre 1er du livre 1er : « La frontière refaite. »

ment de le considérer quant au secteur de Briey qui nous occupe.

A l'est, deux grandes digues défensives : l'une constituée par les Côtes de Moselle, l'autre par les Hauts-de-Meuse, avec comme musoirs Belfort et Epinal, Toul et Verdun. Entre ces deux digues, la grande trouée de Charmes. Au nord des Hauts-de-Meuse, la trouée de Stenay.

L'objectif de Séré de Rivières était de canaliser vers ces trouées les attaques de l'ennemi à travers la Woëvre et la région de Nancy-Lunéville.

Le grave reproche fait à ce dispositif de notre frontière militaire fut qu'il abandonnait sans combat, dès le début des hostilités, une partie, réduite sans doute, mais importante, du territoire lorrain : Nancy et la Woëvre.

Pour Nancy, le dommage était sensible. Son abandon fut la conséquence d'une intimidation allemande et de notre situation de vaincu. Il semble que, dans la pensée du général Séré de Rivières, cet abandon n'ait été que provisoire, et sa mise en état de défense reportée à des temps plus favorables ([1]).

Pour la Woëvre, le préjudice était moindre et d'ordre surtout sentimental, car, au moment où fut établi ce système défensif de Séré de Rivières, le bassin minier de Briey n'était pas découvert ; il ne le devait être que vingt ans plus tard.

« Un État, affirme von der Goltz, ne peut laisser envahir une province menacée, à moins qu'un intérêt militaire ne l'exige d'une façon absolue. » Cet intérêt militaire existait alors. Les Hauts-de-Meuse constituaient le bastion oriental de la France ; c'est sous son abri que s'opérait le principal de notre concentration sur la ligne Chaumont, Langres, Bar-le-Duc, Revigny, Sainte-Menehould.

Il fallait à cet effet commander les passages de la Meuse,

([1]) Voir dans le même livre le chapitre Ier du livre IIe : « La frontière de 1871 et l'esprit d'offensive. »

rendre le fleuve inaccessible à l'ennemi en tenant tous les ponts sous les feux des canons de ses forts ; aussi, à l'exception de ceux de Girouville et de Liouville, tous ces forts furent-ils établis sur le revers occidental des Hauts-de-Meuse, face à la Meuse, sans regard sur la frontière.

La plaine de Woëvre fut ainsi sacrifiée à la défense de la Meuse ; elle était alors, répétons-le, sans importance économique. Elle n'en prit une, mais considérable, qu'à partir de 1895, et son développement fut foudroyant. Sur ce glacis, stratégiquement abandonné, sous le canon de Metz, se concentra la presque totalité de notre métallurgie. Les pouvoirs publics, en France, se laissèrent surprendre et ne virent pas le péril d'un tel établissement. Mais, par une réciprocité importante, de l'autre côté de cette frontière, et sur cette frontière même se trouvaient les mines d'où la métallurgie allemande extrayait les trois quarts de son minerai. Ces mines étaient bien sous la protection des canons de Metz et de Thionville, n'aurait-on pas pu les mettre, par un système défensif approprié, sous le feu de nos canons à nous ?

Pouvait-on dans cette région de Briey opposer un ensemble défensif à celui de Metz-Thionville, faire pour ce coin de notre Lorraine minière ce que les Allemands avaient fait pour l'autre, — à tout le moins, et à défaut d'une défense fixe, y prendre pour une défense mobile des dispositions qui permissent de protéger efficacement cette région d'une importance si considérable ?

C'est là un premier point, et de singulière importance, à élucider.

III

La crainte d'une attaque brusquée de Metz sur les Hauts-de-Meuse, cause de l'abandon de la région de Briey. — L'organisation défensive des Hauts-de-Meuse, sauvegarde de la région de Briey ; ce qui fut projeté, ce qui fut fait.

Le maréchal Joffre, sur ce premier point, a été nettement affirmatif :

« On ne pouvait, a-t-il déclaré à la Commission de Briey, songer à créer à Briey un camp retranché qui se fut trouvé dans le rayon d'action de Metz. Il n'était pas possible de défendre Briey soit par la fortification, soit par la couverture. »

Le général Pont a confirmé également cette déclaration catégorique :

« Etant donné la situation de Briey sur la frontière même et l'importance des troupes qu'il aurait fallu y mettre pour la défendre, on ne pouvait, sans courir de grands risques, défendre Briey sur la frontière et protéger en arrière Verdun et les Hauts-de Meuse. » (¹)

(¹) Procès-verbaux de la *Commission d'enquête sur le rôle et la situation de la métallurgie en France.*

F. Engerand 2

L'examen approfondi de la question, nous a pleinement convaincu que ce fut une raison exclusivement stratégique qui décida l'abandon de la plaine de la Woëvre, et que jamais, comme l'avait supposé le général Malleterre (¹), il n'entra dans la pensée du haut commandement, qui peut-être ignorait son importance, l'intention ni le souci de ménager le magnifique domaine métallurgique de Briey.

Tout au contraire, il était dans ses plans, qui reçurent, on le verra, un commencement d'exécution, non seulement de dégager cette région de Briey par la manœuvre, mais encore d'y prendre rapidement position en vue d'y procéder à l'investissement de Metz.

Le problème de Briey ne fut envisagé par notre haut commandement qu'au point de vue stratégique, dans l'hypothèse d'une guerre de courte durée, avec la foi absolue dans la victoire et sans qu'ait même été envisagée la possibilité d'un revers.

Dans cette région tout fut subordonné à la défense des Hauts-de-Meuse dont l'importance, au surplus, était considérable. Les défenses naturelles de la Woëvre, croyait-on et affirmait-on, c'est les Hauts-de-Meuse.

La Woëvre est un vaste quadrilatère, limité à l'est par l'ancienne frontière franco-allemande de 1871, fermé au sud par la ligne de la Moselle de Toul à Pompey, au nord par la frontière belge et luxembourgeoise de Longwy à Stenay, et, à l'ouest par une falaise haute de 80 à 100 mètres et d'une largeur variable de 8 à 15 kilomètres, les Hauts-de-Meuse, cinquième crête du bassin géologique parisien, et dont les pentes tombent à pic, d'une part sur la plaine de Woëvre, et d'autre sur la vallée de la Meuse.

Cette falaise est entaillée de coulées profondes donnant passage aux routes conduisant de la Moselle à la Meuse ; elle s'af-

---

(²) Général MALLETERRE, *De Verdun à Briey*, (*Temps* du 31 janvier 1917).

faisse au nord et au sud et ces dépressions forment les trouées de Stenay et de Commercy. On a déjà vu que le général de Rivières avait fermé ces divers passages par des forts d'arrêt, tournés à l'exception de deux, vers la Meuse, c'est-à-dire vers l'ouest ; or, au début de la guerre l'orientation de ces forts n'avait pas été changée.

La possession des Hauts-de-Meuse était pour nous, au point de vue stratégique, une condition *sine qua non*, soit pour circuler librement par voie de terre ou par voie de fer dans la vallée de la Meuse, soit pour déboucher en sécurité de cette vallée dans la plaine de Woëvre. Laisser l'ennemi s'emparer des Hauts-de-Meuse, c'était, en tout état de choses, risquer d'être cloués sur la rive gauche de la Meuse, abandonner toute prétention d'être réellement menaçant, et laisser à l'adversaire une liberté de manœuvre, d'autant plus redoutable qu'il pouvait ainsi, au début des hostilités, bouleverser la partie essentielle de notre concentration qui se faisait, à deux étapes de là, sur la ligne Revigny-Amagne, sur le versant occidental de l'Argonne.

Et, alors que le gros de nos débarquements s'exécutait là à 90 kilomètres de la frontière, la région Metz-Thionville, à 25 kilomètres des Hauts-de-Meuse, était non seulement un centre de garnison important, siège du XVIe corps allemand, mais encore et surtout le terminus de cinq lignes de transports, puissamment outillées en ateliers de débarquement, et permettant aux troupes ainsi protégées de se détendre à l'ouest jusqu'à l'extrême frontière, et les mettant ainsi à une étape et quart des Hauts-de-Meuse. Metz-Thionville était donc une zone d'action offensive des plus menaçantes. La concentration de l'ennemi se trouvant, dans cette région, en avance sur la nôtre, la pensée de notre commandement fut qu'il ne nous laisserait pas dans ce secteur l'initiative des opérations et que par une attaque brusquée il chercherait à jeter le trouble dans nos opérations de concentration pendant la première phase de la période de couverture et peut-être même au delà.

La crainte d'une attaque brusquée du camp retranché de Metz sur Verdun devint ainsi la préoccupation incessante de notre commandement et la raison déterminante de sa négligence de la région de Briey. Le général Belin, sous-chef d'état-major en 1914, en a fait très nettement la déclaration à la Commission de Briey, déclaration qui fut, au surplus, confirmée par d'autres témoignages éminents.

L'ennemi, pensait-on, ne peut pas ignorer que, dans ce secteur, notre base principale de débarquement, tracée sur le versant oriental de l'Argonne, n'est pas à portée du front probable de notre déploiement, les Hauts-de-Meuse ; il peut et doit être tenté de profiter de l'avance que lui assure, dans la concentration et le déploiement, le système Metz-Thionville pour faire irruption sur les Hauts-de-Meuse avant que nous ne soyons en mesure de soutenir l'attaque et de passer à la riposte. Il le doit être d'autant plus que, s'il réussit dans ses desseins, nous fixant derrière la Meuse, il devient libre de nous manœuvrer, puisque, franchissant la Meuse au nord et au sud de Verdun, il coupe au sud nos forces en deux tronçons en dominant la grande ligne de communications Paris-Avricourt, èt au nord rejette notre aile gauche sur notre centre et s'ouvre un chemin sur Paris.

Cette pensée de notre état-major domine visiblement tout le problème stratégique de Briey ; Metz exerça sur lui une véritable hantise, qu'explique du reste l'importance de la menace.

Ce sentiment n'était pourtant pas partagé par tous : des généraux éminents avaient des opinions contraires.

Le général Sarrail a déclaré à la Commission de Briey qu'il avait toujours affirmé que les Allemands ne feraient pas d'attaque brusquée parce que trop méthodiques, et que c'était, au contraire, à nous de la faire, avec Thionville comme objectif, parce qu'alors nous changions tous leurs plans : « Du côté de Thionville, affirmait-il, il n'y avait qu'un seul fort occupé par un régiment d'infanterie et une batterie d'artillerie ; une attaque brusquée faite par une division pouvait donner des résultats...

L'offensive sur Thionv'lle était infiniment préférable à l'offensive sur Morhange... nous aurions pu la monter dès le sixième jour des opérations. »

Sans aller aussi loin, car il était partisan d'une attitude expectative au début des hostilités (¹), le général de Castelnau ne croyait pas, lui non plus, à une attaque brusquée sur les Hauts-de-Meuse, il en voyait plutôt la menace du côté de Nancy, et, dans un mémoire établi en mai 1914, il en donnait ainsi les raisons :

Dans leur ensemble, y déclarait-il, les Hauts-de-Meuse ne peuvent être enlevés que par une attaque de front ; un seul point de la falaise se prête à une attaque enveloppante, c'est le saillant de Vigneulles-les-Hattonchatel, à 25 kilomètres de la frontière.

Pour agir contre ce saillant, l'ennemi ne dispose guère, le premier jour de la mobilisation, que du XVIe corps et de la brigade bavaroise stationnée à Metz. Le VIIIe corps est trop loin pour intervenir utilement ; Trèves, sa garnison la plus rapprochée du point d'attaque, en est à 120 kilomètres ; et, d'ailleurs, en s'orientant sur Vigneulles, le VIIIe corps s'éloignerait considérablement de sa zone d'action naturelle et probable qui paraît être la région de Thionville ; en un mot, le VIIIe corps serait, dès le début, tout à fait délaissé. Quant au XXIe corps, sa garnison la plus rapprochée (Morhange) est à 70 kilomètres de Vigneulles ; d'autre part, son intervention en Woevre, au

---

(¹) Le général de Castelnau a, devant la Commission de Briey, exposé ainsi cette nécessité de l'expectative au début des opérations :

« La concentration ne pouvait avoir, dans la situation où nous nous trouvions, qu'un caractère de simple prévision. Autant les Allemands pouvaient avoir des desseins fermes, autant le commandement français était obligé de faire simplement des prévisions, ce qui était une situation d'infériorité. ...La situation politique intérieure et extérieure de l'Allemagne était différente de la nôtre. Nous ne pouvions pas, nous ne devions pas être des agresseurs ; les Allemands devaient être les agresseurs ; ils avaient préparé dans le secret une mobilisation clandestine et il était dans leur plan de déchaîner brutalement la guerre, ce qui est une supériorité très grande. L'Allemagne avait la plus grande chance de bénéficier du privilège de l'initiative des opérations. »

début de la mobilisation, découvrirait la base de concentration entre Metz et Strasbourg, et laisserait les grands ateliers de débarquement de la Sarre à la merci d'une population hostile et des actions que ne manquerait pas de tenter le 20e corps français.

Vigneulles n'est donc menacé au début que par deux divisions et une brigade bavaroise. Pour faire face à ce danger, nous disposons des divisions de Saint-Mihiel et de Verdun, et aussi des portions mobiles des garnisons de Verdun et de Toul. Enfin, le 20e corps pourrait très utilement intervenir avec une partie de ses forces.

Dans ces conditions nous persistons à penser que, au début des hostilités, les Hauts-de-Meuse sont moins menacés que Nancy d'une action offensive de la couverture allemande.

Au surplus, concluait le général de Castelnau, il est peu probable que, pas plus dans le secteur de la Moselle que dans le secteur de la Meuse, l'ennemi engage ses troupes de couverture dans d'importantes opérations offensives au début même de la mobilisation....

Mais, à raison de la stricte mesure du délai nécessaire pour permettre à nos forces de couverture de parer l'attaque éventuelle des cinq divisions de Metz, le général de Castelnau demandait qu'on organisât une sérieuse résistance des éléments stationnés en Woëvre ou dans la région de la Meuse.

La réorganisation et le renforcement défensifs des Hauts- de-Meuse étaient, en réalité, la clef du problème stratégique de la Woëvre, et la vraie sauvegarde du bassin de Briey. Puisqu'aussi bien c'était en prévision d'une attaque brusquée contre Verdun que la couverture avait été ramenée au pied des Hauts-de-Meuse, les chances de réussite d'une telle attaque étant diminuées par la constitution sur ces Hauts-de-Meuse d'un bastion défensif opposé au système défensif Metz-Thionville, l'ennemi devrait nécessairement abandonner l'idée déjà scabreuse en soi, d'une telle attaque brusquée, et notre couverture, sous cette puissante protection, eut, peut-être, pu être poussée plus avant...

Cette nécessité était depuis longtemps apparue ; elle avait été proclamée par les voix les plus autorisées, et pourtant quand la guerre nous surprit, la situation défensive des Hauts-de-Meuse était à peu près telle qu'en 1876 l'avait faite Séré de Rivières.

Quelles sont donc les causes d'une telle négligence ?

Quand notre concentration fut rapprochée de la Meuse, les données du problème, solutionné par Séré de Rivières, se trouvèrent radicalement changées ; ce n'était plus les ponts de la Meuse, mais les routes de la Woëvre qu'il fallait interdire à l'ennemi.

« Si le problème s'était posé de la sorte, il y a trente ans — écrivait en 1911 le général Maitrot — Séré de Rivières eut fait tous les forts sur la crête orientale des Hauts-de-Meuse et les eût orientés vers l'est. » Et ce chef clairvoyant rapportait ce propos que lui tenait, en 1900, le futur généralissime Hagron, alors commandant du 6e corps, regardant des Hauts-de-Meuse ces plaines de la Woëvre : « Que ne puis-je transporter sur cette crête tous ces forts maintenant inutiles dans la vallée de la Meuse ; c'est là qu'ils devraient être, là, au-dessus de la Woëvre qu'ils domineraient et battraient de leurs feux » (1).

Il en eût coûté quelques millions, mais c'était en 1900 et le ministre de la Guerre venait de prononcer la condamnation du plan défensif de Séré de Rivières : tous les forts des Hauts-de-Meuse — Verdun et Toul exceptés — étaient proposés pour le déclassement (2) ; le moment n'était pas indiqué pour demander leur reconstruction.

L'idée, pourtant, il faut le reconnaître, ne fut pas abandonnée ; le haut commandement en entrevit l'importance, mais il semble qu'il n'ait pas eu la volonté suffisante pour en imposer l'exécution.

Devant la Commission de Briey, le général de Castelnau a reconnu la nécessité du changement d'orientation du système défensif des Hauts-de-Meuse et affirmé que ce fut l'une des grandes préoccupations du commandement :

---

(1) Général MAITROT, *Nos frontières de l'est et du nord*, 1913.

(2) Voir à ce sujet dans mon livre : *Le Secret de la frontière, Charleroi*, le chapitre II du livre 1er : « La frontière défaite ».

« Pour que ces forts eussent vue sur la plaine de la Woëvre, — a-t-il déclaré — il fallait les déplacer et les porter sur l'arête des Hauts-de-Meuse... Notre pensée, c'était la nécessité de fortifier les Hauts-de-Meuse. On a fait des projets et on a commencé des organisations, dans l'année 1914, si je ne me trompe. La décision avait été prise au Conseil supérieur de la guerre, en 1913 je crois, dans la même séance où le Conseil supérieur s'est occupé de Nancy (¹) : on avait fait le tracé des ouvrages qui devaient être créés au moment de la mobilisation sur les Hauts-de-Meuse... Cela rentrait dans le plan général : en créant des fortifications sur les Hauts-de-Meuse on pouvait économiser des troupes sur ces terrains au profit d'autres terrains. J'étais d'avis qu'on créât des défenses nouvelles sur les Hauts-de-Meuse et en particulier sur les hauteurs d'Hattonchâtel. Le général Joffre aussi. »

La conception d'ensemble de cette organisation défensive des Hauts-de-Meuse est nettement exposée par le général de Castelnau dans le mémoire déjà cité.

Elle devait répondre à ces deux objectifs : empêcher l'ennemi de se rendre maître de ces hauteurs ; assurer à nos forces la liberté d'en déboucher offensivement vers l'est.

(¹) Exactement le 13 avril 1913.

Le général Ruffey, qui avait la charge de la défense des Hauts-de-Meuse, a affirmé également avoir demandé de son côté cette organisation des Hauts-de-Meuse :

« J'avais demandé que l'armement des forts soit considérablement augmenté et reporté sur les Hauts-de-Meuse et que les forts de Troyon et du camp des Romains soient déclassés. Les Hauts-de-Meuse avec Verdun et Toul devaient devenir la région fortifiée Toul-Verdun. Cela eut coûté une vingtaine de millions. Mais on n'avait pas à construire de nouveaux forts, il y avait à traiter cette fortification comme celle de la guerre souterraine, avec fils de fer, beaucoup d'artillerie, de mitrailleuses... on aurait pu utiliser le matériel existant dans les places de seconde ligne. Cela je l'ai préconisé. J'ai demandé que les forts soient mis en avant, sur les Hauts-de-Meuse, face à l'est. »

Il fallait donc envisager la défense des Hauts-de-Meuse en tenant compte des particularités du terrain.

On trouve au pied des Hauts-de-Meuse soit des espaces de parcours relativement facile qui se prêtent à des actions offensives dans la direction de l'est — soit des massifs boisés et à sol marécageux, insusceptibles d'être utilisés comme terrains de débouché.

Le saillant de Vigneulles-les-Hattonchâtel, les secteurs Haudiomont, Châtillon-les-Côtes, Ornes, Azannes, Damvillers, dont les vues sont aveuglées par des massifs forestiers importants, doivent être organisés en vue de la défense rapprochée.

Par contre, les secteurs Billy-sous-les-Côtes, Haudiomont et Châtillon-sous-les-Côtes, Ornes étaient susceptibles d'être aménagés en vue de l'appui à donner aux forces débouchant en Woëvre. Et de même, plus au nord, le point essentiel de Longuyon, faisceau des routes se dirigeant vers le nord sur Arlon par Longwy, vers l'est sur Thionville, vers le sud sur Etain, Conflans et Metz.

En outre, en prévision d'une violation par l'ennemi de la neutralité belge, obligeant nos troupes, au lieu de déboucher de Stenay et Montmédy vers l'est, à s'élever vers le nord-est dans la direction de Neufchâteau, il importait d'organiser solidement le terrain entre Damvillers et Montmédy pour qu'ainsi une puissante barrière protégeât le flanc droit des forces orientées contre toute action de l'ennemi venant des directions de Longuyon ou de Virton.

La plaine de Woëvre est close au sud par le cours de la Moselle, de Toul à Pompey. Ce coin a une importance stratégique particulière : des forces débouchant en Woëvre de cette base Toul, Pompey peuvent agir efficacement sur le flanc sud des troupes adverses engagées offensivement de l'est vers l'ouest contre les Hauts-de-Meuse. Le point qui assure ce débouché offensif est le plateau des Quatre-Vents ou de Saizerais. La création, là, d'un centre important de résistance est le complément de l'organisation défensive des Hauts-de-Meuse.

« Le classement des travaux variés que comporte une telle organisation, concluait le général de Castelnau, doit être dominé par ce fait que les Hauts-de-Meuse sont, en moyenne, à une étape et demie de la frontière et que l'organisation des centres de résistance doit être parachevée avant toute attaque possible de l'ennemi. D'ailleurs tout ce qui sera déjà fait à la mobilisation ne sera plus à faire... » [1]

Le gouverneur de Verdun était, de par sa position même, la cheville ouvrière de cette réorganisation. Le 12 juin 1912, le général Coutanceau était nommé à ce poste, qu'il occupa jusqu'au 20 janvier 1916 ; ce fut donc lui qui eut à préparer le plan de défense de la place.

Le 12 décembre 1912, le gouverneur de Verdun était invité à étudier un projet en vue de préparer un débouché offensif de Verdun dans la plaine de Woëvre et spécialement dans la région de Briey ; il s'agissait d'organiser deux positions distinctes en dehors du fort de la place : Ornes, Bezonvaux et Châtillon-sous-les-Côtes, Haudiomont.

Estimant qu'il y avait trois positions vitales pour la place de Verdun — au nord la côte du Poivre et la côte de Samogneux, à l'ouest Sivry-la-Perche, au sud-est Haudiomont — le général Coutanceau avait aussitôt réclamé la création d'un fort sur chacune de ces positions.

---

[1] Ce fut une de nos grandes faiblesses — et qui eut dû imposer plus de prudence à nos opérations initiales — que dans ce secteur de la Meuse, notre base de débarquement déjà sensiblement éloignée de la frontière, n'ait pas été plus abondamment pourvue d'antennes perpendiculaires, car autrement il eut été possible de pousser progressivement les débarquements jusque sur le versant oriental de l'Argonne, même jusqu'à la Meuse et d'accélérer ainsi l'arrivée de nos forces sur les Hauts-de-Meuse : « L'unique antenne Sainte-Menehould-Verdun est absolument insuffisante et d'un rendement fort précaire, affirmait dans ce mémoire le général de Castelnau ; il conviendrait d'améliorer au plus tôt cette fâcheuse situation en prolongeant au moins jusqu'à la Meuse la voie ferrée Vouziers-Apremont. » Rien ne fut fait à ce sujet.

« Le général Joffre — a témoigné devant la Commission de
Briey le général Coutanceau — m'a dit qu'il ne voulait pas
autoriser la création de nouveaux forts parce que la Commission
des places-fortes avait décidé, en 1900, qu'on renforcerait les
forts existants et qu'on ne ferait rien en dehors. »

Le gouverneur de Verdun fut seulement autorisé à faire des
abris pour les troupes et les munitions et des emplacements
de batteries, mais pas de tranchées.

Le 20 avril 1913 — après la délibération du Conseil supérieur
de la guerre — en même temps qu'à Nancy le général Joffre se
rendit à Verdun avec le ministre de la Guerre. Le général Coutanceau leur montra ses positions avancées et spécialement celle
d'Haudiomont, et, à défaut des forts qu'on lui refusait, il ré-
clama, à l'effet de rendre intenables ces positions à l'ennemi, des
tourelles avec des canons portant, au lieu de 7 kilomètres, à
15 kilomètres.

Le général Joffre approuva et, le 3 juillet 1913, il autorisait la
création de telles tourelles aux forts de Moulainville, de Marre,
des bois Bourrus, aux Sartelles et à Génicourt : ainsi l'occupation des positions avancées de Verdun se serait trouvée remplacée par des tourelles tirant à grande distance.

Malheureusement, a rapporté le général Coutanceau, le général Joffre se heurta à l'opposition du Comité du Génie, « qui
trouvait que les tourelles existantes suffisaient, qu'il était excessif de vouloir tirer à 15 kilomètres, qu'on ne verrait pas
l'ennemi... »

« Le général Joffre, poursuit le général Coutanceau, a fait
tout ce qu'il a pu pour vaincre cette opposition qui lui a fait
perdre un temps précieux. »

Interrogé sur ce point, le maréchal Joffre a répondu n'avoir
pas conservé le souvenir de ces faits : « La direction du génie,
a-t-il seulement fait observer, ne demande pas mieux que de
faire des travaux, mais il faut de l'argent... »

Interrogé par la Commission de Briey, le général Chevalier, ancien directeur du génie, tout en rejetant sur la direction de l'artillerie l'opposition mise à l'installation de ces tourelles de 15 kilomètres, a déclaré que depuis 1909 la réfection des défenses des Hauts-de-Meuse avait été décidée et ébauchée, mais qu'au moment de la mobilisation ces travaux étaient toujours en cours d'exécution ; notamment l'autorisation de faire les travaux préparatoires de défense de Verdun — abris pour troupes et munitions, emplacements de batteries, etc. — ne vint qu'un mois avant la déclaration de guerre. « Nous n'avions pas eu assez d'argent », a-t-il conclu.

Et comme on lui en demandait la cause, le général Chevalier répondit :

« Toutes les années, nous demandions plus de crédits qu'il ne nous en était alloué, parce que nous avions un programme extrêmement considérable qui se chiffrait par des millions et des millions pour chaque place et qui devait, naturellement, dans l'intérêt de la défense nationale, être exécuté aussi rapidement que possible. Chaque année, nous nous efforcions d'obtenir des crédits plus élevés de façon à accélérer les travaux : une fois ceux-ci bien partis, on peut aller vite et absorber des crédits supplémentaires. Il est certain que je n'ai pas eu les crédits que je demandais ; par conséquent, j'avais déjà assez de peine à faire les travaux indispensables pour ces places, d'après le programme arrêté par le Conseil supérieur de la guerre, sans envisager d'autres travaux par ailleurs qui me paraissaient moins urgents. »

A cette demande : « Qui réduisait les crédits ? » le général Chevalier fit cette réponse : « C'est assez délicat, mais, d'ordinaire, c'était de la direction du Contrôle, qui était en rapports directs avec le Parlement et la Commission du budget, que nous venaient les ordres de réduction. »

Peut-être aussi une autre raison peut-elle être cherchée pour expliquer ces négligences. Le général Malleterre l'a signalée ainsi :

« Il courait un bruit dont nous n'avons jamais pu avoir la confirmation, d'après lequel, aussi bien du côté du Grand-Couronné de Nancy que de ce côté-là, il n'était pas possible d'élever un système défensif non pas seulement permanent ou semi-permanent comme nos grandes forteresses de la Meuse ou de la Moselle, mais même un système préventif prévoyant l'emplacement de batteries, comme cela a été fait plus tard au Grand-Couronné, sous le prétexte que, du côté de l'Allemagne, nous aurions été exposés à des observations diplomatiques et peut-être même à des manœuvres d'intimidation. »

De son côté, M. François de Wendel a fait entendre la même note :

« Je crois pouvoir affirmer, d'après les contacts que j'ai eus avec les Allemands en divers circonstances, notamment au moment d'Agadir, qu'au premier coup de pioche donné dans le bassin de Briey, nous aurions eu un ultimatum. C'est une impression que je vous donne ; dès que nous posions une voie de mines, les Allemands posaient des questions et s'inquiétaient. »

Dans son intéressante déposition devant la Commission de Briey, M. Louis Marin, rapporteur général du budget, a fait connaître que les mêmes objections lui avaient été opposées pour l'établissement des défenses du Grand-Couronné de Nancy, qu'avec une ténacité inlassable il avait réclamées et qu'il put obtenir de la Commission du budget.

Là aussi on mettait perpétuellement en avant ces objections diplomatiques : clause secrète du traité de Francfort, observations du gouvernement allemand à l'occasion de travaux de défense annoncés ou commencés, etc. Ces objections étaient imprécises ; en 1913, la Commission du budget en voulut voir le fond.

Elle reconnut vite qu'il n'y avait aucune clause secrète du traité de Francfort interdisant sur ces points de la Lorraine la mise en état de défense de la frontière, et on ne put lui montrer aucun télégramme enregistrant une observation ferme à ce sujet.

« Il n'y avait rien de déterminant — a conclu M. Louis Marin — ni dans les clauses annexes du traité de Francfort, ni dans des observations fermes faites par l'Allemagne ; seule la crainte d'incidents a pu toujours être invoquée, mais sans fondement spécial. »

Il ne serait pas impossible que pour les Hauts-de-Meuse et Briey une telle crainte ait aussi entravé ces mesures de défense et motivé l'inaction et l'inertie administratives dont nous allons avoir maintenant à enregistrer les effets.

IV

En définitive, la défense fixe des Hauts-de-Meuse avait été
presque complètement sacrifiée ; on s'en remettait exclusivement à la défense mobile, aux troupes de couverture, et pourtant, au moment de la déclaration de guerre, on n'avait pu, pour
faciliter leur travail, que procéder, dans la région d'Apremont
et au sud de Verdun, à quelques déboisements et à des constructions d'ouvrages d'infanterie et de positions de batterie.

Pour notre commandement, la principale défense des Hauts-
de-Meuse c'était donc la couverture, et on s'explique, dans ces
conditions, que ses positions en aient été rapprochées et, par
suite, la région de Briey mise hors de sa protection. « Etant
donnée la situation de Briey sur la frontière même et l'importance des troupes qu'il aurait fallu mettre pour la défendre —
a déclaré le général Pont — on ne pouvait, sans courir de grands
risques, défendre Briey sur la frontière et protéger en arrière
Verdun et les Hauts-de-Meuse. » (¹)

(¹) Le général Verraux a présenté un autre point de vue à la Commission de Briey :

Le problème de la mise de la région minière et métallurgique de Briey hors de la zone de la couverture se trouve ainsi expliqué, et si nous tenons à apporter à ce sujet un supplément de preuve, c'est pour mettre définitivement fin à une légende qui avait fait grief de cet abandon du bassin de Briey, à ce qu'on a appelé le recul de 10 kilomètres, — cette mesure de haute sagesse politique prise, le 31 juillet 1914, par le gouvernement de M. René Viviani, aux fins de laisser sur la frontière une zone de quelques kilomètres entre nos troupes et celles de l'Allemagne et d'éviter ainsi de donner au gouvernement allemand les prétextes qu'il cherchait pour présenter à son peuple cette guerre, qu'il avait si longuement préméditée, comme provoquée par la France.

Rapprochant le fait de ce recul de la position sur la frontière des mines de Briey, cette légende put s'établir, grâce à l'obscurité dont étaient et sont toujours entourés les faits du début de la guerre.

Le premier, en mars 1917, le général Verraux, qui commandait, en août 1914, l'une des divisions de couverture de Briey, avait montré l'inanité de cette imputation en faisant connaître les emplacements de couverture de sa division. J'avais, pour ma part, relevé aussitôt cette grave révélation, et souligné de mon

---

« Cela vient de l'organisation même de notre armée. Notre armée étant basée sur l'organisation des troupes de première ligne, et sur les réserves de laquelle on ne comptait pas, devait fatalement recourir à une concentration en arrière de tous les éléments de première ligne.

« Si, au contraire, notre système militaire avait tenu compte des réserves, les populations de la frontière auraient été organisées en réserves, constituées en régiments territoriaux, en régiments de miliciens — appelez-les comme vous voulez — qui auraient fait ces tranchées, dans lesquelles nous aurions pu résister à l'envahisseur.

« Si nous avions eu cette organisation territoriale de nos régions frontières, grâce aux réserves — les réserves ! on a bien été obligé d'y croire depuis — on aurait pu, dès le premier jour, employer le régiment territorial de Briey, celui d'Audun-le-Roman et tant d'autres à creuser les retranchements nécessaires. Un ordre eût suffi pour qu'immédiatement la frontière fût tenue par nos troupes de réserve. »

côté l'inanité d'un tel grief ([1]).Dans la séance du 31 janvier 1919,
M. René Viviani protesta nettement contre une telle imputation, et la Chambre fit sienne sa protestation en décidant
l'affichage de ses éloquentes paroles.

Cependant — si tenace est une légende — que l'on a pu voir
celle-ci reparaître jusque dans le *Mémoire du gouvernement français sur la fixation au Rhin de la frontière occidentale de l'Allemagne et l'occupation interalliée des ponts du fleuve* (25 février
1919). Il y est ainsi affirmé que si la France fut privée en quelques
heures, avant la déclaration de guerre, de 90 o/o de sa production de minerai et de 86 o/o de sa production de fonte, c'est
*« parce qu'elle avait éloigné ses troupes de la frontière pour éviter
des incidents »*.

Il convient donc de mettre définitivement fin à une telle
erreur.

Non seulement, devant la Commission de Briey, le général
Verraux a renouvelé ses affirmations qui furent corroborées
par le général Sarrail, chargé de la couverture des Hauts-de-
Meuse, mais le maréchal Joffre a fait à ce sujet cette formelle et
loyale déclaration :

« Il est exact que *le plan 17, ainsi d'ailleurs que les plans précédents,
laissaient la région de Briey en dehors de la zone occupée par les troupes
de couverture.*

« ...On ne pouvait pousser plus à l'est le dispositif de couverture et
interdire ainsi, par ce dispositif, aux Allemands la prise de possession
du bassin de Briey.

« La région minière de Briey, en effet, à cheval sur notre frontière
de 1871, est au contact même de la place de Metz et sous le canon de
ses forts. Le camp retranché de Metz, qui pénétrait comme un coin
en terre française, favorisait incontestablement une offensive brusquée à objectifs limités.

([1]) *Correspondant,* 10 avril 1917. La frontière du Nord et de l'Est :
la frontière défaite.
([2]) Rapport général de M. Louis Barthou sur le traité de paix conclu
à Versailles, le 28 juin 1919. *Annexes,* p. 73.

F. ENGERAND   3

« Comme la couverture constituée par des éléments stationnés dans la région dès le temps de paix ne comprenait par ce fait même que des effectifs assez faibles, pousser la ligne de résistance plus avant que ne le prévoyait le plan 17, c'eût été l'établir dans le rayon d'action de Metz, courir, par conséquent, le grand risque de la faire écraser dans cette région et de rendre ainsi dès l'abord précaire notre concentration, que la couverture devait protéger.

« Comme en outre la défense de la région de Briey par des troupes actives était d'avance tournée par tout mouvement ennemi à travers le Luxembourg, le tracé même de notre frontière de 1871 rejetait sur les Hauts-de-Meuse la ligne de résistance de notre couverture.

J'ai pu, au reste, comme rapporteur de la Commission de Briey, avoir communication de l'instruction de couverture du plan 17, établie en avril 1914 et je ne fais ici qu'en résumer les parties relatives aux 4e et 5e secteurs de la Woëvre méridionale (de Pont-à-Mousson à Conflans) et de la Woëvre septentrionale (de Conflans exclu à Givet), le premier assuré par le 6e corps et la 7e division de cavalerie, le second par le 2e corps et la 4e division de cavalerie.

La mission de couverture des troupes de la Woëvre méridionale est ainsi spécifiée :

« Pendant les cinq premiers jours couvrir les ateliers de débarquement de la vallée de la Meuse, entre Verdun et Commercy et s'opposer à toute attaque brusquée contre Toul et Verdun — et éventuellement soutenir les troupes du secteur de la Basse-Meurthe, sur la rive droite de la Meuse, en cas d'attaque par des forces débouchant de Metz. »

Le secteur de couverture était ainsi réparti :

Le quartier général à Vigneulles-les-Hattonchâtel; la 42e division entre Fresnes-en-Woëvre et Thillot-sous-les-Côtes avec détachement vers Mouaville, Puxe et Sponville ; la 40e division dans la région de Beaumont, Flirey, Domèvre-en-Haye avec détachement vers Thiaucourt et Pont-à-Mousson ; la 12e division entre Vigneulles et Haudiocourt, avec l'artillerie de corps et les éléments non endivisionnés au nord de Saint-Mihiel ; la

7e division de cavalerie dans la région d'Apremont-Boucon-
ville.

Les antennes avancées étaient à Pont-à-Mousson, Thiaucourt,
Sponville, Puxe, Mouaville et tenues par des bataillons de chasseurs à pied qui avaient pour consigne de se replier, en cas
d'attaque ennemie.

Ces éléments avancés de la couverture se trouvaient donc à
une distance variant de 6 à 22 kilomètres de la frontière en deçà
de la région minière et métallurgique de Briey.

La couverture du secteur de la Woëvre septentrionale, assurée par le 2e corps et la 4e division de cavalerie, avait cette mission :

« Assurer la protection des ateliers de débarquement éche-
lonnés sur la Meuse au nord de Verdun, et garantir le front
occupé par la garnison de cette place contre un enveloppement
par le nord. »

L'une des divisions était établie à Spincourt, avec observation de la région d'Audun-le-Roman et de Villers-la-Montagne
jusqu'à la vallée de la Chiers ; l'autre à Ire-le-Sec, Marville,
Dombras, Jametz avec observation de la région Briey exclu à
Longwy inclus.

Il était spécifié que la 8e brigade occuperait les passages de la
Meuse de Sedan, Mézières à Givet, et qu' « en cas de violation
de la neutralité de la Belgique par l'Allemagne, elle sera mise,
sur l'ordre du général commandant en chef, à la disposition du
général commandant le corps de cavalerie ».

Et ladite instruction prévoyait ainsi les dispositions pour le
cas de violation de la neutralité de la Belgique par l'Allemagne :

« Un corps de cavalerie, comprenant les 1re, 3e et 5e divisions
est rassemblé à Mézières, prêt à se porter au devant des colonnes ennemies qui violeraient la neutralité de la Belgique.
Dans ce cas, le général commandant le corps de cavalerie exé-
cuterait, sur l'ordre du général en chef, la mission indiquée
dans son pli blanc ; la 8e brigade d'infanterie, chargée de tenir

les passages de la Meuse à Sedan, Mézières et Givet, passerait sous ses ordres. »

Cette indication démontre clairement que notre haut commandement ne prévoyait la violation par l'Allemagne de la neutralité de la Belgique que par la rive droite de la Meuse.

Ces documents, joints à la déclaration du maréchal Joffre, sont, croyons-nous, de nature à briser définitivement la légende de la perte de la région de Briey, causée par le recul de 10 kilomètres.

Cette mesure qui affirma, d'une façon matérielle et pour ainsi dire plastique, la volonté de paix de la France et la volonté de guerre de l'Allemagne, n'eut donc aucun effet fâcheux sur le début des opérations de la guerre.

Le général en chef n'y fit aucune opposition ; la déposition de M. Messimy, alors ministre de la Guerre, est formelle :

C'est moi, a affirmé M. Messimy, qui ai proposé au Conseil des Ministres cette mesure dans le but d'empêcher tout contact, qu'il fallait éviter à tout prix, entre les troupes françaises et les troupes allemandes. Mais, cela n'avait pour effet que de replier nos lignes de sentinelles ; quant à nos groupes de couverture, ils n'ont pas bougé ; ils sont restés exactement au point où ils devaient être d'après les instructions du plan 17.

Au surplus, lorsque j'annonçai au général Joffre la décision de reculer les troupes à 10 kilomètres, celui-ci répondit : « Cela n'a pas d'importance à condition que vous me laissiez ne pas appliquer cet ordre d'une façon stricte, la limite de 10 kilomètres sur certains points des Vosges serait extrêmement gênante. »

Je lui ai répondu : « Pourvu que la mesure soit appliquée d'une façon impérative dans son esprit, pourvu qu'il y ait 5 ou 6 kilomètres entre nos armées et les troupes allemandes, cela suffit. »

Donc le G. Q. G. a eu toute liberté pour établir sa ligne. Il existe, d'ailleurs, dans les archives, des documents nombreux indiquant les ordres donnés par le G. Q. G. aux troupes. Dans ces ordres vous verrez la ligne jalonnée par tels et tels villages, distants de 4 ou 5 kilomètres de la ligne frontière.

Au surplus l'interdiction ainsi donnée fut levée le 2 août à

minuit, et l'on verra, par la suite, que ce ne fut que le 5 août
que les Allemands se présentèrent à Briey et que la région resta
jusqu'au 15 août pour ainsi dire inoccupée...

. Il reste à rechercher les causes de cet état de choses, et à relater le rôle de la 3e armée et de l'armée de Lorraine, à qui in-
combèrent la mission de reprendre le terrain précieux ainsi
abandonné.

En résumé, le haut commandement, non avisé par les services
compétents et ne se rendant peut-être pas exactement compte
de l'importance économique sans égale de cette région de Briey,
avait cru pouvoir en abandonner provisoirement la défense
directe, qu'il jugeait impossible pour les raisons stratégiques que
l'on vient d'exposer (1).

Escomptant une guerre courte (2), jouant sur le succès et ne

---

(1) M. le général Belin, sous-chef d'état-major au début de la guerre,
a ainsi développé ce point de vue devant a Commission de Briey :
« On n'avait pas méconnu l'importance de Briey, mais on n'en faisait pas l'engagement unique et principal de la bataille. Il y avait
quelque chose de plus important, c'était l'armée allemande.
« C'est contre cet objectif que le général commandant en chef a
consacré toutes ses forces, et c'est en vue de l'offensive qu'il avait
l'intention de mener et que, d'après ce qu'il escomptait, il avait beaucoup de chance de croire devoir se réaliser, qu'il a monté son plan en
conséquence et successivement monté ses deux attaques sur les deux
théâtres des opérations qui devaient converger vers le même point,
d'abord en Alsace-Lorraine et ensuite sur le reste du front par l'engagement de toutes les forces françaises contre toute l'armée allemande.
*Il espérait à ce moment non pas la détruire, mais la battre et il en a été
tout près...*
« Voilà pourquoi le général en chef a pu envisager cette manœuvre,
elle est à la base de notre enseignement militaire, elle nous a valu la
dernière victoire ; elle avait les plus grandes chances de débarrasser
complètement les bassins de Briey et de Thionville ; peut-être même
l'armée n'en aurait-elle pas eu besoin parce que dans ce cas l'armée
allemande n'aurait pas tenu plus longtemps. »
(2) Le grand État-major partageait cette conviction sur une conclusion rapide de la guerre, voir le rapport de Ludendorf, en date du
19 mars 1913, sur le renforcement de l'armée allemande, *in fine* : « La

voulant pas prévoir le revers, il comptait dégager par le développement même de son plan d'opérations et libérer par la manœuvre cette réserve métallurgique de la France, persuadé qu'il était que l'interruption de cette production métallurgique n'aurait pas de conséquences sur une guerre qu'il estimait — comme l'ennemi du reste — devoir être de brève durée.

------

préparation discrète de la mobilisation, et l'exécution rapide de notre concentration stratégique nous assurent des avantages qu'il sera difficile aux armées des autres nations de réaliser dans la même mesure. Nous nous assurons donc ainsi les meilleures conditions pour l'heureuse exécution de la surprise stratégique sur nos ennemis, *la conduite et l'achèvement rapides* et violents de la campagne entreprise. » (*Livre Jaune,* 1914. *Temps,* 10 juin 1919).

DEUXIÈME PARTIE

LES COMBATS SOUS BRIEY

———

I

INTERROGÉ sur cette question de Briey, le général de Castelnau a très nettement déclaré :

« J'estime que vous ne pouvez vous faire une opinion éclairée sur cette question de Briey, si on ne vous expose tout le grave problème de la concentration, de la mobilisation et de la couverture... Le responsable de ce plan, ce n'est pas moi, c'est le général Joffre, c'est le ministre de la Guerre, et vous comprendrez que je ne peux pas me substituer à eux dans l'exposé de leur pensée, à moins qu'ils me donnent une délégation formelle. »

Et à son tour, le maréchal Joffre a confirmé ce point de vue :

« Pour se faire une opinion nette et précise sur une décision du commandement, quelle qu'elle soit, en un point déterminé et à un moment donné de la guerre, il est indispensable de ne pas envisager cette décision toute seule en faisant abstraction de ce qui s'est passé auparavant ou de ce qui se passe au même moment sur les autres parties du théâtre des opérations. Pour juger des causes qui ont amené le commandement à prendre cette décision, il importe essentiellement de considérer l'ensemble des opérations à l'époque envisagée, de voir la place que prend dans ce cadre général le fait que l'on veut étudier et se rendre compte des répercussions qu'ont ou qu'auront sur lui les événements qui se sont passés ou se passent ailleurs...

« *La question de Briey* ne fait pas exception à cette règle ; elle *ne peut être considérée isolément et en la détachant de l'ensemble de la guerre. C'est dans le cadre de cet ensemble qu'il faut la placer si l'on veut apprécier ce qui pouvait être fait et ce qui a été fait.* »

La question militaire de Briey doit donc être envisagée dans le plan des opérations d'août 1914 ; c'est ainsi que la Commission de Briey fut amenée par la force même des choses à examiner ce vaste ensemble.

Ces deux hautes appréciations répondent assez aux critiques qui lui furent faites du dehors qu'elle outrepassait son mandat, qu'elle s'occupait de choses étrangères à son objet, qui n'était pas de faire une enquête sur le début de la guerre.

J'ai donc été, moi aussi, obligé d'étudier ces opérations du début de la guerre et leurs préliminaires, en fonction du rôle de la 3e armée et de l'armée de Lorraine qui avaient la charge de rendre à la France cette région de Briey, mise, comme on l'a vu, hors du rayon de couverture et ainsi laissée libre à l'ennemi.

C'est moins d'après les dépositions, parfois contradictoires des témoins entendus, que je l'ai fait, que sur les pièces même, les ordres et plans, dont le ministre de la Guerre m'a permis de prendre connaissance et qui ont motivé un long et minutieux travail.

~

L'hypothèse fondamentale qui présida à l'établissement du plan 17 (¹) fut une concentration principale des forces allemandes « sur la frontière commune », et une attaque brusquée de l'ennemi en direction de Verdun pour troubler notre concentration.

Les intentions du général en chef étaient : « en tout état de cause, se porter, toutes forces réunies, à l'attaque des armées allemandes. » L'intervention des armées françaises devait se manifester sous la forme de deux actions principales se développant l'une à droite, dans les terrains entre les massifs forestiers des Vosges et de la Moselle, en aval de Toul, l'autre à gauche, au nord de la ligne Verdun-Metz ; ces deux actions étant étroitement soudées par des forces agissant sur les Hauts-de-Meuse et en Woëvre.

D'où il appert que l'investissement de Metz était un des objectifs essentiels, l'armée devant ensuite, après s'être gardée au Rhin, s'élever par le nord en direction de Sarrebrück.

Ainsi, constatons une fois encore que l'idée de ménager la région industrielle de Briey ne fut pas dans les intentions de notre haut commandement, puisque c'était précisément là, que, d'après ses prévisions, devait se mener l'action principale.

Ces intentions du général commandant en chef avaient inspiré la répartition générale des forces sur le théâtre des opérations.

Les 1ʳᵉ et 2ᵉ armées opéreront donc initialement entre le Rhin et le cours de la Moselle, en aval de Toul, prolongé à

(¹) Voir en annexe le résumé de l' « historique du plan », c'est-à-dire les plans 16, 16 *bis* et 16 *ter*.

l'ouest de cette place par le canal de la Marne au Rhin et la région de Vaucouleurs-Gondrecourt ; la 5e armée et le corps de cavalerie agiront au nord de la ligne de Verdun-Metz ; le rôle de la 3e armée sera de servir de liaison entre ces deux actions.

Et voici quelles étaient les missions des diverses armées d'opérations.

La 1re armée, forte de 5 corps d'armée, de 2 divisions de cavalerie et de 5 régiments d'artillerie lourde, devait attaquer dans la direction générale Baccarat, Sarrebourg, Sarreguemines, son extrême droite descendant dans la Haute-Alsace pour appuyer au Rhin le dispositif général, la droite du gros suivant la crête des Vosges.

La 2e armée, avec 5 corps également, une artillerie à 3 régiments, et un groupe de 3 divisions de réserve, devait se présenter initialement sur le front Lunéville, Grand-Couronné, et s'assurant ainsi cette tête de pont de Nancy, en déboucher le douzième jour de la mobilisation pour attaquer en direction générale Château-Salins, Sarrebrück.

La 1re armée, avec le même nombre de forces appuyait donc cette offensive dont l'effet eût été de tourner Metz par le sud ; mais ce faisant elle pouvait être prise à revers par des forces allemandes qui tenteraient de déboucher sur le versant occidental des Vosges au nord de la Schlucht. Pour retenir en Alsace ces forces, une fraction de la 1re armée devait se tenir prête, dès le quatrième jour de la mobilisation, à pénétrer dans la Haute-Alsace par la trouée de Belfort, le col de la Schlucht et les passages intermédiaires en direction générale de Colmar. Cette mission délicate était assignée au seul 7e corps et à la 8e division de cavalerie.

Tel était l'objectif en vue duquel répondait la concentration des 1re et 2e armées — aile droite de l'armée française.

L'aile gauche était constituée par la 5e armée, forte de 5 corps, d'une division de cavalerie, de 2 divisions de réserve et d'une artillerie lourde. Cette 5ᵉ armée devait, au cas où le théâtre des opérations se limiterait au territoire des deux belligérants, s'engager en direction générale de Thionville, s'efforçant de rejeter vers le nord les forces adverses qu'elle rencontrerait devant elle ; puis, réservant une partie de ses forces (constituée éventuellement en subdivision d'armée) en arrière de son aile gauche pour se couvrir contre toute action enveloppante que tenterait l'ennemi en violant le territoire belge au voisinage de la frontière, cette 5ᵉ armée devait également envisager « l'attaque de vive force de Thionville ou l'investissement ultérieur de cette place à l'aide des divisions de réserve mises à sa disposition. » La 5ᵉ armée, dans cette hypothèse, tournait donc Metz par le nord, pendant que la 2ᵉ et la 1ʳᵉ armées la tournaient par le sud.

La 3ᵉ armée faisait le centre ; elle disposait de 3 corps d'armée, d'une division de cavalerie, d'une artillerie lourde et d'un groupe de 3 divisions de réserve.

Sa mission était de constituer la liaison entre les actions principales des deux ailes, et de se tenir prête soit à rejeter sur Metz et Thionville les forces ennemies qui en déboucheraient, soit à préparer un premier investissement de la place de Metz.

Son point d'appui était les Hauts-de-Meuse, dont elle devait assurer la possession par le groupe de divisions de réserve et l'artillerie de gros calibre qui lui étaient affectés à cet effet, et qui ultérieurement devaient coopérer avec elle à l'investissement de Metz.

Cette 3ᵉ armée devait être prête à passer à l'offensive générale, en coordonnant ses actions à droite avec la 2ᵉ armée, à gauche avec la 5ᵉ, en se tenant en mesure de les prolonger, suivant les circonstances, soit sur la rive droite de la Moselle, soit en Woëvre septentrionale ; elle devait, en conséquence, déboucher de la ligne Domèvre-en-Haye, Vigneulles-les-Hattonchâtel, dès le douzième jour de la mobilisation.

Ainsi, l'objectif initial était bien l'investissement de Metz qui permettrait aux armées d'évoluer en direction du Rhin. C'était l'hypothèse fondamentale du plan 17 et, pour les 1re et 2e armées, — aile droite de l'armée — l'hypothèse unique.

Une variante avait été prévue pour l'aile gauche, au cas où l'ennemi déborderait immédiatement en territoire neutre, dans le Luxembourg et particulièrement en Belgique.

Dans cette éventualité, le poids principal de la manœuvre incombait à la 5e armée, à qui cette mission subsidiaire avait été assignée : s'élever vers le nord-est pour déboucher en Luxembourg belge par la région de Neufchâteau et de Florenville.

Le trou, qui résulterait de cette remontée de la 5e armée, devait être comblé par la 4e armée.

Cette 4e armée, composée de 3 corps, d'une division de cavalerie et de 3 batteries de 155, était concentrée en seconde ligne. Sa mission était, comme celle de la 5e armée, à deux fins et subordonnée au respect ou à la violation par l'ennemi de la neutralité de la Belgique : dans le premier cas, elle devrait déboucher en Woëvre méridionale entre les 2e et 3e armées et coopérer à l'action de la 2e armée ; dans le second cas elle se porterait vers le nord par la région à l'ouest de la Meuse pour s'engager à la gauche de la 3e armée en direction d'Arlon.

Et, toujours dans cette hypothèse de violation par l'ennemi de la neutralité belge, un rôle spécial était dévolu au corps de cavalerie posté à la gauche de la 5e armée. Son commandant devait alors réunir ses trois divisions à l'est de Mézières et « préparer des dispositions lui permettant de se porter au premier ordre à la rencontre des colonnes ennemies et plus spécialement de celles qui s'avanceraient par le Luxembourg belge, au sud de la région difficile Houffalize, Saint-Hubert ». Sa mission consisterait à reconnaître ces colonnes et à retarder leur mouvement ; le 148e régiment d'infanterie passerait alors sous les ordres du commandant du corps de cavalerie et « se porterait le plus rapidement possible sur Dinant pour occuper les ponts de la Meuse entre la place de Namur et la frontière, dans le cas où le gouvernement belge n'aurait pas pris l'initiative de cette occupation. »

Deux groupes, de 3 divisions de réserve chacun, étaient en seconde ligne à la disposition du général en chef : le 1er groupe concentré dans la région de Vesoul, le 4e dans la région de Sissonne, en arrière de la 5e armée — le 1er groupe pour, suivant les cas, parer face à l'est à une violation du territoire suisse, ou « couvrir à droite le mouvement de la 1re armée en concourant à l'investissement des places de Neuf-Brisach et de Strasbourg » ; le 4e groupe pour pouvoir être engagé soit vers l'est et le sudest, soit vers le nord-est, comme soutien des 3e, 4e et 5e armées ou comme complément de la masse de manœuvre de l'aile gauche.

Les missions assignées à la 5e armée et au corps de cavalerie démontrent clairement que la variante, envisagée par le général en chef dans le plan 17, fixait au Luxembourg belge et à la rive droite de la Meuse *le terminus* du mouvement ennemi par la Belgique.

La position, assignée à la 4e armée dans la variante, souligne également cette pensée du commandement. Il semble, en effet, que, si l'éventualité d'un mouvement ennemi par la rive gauche de la Meuse avait été principalement envisagée, cette 4e armée n'eût pas dû être portée entre les 3e et 5e armées (cette dernière en tout état arrêtée à Mézières) « en vue d'étoffer la 5e armée », suivant le mot du général Joffre et de renforcer l'offensive des 3e et 5e armées dans le Luxembourg belge. En prévision d'une telle attaque ennemie par la rive gauche de la Meuse, la position logique de cette 4e armée eut été en prolongement de la 5e armée au delà de Mézières.

Tout au plus le haut commandement envisagea-t-il la possibilité au nord de la Meuse d'un raid de cavalerie ennemie ou d'une démonstration de peu de portée, et pour y parer il avait fixé là le quartier éventuel de l'armée anglaise.

Le maréchal Joffre, dans sa déposition, et le maréchal French dans ses mémoires, ont signalé ces accords entre les états-majors français et anglais quant à l'intervention britannique au cas d'une violation par l'Allemagne de la neutralité belge.

« L'entrée en action de l'armée anglaise — a dit le maréchal Joffre — pour secrète qu'elle était tenue, avait été prévue en détail, des mesures avaient été prises pour son débarquement et sa concentration, et son emploi éventuel avait été envisagé à la place qui devait logiquement lui être réservée, à la gauche du dispositif des armées françaises qu'elle devait prolonger. Dans l'éventualité; prévue bien que secrète, de l'intervention britannique, ce n'était donc pas le seul front français qui était envisagé comme front de bataille, mais bien un front plus étendu vers la gauche. »

A cet effet, avait eté préparée une annexe secrète au plan 17 relative à la mobilisation éventuelle et conditionnelle de l'armée anglaise, désignée sous le vocable d'armée W. ([1]).

Le corps expéditionnaire anglais devait être de 6 divisions d'infanterie et d'une division de cavalerie, répartis en deux armées. Ces armées devaient se concentrer dans la région d'Avesnes, de la ligne Vervins, Hirson à la ligne Le Cateau, Landrecies, Maubeuge, avec le quartier général au Cateau.

Cette position indique une défense éventuelle de la trouée de l'Oise, mais envisagée, semble-t-il, comme problématique et accessoire. Aussi bien le maréchal French, dans ses mémoires, déclare-t-il que les plans concertés entre les états-majors anglais et français n'avaient envisagé la violation de la neutralité belge que « par la marche à travers les Ardennes », mais qu'il était, lui, convaincu que l'Allemagne ne s'en tiendrait pas à cette

---

([1]) Dans le « Mémoire du Gouvernement français sur la fixation au Rhin de la frontière occidentale de l'Allemagne » (25 février 1919) (mémoire du maréchal Foch), il est parlé de « l'engagement militaire *défensif*, très limité qui, en 1914, liait à la France la Grande-Bretagne » {Rapport général sur le traité de paix, page 75).

demi-mesure et qu'une fois décidée « elle exploiterait sa décision à fond pour envahir le pays tout entier et attaquer les alliés par le flanc » et ce « parce que nous étions trop portés à attendre une attaque de l'Est » (¹).

« Le « plan de renseignements » annexé au plan 17 confirme au surplus cette impression du maréchal French, que l'effort principal de l'ennemi, au cas de violation de la neutralité belge était limité, dans les prévisions de notre état-major, à « une marche à travers les Ardennes. »

Le plan de renseignements, d'après la définition même qui en est donnée au plan 17, est « l'ensemble des informations nécessaires au général commandant en chef en vue de la réalisation de son plan de manœuvre » : c'est, a dit le maréchal Joffre, « l'ensemble des renseignements qui permettent au commandement de s'orienter sur ce que fait l'ennemi et sur ce que lui, commandement, doit faire ». En fait, ce sont les directives données par le général en chef au service des renseignements, le plan de travail du 2ᵉ bureau de l'état-major.

Et ici une réflexion s'impose et qui ne peut pas ne pas s'imposer. Au rapport des spécialistes, la mise en œuvre d'un tel plan de renseignements demandait au moins deux années de préparation ; c'était une œuvre infiniment délicate et qui réclamait, de la part de ses metteurs en œuvre, des aptitudes très spéciales. Un service de sûreté militaire est d'une nécessité absolue. On sait jusqu'où les Allemands en avaient poussé le développement, de quels agents multipliés et variés ils disposaient, et quels offices ils en reçurent...

Il résulte de la déclaration du maréchal Joffre, confirmée par une note du général Belin apposée sur le document lui-même, que le plan de renseignement ne fut organisé et approuvé que

---

(¹) Voir la publication de ces mémoires du maréchal French faite par le journal *Excelsior*.

le 28 mars 1914 ; c'est assez dire qu'au moment de la déclaration de guerre, il était à peine ébauché.

D'autre part, le discrédit, qui avait été, à la suite de l'affaire Dreyfus, jeté sur le 2e bureau de l'État-Major, sur le service des renseignements et sur l'intervention d'officiers dans ces missions spéciales, en avait quelque peu écarté les officiers d'élite, et l'armée en était arrivée à partager le sentiment public et à considérer comme inférieur et hors de sa fonction ce service pourtant essentiel.

L'armée allemande ne partageait pas ces scrupules ; elle eut une avance redoutable au point de vue des renseignements. Chez nous, au contraire, l'insuffisance du Service des renseignements se fit lourdement sentir, non seulement au début, mais tout au cours de la guerre.

Quand on examine le plan de renseignements — et je ne l'ai fait que sur ce point spécial de la violation de la neutralité de la Belgique — ce qui frappe tout d'abord, c'est l'incertitude où l'on était quant à l'attitude de la Belgique, au cas d'une violation de son territoire par l'Allemagne. Dans ses mémoires, le maréchal French avance que « la Belgique demeura une énigme jusqu'au dernier jour et qu'il est très fâcheux qu'elle n'ait jamais pu se décider sur l'attitude qu'elle adopterait dans l'hypothèse d'une guerre générale. » (¹)

(¹) Si l'attitude de la Belgique en prévision d'une violation de son territoire resta « énigmatique », l'intention de l'Allemagne de violer cette neutralité ne le fut pas ; elle était nettement affirmée dans le rapport de Ludendorf, du 19 mars 1913, qui fut transmis au ministre de la Guerre français dès le 2 mars 1913.

Ludendorf exposant le danger que constituerait pour l'armée allemande l'occupation par l'armée française de la Belgique « qui pourrait lui servir de base d'opérations dans notre flanc », concluait ainsi : « Si l'on pouvait décider ces États (la Belgique et la Hollande) à organiser leur système fortifié de telle façon qu'ils constituent une protection efficace de notre flanc, on pourrait renoncer à l'invasion projetée. Mais pour cela il faudrait aussi, particulièrement en Belgique, qu'on réfor-

C'est ainsi que l'on note, parmi les « informations principales à rechercher dans la période de tension politique quant aux préparatifs *dans les pays neutres* », celle-ci : « Les Belges font-ils des préparatifs dans leurs forteresses de la Meuse (Liège, Namur); font-ils occuper les ponts de la Meuse entre Givet et Liège, et peut-on supposer qu'ils y préparent des destructions ? »

Et cette autre note confirme cette incertitude : « En ce qui concerne la Belgique, il y aurait le plus grand intérêt à ce que nous puissions profiter, dès la période de tension diplomatique, des renseignements recueillis par le service spécial des Anglais ; une entente devrait être établie entre les états-majors des deux pays, en vue de nous assurer la communication de ces renseignements. »

---

mât l'armée pour qu'elle offrît des garanties sérieuses de résistance. Si au contraire, comme maintenant son organisation défensive est établie contre nous, ce qui donne des avantages évidents à notre adversaire de l'Ouest, nous ne pouvons, en aucune façon, offrir à la Belgique une garantie de la sécurité de sa neutralité.... Les dispositions arrêtées dans ce sens permettent d'espérer que l'*offensive peut être prise aussitôt après la concentration complète de l'armée du Bas-Rhin*. Un ultimatum à brève échéance, que doit suivre immédiatement l'invasion, permettra de justifier suffisamment notre action au point de vue du droit des gens. (*Livre jaune*, 1914).

De ce document on peut également rapprocher une information parue dans la semaine financière du *Temps*, du 16 février 1914 au sujet du projet d'emprunt belge en France. Le gouvernement français, chargé d'examiner ce projet avait demandé, notamment, à la Belgique « de faire de gros travaux de défense intéressant la protection de notre frontière du nord. « Le gouvernement français aurait ensuite laissé tomber l'affaire en la reportant à une époque si lointaine que l'emprunt belge fut porté à Londres où il fut souscrit en quelques jours. »

Le général de Selliers de Moranville, chef d'état-major de l'armée belge en 1914, dans une lettre au journal *Pourquoi pas ?* (8 août 1919), a déclaré que ce ne fut qu'au commencement de juillet 1914 qu'il soumit à son ministre de la Guerre les dispositions de mobilisation de l'armée belge en cas de violation de la neutralité par l'Allemagne, et que ces dispositions concluaient, non à la défense de la Meuse, mais à « la position de la Gèthe ».

F. ENGERAND   4

Si nous notons cette particularité, c'est parce qu'elle est une preuve nouvelle et irréfragable du mensonge du gouvernement allemand quant aux intentions de la France sur le respect de la neutralité belge et quant à l'éventualité d'une attaque française dans la région du Rhin inférieur — comme elle est également un témoignage du loyalisme belge.

Non seulement notre état-major avait fait sa concentration en prévision d'une attaque principale par l'est ; non seulement il n'avait eu aucune entente avec l'état-major belge, mais il ignorait jusqu'à l'attitude que la Belgique prendrait au cas où sa neutralité serait violée. On pourrait peut-être même taxer d'imprudence le loyalisme poussé à cet excès.

« L'Allemagne envahissant la Belgique, — a déclaré le maréchal Joffre — nous devions supposer que la Belgique se défendrait. Nous comptions évidemment sur la collaboration de l'armée belge. La Belgique avait fait construire des forts pour s'opposer à une invasion allemande. Il était naturel qu'elle fît ce qu'elle a fait. Mais sa collaboration n'était pas indiquée, nous en faisions état dans nos cerveaux ; c'étaient des éventualités qui étaient probables, mais sur lesquelles nous ne pouvions pas compter. »

Quoi qu'il en soit, l'examen du plan de renseignements démontrait nettement que le commandement français avait assurément envisagé « une offensive allemande par la Belgique », mais les indices qu'il énonce en vue de l'éventer semblent bien indiquer qu'il n'en escomptait la réalisation que par la rive droite de la Meuse. Voici, en effet, les principaux de ces indices : la concentration du VIIIe corps au nord de Trèves, et ses détachements le long des frontières du Luxembourg et de la Belgique, — « les rassemblements de forces qui pourraient s'apprêter à violer les frontières de la Belgique et du Luxembourg » et qui sont, à l'exception de la région d'Aix-la-Chapelle, Duren, tous prévus dans la région de Trèves et de l'Eifel — l'indication présentée comme particulièrement intéressante de rechercher

« la présence des seules formations de réserve dans la région au nord de Trèves et l'exécution des travaux de fortifications le long de l'Our et de la Sürr », c'est-à-dire sur les confins même de la Belgique méridionale — enfin et surtout la surveillance des « transversales successives » pour les colonnes de toutes armes, toutes de Verviers à Namur orientées au sud, sur la rive droite de la Meuse, etc. Tout énonce nettement la direction que notre état-major assignait à l'offensive allemande et qu'il n'en escomptait, comme l'a déclaré le maréchal French, le développement que par l'Ardenne et le Luxembourg belges, au sud de la Meuse.

Le général Berthelot, dans sa déposition devant la Commission de Briey, a, au surplus, très nettement proclamé les intentions de l'état-major quant au plan 17 et à la variante envisagée :

« Dans l'esprit de ceux qui ont rédigé le plan 17, on ne voulait préalablement pas donner prise à l'idée que nous pourrions nous-mêmes commencer à entrer en Belgique les premiers ; c'est pour cela que la concentration de l'aile gauche n'allait pas au delà de Mézières... Dans la variante, on supposait que les forces allemandes qui entraient en Belgique resteraient au sud de la Meuse et qu'une faible partie, et non la principale, traverserait la Meuse au nord de Dinant. Dans l'hypothèse ainsi envisagée au début, je ne crois pas qu'on ait prévu une parade aussi à l'ouest que dans la suite. »

Le maréchal Joffre a bien déclaré qu'il avait toujours pensé au mouvement de l'aile droite allemande par la rive gauche de la Meuse, mais que, s'il avait pris trois ou quatre corps à Toul et Epinal, on s'en serait peut-être repenti et que le mal aurait été plus grave : « en effet, s'ils avaient pu enfoncer notre droite, ils marchaient sur Paris et nous n'avions rien pour les arrêter ».

On peut alors se demander comment, dans une telle situation, au lieu de s'en tenir à une expectative commandée par les événements, et de se mettre sur la défensive sur les points forts de la frontière — ce qui eut permis une économie appréciable de forces — on adopta cette tactique d'une offensive préconçue généralisée, sur tous les points et « en tout état de cause ».

Ce fut là l'erreur la plus redoutable...

∾

Comme l'indique une note manuscrite du général Belin sur l'exemplaire du plan 17, ces directives générales pour la concentration furent, à la date du 7 février 1914, portées à la connaissance des commandants d'armée. Chacun d'eux reçut l'exemplaire qui concernait son armée, et chacun de ces exemplaires renseignait très sommairement chacun de ces commandants d'armée sur la mission des autres armées.

Il a été affirmé devant la Commission de Briey que ce plan aurait soulevé les critiques de quelques-uns de ces commandants d'armée. Le général Ruffey a notamment déclaré qu'il avait vivement dénoncé l'erreur de ce plan 17, limitant, comme il vient d'être démontré, le champ d'extension du mouvement enveloppant de l'ennemi par la Belgique.

M. le général Weick, ami et confident du général Galliéni, m'a également signalé que le général Galliéni, qui avait à ce moment le commandement de la 5e armée, aurait sur le champ signalé la possibilité de l'extension de cette manœuvre allemande par la rive gauche de la Meuse et le nord de la Belgique, et adressé au général commandant en chef un rapport où il réclamait le renforcement de la 5e armée et la remise en état du système défensif du Nord. Malgré des demandes répétées près du ministère de la Guerre, ce document n'a pu m'être communiqué, mais voici les parties principales de la lettre que le général Weick m'a fait l'honneur de m'adresser :

« En mars 1914, le général Galliéni dirigea au Centre des Hautes-Etudes militaires un kriegspiel dont le thème était la marche des armées allemandes en cas de guerre contre la France. Galliéni fit passer ces armées par la Belgique et, comme conséquence de son travail et des méditations qui en furent la conséquence, il adressa un rapport rappelant le grand rôle à jouer par Dunkerque, Lille et Maubeuge dans notre défense, son regret de les voir tenir si peu de place dans notre plan de mobilisation ainsi que les inconvénients des mesures prises pour l'entrée en guerre de la 5e armée.

« Il semble qu'au ministère de la Guerre doive se retrouver le rapport de Galliéni, conclusion de son kriegspiel de mars 1914. Il serait intéressant d'avoir ce rapport, je comprends que vous désiriez le lire, mais ne croyez-vous pas que les apostilles qui l'ont fait classer « sans suites » seraient moins intéressantes ?

« Ne seriez-vous pas curieux de savoir pourquoi Galliéni, adjoint au généralissime et son successeur éventuel, n'a pu rejoindre les armées, où, avant sa nomination de Gouverneur de Paris, semblait être sa place?

« Ceci m'amène à vous donner la copie de cette carte que, *le 5 août* 1914, m'adressait le général Galliéni :

« *Mon vieil ami, je n'ai pas encore eu le courage d'aller te voir tellement ma plaie saigne encore* (¹). *Mais, comme m'a dit le Président* (²), *mon deuil personnel doit disparaître maintenant devant le salut du pays. J'ai été rappelé à Paris d'extrême urgence. Je suis nommé adjoint de Joffre, et son successeur éventuel* (³). *J'ai demandé à rester quelque part à sa portée, mais on préfère me conserver ici provisoirement...*

« *Remarque que les Allemands font la manœuvre que j'ai étudiée en mars dernier.* »

« J'allai voir Galliéni. Il habitait un petit appartement rue Eugène Manuel et suivait sur ses cartes la marche de la guerre, péniblement, avec les incomplets renseignements puisés chaque matin au ministère... »

(¹) Le général Galliéni venait de perdre sa femme.
(²) M. Poincaré, président de la République.
(³) La lettre de commandement, signée Poincaré et « décrétant qu'en cas de mobilisation le général Galliéni sera adjoint à titre de successeur éventuel au général Joffre, commandant en chef des armées de l'Est » est en date du 31 juillet 1914.

Un document, peut-être laissé par mégarde dans le dossier du plan 17, établit la réalité de cette préoccupation de ses commandants sur le rôle assigné à la 5ᵉ armée. Au mois de juin 1914, le général Lanrezac avait remplacé dans le commandement de cette 5ᵉ armée le général Galliéni, qui avait été désigné, on vient de le voir, comme l'*ad latus* et le successeur éventuel du général Joffre.

Le 31 juillet 1914, le général Lanrezac adressait au général Joffre ce mémoire sur la façon dont il comprenait l'exécution de la mission à lui confiée en cas de guerre afin « qu'il puisse lui adresser en temps opportun telles observations qu'il jugerait utiles » :

CONSEIL SUPÉRIEUR DE LA GUERRE

—

N° 110 M. 31 juillet 1914.

> *Le général Lanrezac, membre du Conseil supérieur de la guerre, à M. le général Joffre, chef d'état-major général de l'armée.*

J'ai l'honneur de vous soumettre le mémoire ci-après, dans lequel j'ai cru nécessaire de vous exposer en quelques mots comment je comprends l'exécution de la mission que vous m'avez confiée, en cas de guerre, de façon que vous puissiez, en temps opportun, m'adresser telles observations que vous jugerez utiles.

MÉMOIRE

La mission reçue par la 5ᵉ armée dans l'hypothèse de la violation de la neutralité belge par les Allemands, est de prendre une contre-offensive dans la direction générale de Neufchâteau.

Les conditions de possibilité de cette contre-offensive sont les suivantes :

1° La 5ᵉ armée doit, avant de s'engager dans les défilés boisés des Ardennes et de la Semoy, avoir la certitude qu'elle pourra non seulement déboucher librement de ces défilés, mais encore gagner au delà le champ nécessaire pour pouvoir mettre en œuvre tous ses moyens.

Pratiquement, cela revient à dire qu'elle doit pouvoir atteindre, avec ses quatre corps de gauche, le front Maissin, Paliseul, Bertrix, Saint-Médard.

Ce front est à trois jours de marche de la frontière allemande.

La 5e armée, si l'on s'en réfère aux dates de débarquement de ses éléments, ne peut l'atteindre avant le 13e jour.

2° Il est indispensable que le 2e corps soit relevé de sa mission de couverture assez tôt pour être en mesure de participer à la droite de la 5e armée à l'action que celle-ci peut être amenée à engager aussitôt son débouché terminé.

3° Il est non moins indispensable que l'offensive de la 5e armée soit appuyée par l'offensive simultanée de l'armée qui doit venir se placer à sa droite.

L'offensive de la 5e armée sur Neufchâteau répond à l'éventualité, d'ailleurs probable, où l'aile droite allemande serait orientée sur Sedan. Mais il peut arriver qu'elle soit orientée beaucoup plus au nord. Cela dépend évidemment de l'amplitude que les Allemands voudront ou pourront donner à leur mouvement enveloppant par la Belgique. Dans les études militaires allemandes récentes (et notamment dans le kriegspiel exécuté en 1911 par le Grand Etat-Major), on envisage couramment le passage par la Belgique de trois armées dont la plus septentrionale serait orientée vers Dinant, de façon à passer la Meuse entre Givet et Namur.

D'autre part, l'obstacle de la Meuse est doublé, entre Mézières et Givet, d'une formidable barrière boisée, épaisse de plus d'une journée de marche, où aucune armée ne peut s'engager si elle sait les débouchés de sortie gardés.

D'où il résulte que l'armée formant la droite du groupe d'aile droite allemande ne peut être orientée qu'en amont de cette barrière c'est-à-dire sur Sedan, ou en aval, c'est-à-dire sur Givet et plus au nord.

Il est clair que, une fois la 5e armée engagée dans la direction de Neufchâteau, elle ne pourrait parer à cette dernière éventualité qui n'est envisagée ici que pour mémoire.

LANREZAC.

Telles étaient, au moment où l'Allemagne montait son agression contre la France, les hypothèses envisagées par le haut commandement français et en prévision desquelles la concentration avait été faite. Dans l'un et l'autre cas, sa préoccupation était de prendre l'initiative des opérations par une offensive de ses diverses armées — offensive qui avait pour premier objet de tourner Metz et de la faire tomber.

La région de Briey devait donc être l'un des théâtres de cet investissement de Metz, et l'opération était assignée soit à la 3e armée seule, scit à la 3e armée appuyée au sud par la 2e armée.

II

AINSI, d'après les directives générales du plan 17, la 3ᵉ armée se trouvait en position d'expectative, son action devant se régler d'après l'initiative de l'ennemi. Elle faisait liaison entre les deux ailes, et devait, pour agir, attendre la manifestation du plan de l'ennemi.

Elle demeura longtemps en attente sur ses positions, devant cette région de la Woëvre et de Briey à peine occupée par l'ennemi.

Le général Malleterre a rapporté devant la Commission de Briey, qu'avec son régiment, couverture du 5ᵉ corps, il resta en faction, face à Briey, à Hermeville près d'Étain du 8 au 20 août. Il n'avait devant lui que quelques escadrons de cavalerie ; il envoya des officiers en reconnaissance, l'un s'approcha jusqu'à 10 kilomètres de Briey, ne trouva rien et revint sans difficulté ; un autre, le 13 août, fit une randonnée de 40 kilomètres au delà de la ligne de Longuyon et dans la direction de

Landres et ne trouva également rien. L'ennemi, conclut le général Malleterre, avait peu de forces dans la région.

Même impression du général Verraux, qui commandait la 42e division, postée précisément en face de Briey : « Jusqu'au 14 août j'ai eu devant moi le 144e régiment d'infanterie allemande, avec une batterie d'artillerie ; j'ai appris qu'il y avait des éléments allemands à Briey, mais très peu de monde. »

Et M. Lebrun, député de Briey, et ministre des Régions libérées, a affirmé qu'au mois d'août 1914, des gens de Briey vinrent à Verdun apporter des nouvelles et que d'autres de Verdun purent se rendre en automobile à Briey et en revenir sans avoir été inquiétés.

Ces déclarations ont été également confirmées par le général Ruffey qui commandait la 3e armée ; il a dit avoir demandé, le 15 août, à conjuguer l'attaque des 1re et 2e armées sur Sarrebourg et Morhange avec une attaque de son armée contre les forces qu'il avait devant lui et qu'il estimait très inférieures. On lui répondit : « Défense absolue de chercher une affaire sous votre propre responsabilité. » Le général Ruffey ajoute qu'en outre de la garnison, l'effectif mobile de la place de Metz n'était que de 2 divisions et de 2.000 canons lourds, réserve pour les armées du voisinage.

L'examen des registres d'ordres de la 3e armée corroborent ces indications (3e *Armée, Sorties*).

Les Allemands avaient, le 1er août à 20 heures, violé la neutralité du Grand-Duché de Luxembourg et le lendemain leurs troupes y débarquaient et prenaient ostensiblement position devant Longwy, sans pourtant pousser plus loin la démonstration, qui n'était peut-être qu'à dessein de confirmer notre haut commandement dans sa crainte d'une attaque brusquée sur Verdun et de retenir son attention sur l'Est pendant que l'ennemi montait son mouvement par le Nord.

Le 4 août, les postes de douane de Trieux, Avril et Joeuf étaient attaqués par la cavalerie ; Briey ne fut occupé que le

5 août à 8 heures, par le 21e dragons et le 144e d'infanterie qui poussèrent jusque vers Conflans. Peu d'activité de ces troupes. Le 7 août, la 3e armée télégraphie au G. Q. G. qu'on a l'impression, d'après les reconnaissances d'avions, « qu'il n'y a rien derrière le rideau Metz-Thionville ». Le 5 août, un rapport de la 3e armée au G. Q. G. à 19 h. 45, expose qu'on n'a relevé comme régiments ennemis que le 144e d'infanterie et le 12e chasseurs à cheval vers Conflans, les 13e et 21e dragons dans la région Ozerailles et Fleville et plus au nord les 7e et 14e hussards. Cet ennemi est peu entreprenant : il pousse une pointe le 8 vers Spincourt, met le feu à Fleville (¹).

∽

Cette immobilité de la 3e armée trouve son explication dans les variations successives que la manœuvre ennemie apportait aux plans de notre haut commandement.

Il faut rappeler ici les conditions où se produisit la violation de la Belgique.

Le 2 août, à 19 heures, le ministre d'Allemagne à Bruxelles avait informé le gouvernement belge qu'ayant appris l'intention de l'armée française de franchir la Meuse entre Givet et Namur, et craignant que la Belgique ne soit pas, malgré sa bonne volonté, en mesure de repousser sans secours une marche française d'un si grand développement, le gouvernement allemand se voyait dans l'obligation de faire entrer son armée en territoire belge ; que la Belgique ne voie pas là un acte d'hostilité, qu'elle garde dans la guerre qui va s'engager une neutralité amicale et l'Allemagne s'engage à garantir son indépendance et ses possessions au moment de la paix et de l'indemniser des dommages

---

(²) Le 9 août, la 3e armée rapportait au G. Q. G. que les mines de Piennes auraient été détruites par les Allemands qui commettraient de graves excès.

causés, mais elle la traitera en ennemie si elle fait des difficultés à la marche en avant des armées allemandes, *spécialement par une opposition des fortifications de la Meuse* (*Livre Gris*, 20).

Il faut toujours barrer le mensonge : rappelons donc que, loin d'avoir eu cette intention de franchir la Meuse entre Givet et Namur, notre haut commandement avait orienté notre concentration face à l'Est — et que, dans l'hypothèse d'une attaque allemande par la Belgique, le point terminus de notre aile gauche était à Mézières.

La Belgique repoussait ces outrageantes propositions de l'Allemagne et saisissait les puissances garantes, la France et l'Angleterre. L'Angleterre répondait que « si la neutralité belge était violée, c'était la guerre avec l'Allemagne » (*Livre Gris*, 26). La France offrait son concours absolu : le *Livre Bleu* anglais (n° 155) avance même que le 3 août, le ministre de la Guerre français offrait l'appui de 5 corps d'armée, mais je n'ai trouvé dans les documents officiels mis à ma disposition aucune confirmation d'une telle proposition.

Le 2 août, à 19 h. 30, le général en chef faisait jouer la variante à la concentration prévue par le plan 17, et reportait vers le Nord les zones de débarquement de la 4ᵉ armée « de manière de permettre à cette armée de passer toute entière par le nord de Verdun entre les 3ᵉ et 5ᵉ armées. » (*T*, 3407, *G. Q. G.*, *pièce* 4.)

Le 4 août, à 6 heures, les troupes allemandes franchissaient la frontière belge. La Chambre des Représentants groupée autour de son roi se dressait pour venger l'insulte de ses frontières : « Un pays qui se défend, déclarait son roi magnanime, s'impose au respect de tous et ne peut pas périr ; Dieu sera avec nous. »

Le même jour, au Reichstag, le chancelier de Bethmann-Hollweg, exposant ces faits, expliquait ainsi cette violation des prescriptions du droit les gens : « La France a déclaré à Bruxelles qu'elle était résolue à respecter la neutralité de la Belgique aussi longtemps que l'adversaire la respecterait, mais nous savions que la France se tenait prête pour envahir la Belgique. La France pouvait attendre, nous pas : une attaque française sur notre flanc dans la région du Rhin inférieur aurait pu devenir fatale... » Et la conclusion inoubliable que « la nécessité ne connaît pas de lois ».

Le même jour, le Secrétaire d'État von Jagow confirmait ces intentions à l'ambassadeur belge à Berlin : « Que l'armée belge ne fasse pas sauter les ponts, qu'elle nous laisse occuper Liège et se retire sous Anvers... et nous promettons non seulement de respecter l'indépendance belge, la vie et la propriété des habitants, mais encore de vous indemniser. » — « Un peuple ne peut vivre sans honneur », fut la réponse du baron Beyens (2e *Livre Gris*, 25).

Faisant connaître à l'Angleterre, à la France et à la Russie cette pénétration des armées allemandes, le gouvernement belge leur adressait un appel en vue d'une action concertée et commune. « La Belgique, disait-il, est heureuse de pouvoir déclarer qu'elle assurera la défense de ses places fortes. » (*Livre Gris*, 40, 42, 43.) La Belgique précisait loyalement ainsi la mesure et les limites de sa coopération militaire. Et le haut commandement français était avisé par le lieutenant-colonel Brécard, envoyé par lui le 5 août, en mission à Bruxelles « pour assurer une coopération efficace et aussi complète que possible des mouvements et opérations militaires des armées belges et des armées françaises » que l'armée belge, surprise en pleine organisation par la déclaration de guerre, manquait de cadres, « qu'elle était uniquement destinée à garantir la sécurité du sol national, non à faire une guerre offensive... et que la défense de la Belgique, après la ligne Liège-Namur, c'était le camp retranché d'Anvers » ([1]).

([1]) Le lieutenant-colonel Brécard rapportait qu'il avait demandé au chef d'État-major belge s'il ne comptait modifier la position très éparse de ses divisions et ses intentions au sujet de l'emploi ultérieur

Le 4 août, à l'ambassadeur anglais Goschen qui le sommait d'avoir à respecter la neutralité de la Belgique, le Secrétaire d'État Jagow dévoilait nettement le plan allemand :

« Il nous faut pénétrer en France par la voie la plus rapide et la plus facile, de manière à prendre une bonne avance et pouvoir frapper un coup décisif le plus tôt possible. C'est pour nous une question de vie ou de mort, car, si nous avions passé par la route plus au sud, nous n'aurions pu, vu le petit nombre de chemins et la force des forteresses, espérer passer sans rencontrer une opposition formidable impliquant une grosse perte de temps qui aurait été autant de temps gagné par les Russes pour amener leurs troupes sur la frontière allemande. Agir avec rapidité, voilà le maître atout de l'Allemagne. » (*Livre Bleu*, 60.)

Le 5 août, au matin, commençait l'attaque des forts sud de Liège ; le 7, les Allemands prenaient la ville ; la résistance se poursuivait énergique sur les forts au nord. Le 9 août, le gouvernement allemand faisait à la Belgique une offre de médiation, d'ailleurs noblement repoussée, et où il avouait son intention de

---

de son armée, qu'il avait tenté de faire sentir qu'il eut été plus avantageux de porter en avant une ou plusieurs des divisions de campagne de façon à les mettre en situation d'agir sur les troupes allemandes tentant le passage de la Meuse, mais qu'il s'était heurté à une résistance qui sera, croyait-il, difficile à vaincre. Il concluait :

« En résumé l'impression générale que j'ai recueillie de mon voyage à Bruxelles est que la nation belge est prête à tous les sacrifices pour sauver sa liberté. Elle compte sur son armée. Le soldat belge se bat bien : il est résistant et courageux. Mais le commandement est insuffisant... Quant au rôle qui sera dévolu à l'armée belge par le gouvernement du Roi, il est impossible actuellement de le préjuger : il dépendra des circonstances. Si elles nous sont favorables, peut-être l'armée belge passera-t-elle la Meuse et interviendra-t-elle sur le flanc droit de l'armée allemande. Mais c'est là une hypothèse à laquelle il ne faut ajouter qu'une foi très lointaine. Le commandement belge a les yeux tournés plutôt du côté d'Anvers que du côté de la frontière allemande. »

prendre Liège comme point d'appui de ses opérations militaires
ultérieures (*Livre Gris*, 62).

Le général commandant en chef français, quand il connut la
violation de la neutralité de la Belgique et l'attaque sur Liège,
comprit que les Allemands essayaient un mouvement d'enveloppement sur son aile gauche, mais il ne paraît pas douteux
qu'il ne se rendit pas compte de l'extension de ce mouvement
et qu'il n'en vit le développement que par la rive droite de la
Meuse et par les Ardennes.

Il semble aussi qu'il sous-estîma les forces de l'adversaire. Le
général Sarrail a versé à la Commission de Briey une note du
service des renseignements du G. Q. G. à la date du 6 août 1914
sur la concentration allemande : « De l'ensemble des renseignements recueillis sur les emplacements initiaux, — y est-il dit, —
il semble que l'on peut conclure que les Allemands exécutent
un plan de concentration, conçu il y a deux ans, et dont on a eu
communication ». Ladite note évaluait à 26 corps et 5 corps de
réserve, répartis en 5 armées, les forces allemandes établies
« face à la France » : « Ces armées, y est-il ajouté, n'ont pas de
divisions de réserve, ce qui semble indiquer qu'elles forment
essentiellement la troupe de choc » ([1]).

C'est vraisemblablement cette conviction qui inspira l'instruction générale n° 1, en date du 8 août 1914, 7 heures, strictement personnelle aux généraux commandants d'armée et à
leurs chefs d'état-major ([2]).

Le général en chef estime que le groupe principal des forces
allemandes est autour de Metz, devant Thionville et dans le
Luxembourg : il le voit ainsi établi « soit pour déboucher vers

---

([1]) Voir ce document dans la déposition du général Sarrail. *Procès-
verbaux de la Commission d'enquête sur le rôle et la situation de la métallurgie en France*, t. Ier, p. 360. Dans une note ultérieure du même
service des renseignements du G. Q. G., ce chiffre des forces allemandes est réduit à 20 corps d'armée. (Voir ci-après, page 93, note 1.)

([2]) T. 3407. G. Q. G.

l'ouest, soit pour converger vers le sud, en s'appuyant sur la place de Metz ». Au nord, une armée allemande, où l'on trouve les éléments de 5 corps d'armée ([1]) a pénétré en Belgique et est engagée en partie contre les forces belges.

L'intention du général en chef, dans ces conditions, est « de rechercher la bataille, toutes forces réunies, en appuyant au Rhin la droite de son dispositif général » : l'aile droite, les 1re et 2e armées, devant qui « les forces ennemies ne paraissent pas dépasser la valeur de 6 corps d'armée » exécutera la mission offensive qui lui est assignée par les directives du plan 17.

La 1re armée prendra donc pour objectif l'armée allemande de Sarrebourg, le Donon, Vallée de la Bruche et « cherchera à la mettre hors de cause en la rejetant sur Sarrebourg et la Basse-Alsace ». Pour faciliter cette attaque du gros de la 1re armée, le 7e corps avec la 8e division de cavalerie, gagnera rapidement sur Colmar et Schlestadt, assurera la sécurité sur la droite en détruisant les ponts du Rhin et masquant Neuf-Brisach. Et, cela fait, le 1er groupe de divisions de réserve, renforcé par les divisions de réserve des Alpes, se chargera « de la surveillance de Neuf-Brisach, de l'investissement de Strasbourg et de la protection de la Haute-Alsace ».

La 2e armée, se couvrant face à Metz, agira offensivement, avec trois de ses corps d'armée — laissant les deux autres à la disposition du général commandant en chef — en direction générale de Sarrebrück, sur le front Dieuze, Château-Salins, Delme, et se reliant à la 1re armée par la région des Etangs.

Le reste du dispositif — centre et aile gauche — était mis en position d'expectative : « Le général commandant en chef repor-

---

([1]) Ce renseignement avait été donné le 7 août par le service des renseignements du ministre de la Guerre, dans son Bulletin de renseignements n° 19 et transmis par téléphone à 8 h. 15 au G. Q. G. Il y est dit que « les troupes entrées en Belgique appartiennent aux 2e, 7e, 5e, 4e et 3e corps et que les 8e et 13e corps sont dans le Luxembourg. »

terait au besoin en arrière la gauche de son dispositif pour éviter un engagement qui pourrait être décisif pour l'une des armées, avant le moment où les autres seraient en mesure de l'appuyer ; mais il est possible que nous ayons le temps de porter notre aile gauche en avant, dans l'hypothèse où la droite allemande serait retardée devant Liège ou se rabattrait vers le Sud. »

La mission assignée à la 5e armée établit bien que le mouvement débordant par la Belgique était escompté par les Ardennes et en direction de Mézières, puisque cette armée — extrême aile gauche du dispositif — avait ordre de « resserrer son dispositif entre Vouziers et Aubenton », de manière à pouvoir monter une attaque en forces sur tout ce qui déboucherait entre Mouzon et Mézières, ou, le cas échéant, franchir elle-même la Meuse sur ces deux points.

A la droite de la 5e armée, la « 4e armée, réunie entre Servon, Aubréville et Souilly, se tiendra prête à attaquer, entre Meuse et Argonne, les forces adverses qui auraient franchi la Meuse au nord de Vilosnes, ou à passer elle-même la Meuse au nord de Verdun ».

Le rôle assigné à la 3e armée est également à deux fins : « S'établir sur le front Flabas, Ornes, Vigneulles, Saint-Baussant, prête à agir dans la direction du nord, l'aile gauche marchant sur Damvillers, ou à contre-attaquer toutes les forces qui déboucheraient de Metz » ; dans le premier cas, ajoute l'instruction, « les deux corps de gauche de la 2e armée pourraient être rattachés à la 3e armée pour la bataille » — indice, semble-t-il, que le commandement réservait à cette 3e armée une mission décisive.

Le général en chef n'avait pas entièrement négligé — comme beaucoup l'ont cru et comme je l'avais cru moi-même — l'hypothèse que le mouvement débordant de l'aile gauche allemande pourrait se faire par l'une et l'autre rive de la Meuse, et il semble qu'il ait, dans une certaine mesure, tenu compte de la suggestion que lui avait faite, le 31 juillet, le général Lanrezac ; mais il restait convaincu que ce mouvement par la rive gauche ne devait pas avoir une grande importance, et il estimait qu'il suffirait, pour y parer, des divisions de l'armée anglaise et du 4e groupe de divisions de réserve, ce dernier avec mission « d'organiser une position autour de Vervins, de manière à assurer un débouché, soit face au nord, soit face à l'est ».

Aucune mention n'est faite, dans cette instruction, de l'armée belge, pour qui l'on jugeait sans doute suffisante la tâche de défendre ses places fortes.

Sur la tactique à employer, le document est fort net : « Les commandants d'armée prescriront, dès maintenant, les mouvements préparatoires de nature à faciliter l'offensive et à la rendre foudroyante. »

III

L'INSTRUCTION particulière n° 1 du 8 août assignait à la 3ᵉ armée un rôle particulièrement important, puisqu'elle la renforçait de deux corps d'armée en prévision d'une action dans la direction du nord. Il y avait lieu de croire que c'était par elle que le commandement s'apprêtait à rechercher la déci-sion : c'est ce que crut le commandant de la 3ᵉ armée.

Le général Ruffey avait, avant la guerre, prévu l'attaque alle-mande par la rive gauche de la Meuse, et, en mai 1914, dans un voyage d'état-major d'armée, il avait indiqué à ses comman-dants de corps d'armée et à leurs officiers d'état-major la ma-nœuvre qu'il avait combinée pour parer à une telle attaque. En voici les grandes lignes :

« Dans l'hypothèse d'une invasion par la Belgique, le point faible de l'ennemi nous débordant avec sa masse principale par la rive gauche de la Meuse, est le secteur entre Rhin et Meuse moyenne sur lequel ne pouvait être établi qu'une couverture de

16 à 18 divisions d'infanterie masquant et protégeant les mouvements de masses de 36 à 38 divisions opérant plus en arrière. Il fallait frapper avec des forces très supérieures sur cette couverture, en coupant de Thionville l'armée allemande qui devait s'étendre de Thionville à Virton.

« Contre un ennemi formant deux masses distinctes : l'une vers Thionville, Longwy, Virton : l'autre dans la région de Liège, Namur sur les deux rives ou sur la rive gauche de la Meuse on peut et on doit, avec des forces très supérieures à la masse de Thionville, frapper sur elle un coup décisif et l'écraser, se retourner ensuite, face à la Meuse moyenne, tournant le dos au Rhin avec les mesures de protection nécessaires, contre la masse principale pour lui livrer bataille à front renversé, en la plaçant dans une tenaille. En tous cas, si elle continue son mouvement dans le secteur Meuse, Mer, couper ses communications avec l'Allemagne, et la forcer alors à accepter le combat dans des conditions désavantageuses, la seconde branche de la tenaille étant formée par les troupes qui lui barrent le chemin entre la Meuse et la Mer. Le succès sera d'autant plus certain que l'adversaire sera surpris en flagrant délit de manœuvre, car le déploiement de ses masses de la Sambre à la Mer ne peut être que successif, les troupes qui ont franchi la Meuse à Namur devant se diriger sur Maubeuge, celles qui ont passé à Liège devant se porter le plus à l'ouest possible, peut-être jusqu'à la mer pour déborder notre flanc gauche. En manœuvrant, nous aurons donc l'initiative d'une concentration opportune qui nous procurera sur le champ de bataille une supériorité numérique, nos effectifs devant être le double de ceux que l'ennemi peut amener en ligne. »

Le général Ruffey avait donc établi sur ces bases un plan de campagne, basé sur la défensive sur les Vosges avec troupes réduites au strict indispensable. Il a déclaré à la Commission de Briey que le général en chef avait eu connaissance de la communication qu'il en avait donnée à ses commandants de corps d'armée et que, fin juillet 1914, il lui aurait reproché d'avoir indiqué ainsi la parade à faire.

Aussi, recevant cette instruction n° 1 et voyant sa 3e armée, renforcée de deux corps, le général Ruffey crut-il que le général en chef se rangeait à sa manière de voir, et, le 10 août à 6 h. 10, il adressait en conséquence cette lettre au général Joffre :

« Les renseignements reçus jusqu'à ce jour permettent de penser que nous devons agir vers le nord. La 3e armée sera échelonnée sur une profondeur de 50 kilomètres lorsqu'elle entamera son mouvement et elle ne pourra être appuyée par les deux corps (de la 2e armée) qui se trouvent à 70 kilomètres de sa tête. Dans sa marche vers le nord, elle aura certainement à parer à une contre-attaque d'un corps et demi à deux corps au minimum débouchant de la région Metz-Thionville ; si elle est obligée de faire face avec ses seules forces à ce danger permanent, elle n'apportera à la 4e armée qu'un concours insuffisant. »

Et le commandant de la 3e armée demandait au général Joffre, « pour tirer tout le parti utile des deux corps de la 2e armée, de les pousser en avant le plus tôt possible et de les amener à hauteur de la queue du 6e corps » — soit sur la ligne Vigneulles, Beney.

« Dans le mouvement en avant, concluait-il, la 3e armée pourrait alors présenter trois corps d'armée sur le même front pour agir en liaison avec la 4e armée, et en outre, un dispositif échelonné du côté Metz-Thionville sur une profondeur de 30 à 40 kilomètres, constitué par cinq divisions. Ce dispositif échelonné serait prolongé pendant la marche en avant et remplacé ensuite par les trois divisions de réserve de la 3e armée qu'il y aurait grand intérêt à faire appuyer par la réserve de Verdun, ses troupes s'établissant face à Metz. » (*T.* 3407, *G. Q. G.*).

Le général Joffre répondait le même jour au général Ruffey qu'il ne lui était pas possible de remonter les deux corps de la 2e armée au point demandé « tant qu'il ne serait pas plus renseigné sur le dispositif général adverse de manière à ne pas tomber dans le vide » : « il est prématuré de dire, ajoutait-il, que l'action de la 3ᵉ armée doit être orientée vers le nord ; il est fort possible, au contraire, que cette armée ait à faire face à un débouché offensif venant du front général Thionville, Metz, Pont-à-Mousson. »

Et il conseillait de faire relever les divisions actives qui tenaient les organisations réalisées sur les Hauts-de-Meuse par les divisions de réserve de la 3ᵉ armée au fur et à mesure de leurs débarquements ainsi que par la division de réserve de Verdun : « Dès lors, les corps de droite de votre armée peuvent être reconstitués en arrière du barrage et disposés de manière à faire face au nord-est ou à marcher vers le nord au premier ordre, les groupes de couverture restant bien entendu à leurs emplacements. »

Cette lettre, qui est de la main du général Berthelot, indique nettement que la pensée du général en chef est toujours et malgré tout arrêtée sur Metz, d'où il redoute une attaque et où il présume des forces considérables. Les renseignements de la 3ᵉ armée l'avaient pourtant averti du peu de forces qui se trouvaient là et qu' « il n'y avait rien derrière le rideau Metz-Thionville » (¹).

D'autre part, les renseignements circonstanciés qui lui arrivaient de divers côtés étaient de nature à ne pas laisser de doute sur le dispositif général adverse et sur l'extension de son mouvement débordant vers le nord (²).

(¹) 3ᵉ *Armée, Sorties*, renseignements du 7 août, 7 h. 50, venus à la suite d'autres renseignements analogues.

(²) Le 7 août, le général Lanrezac faisait remettre par son chef d'état-major au G. Q. G., un rapport où il exposait sa crainte d'être débordé sur sa gauche par les Allemands ; on lui répondit de se tranquilliser. M. Hanotaux (*Histoire illustrée de la guerre*, v. 246) a nettement déclaré : « Dès le début, le général Lanrezac signale avec insistance le danger d'un mouvement tournant par la basse Belgique, mais le

L'une des principales indications, et dont on va voir l'importance, fut due à une bonne fortune, à un heureux coup de main plus qu'aux organes prévus pour renseigner le commandement, car il semble bien que le plan de renseignements ne joua guère.

Le 9 août, l'escadron Lepic du 5e chasseurs à cheval, avait la chance de découvrir les bases du plan d'opération de l'armée allemande et les renseignements qu'il donna furent ensuite vérifiés par les événements.

Voici comment, d'après le général de Cornulier-Lucinière, qui commandait la 5e brigade de cavalerie, s'accomplit cet exploit.

L'escadron Lepic, abordant sur le plateau de la Roche un détachement de cavalerie allemande, le charge, le disperse et lui fait des prisonniers. L'un d'eux, du 13e uhlans de Hanovre, s'offre à dire tout ce qu'il sait si on lui promet la vie sauve, car lui et ses camarades ont été avertis qu'ils seraient tous fusillés s'ils étaient faits prisonniers ; son père exerce un commandement important dans la Garde et voici les renseignements qu'il tient de lui :

« L'Allemagne a mobilisé 62 corps d'armée, un mois après elle doit en avoir 72 sur pied, 23 débarquant en Belgique pour marcher dans la direction de Paris par la Belgique. Le 10 août, à midi, la 1re division de cavalerie de la Garde aura terminé son débarquement à Gouvy, direction de Bruxelles, les hommes en tenue de campagne, les officiers en tenue de demi-parade.

« Les 23 corps d'armée débarquant en Belgique sont : 12 corps d'armée vers Aix-la-Chapelle. Mission : marcher vers Liège qui ne résistera pas, s'emparer de Bruxelles, occuper Anvers. — 11 corps d'armée vers Gouvy. Mission : s'emparer de tous les points de passage sur la Meuse, Namur et au sud vers Mézières. Il serait formé deux armées : celles-ci doivent se rejoindre et

---

commandement entend garder sa conception générale d'une poussée contre le centre ennemi. »

descendre sur Paris où elles entreront au début de septembre. L'Allemagne victorieuse et maîtresse du monde imposera la paix. » (¹)

Le 13 août, en même temps qu'il lançait l'ordre d'offensive aux 1ʳᵉ et 2ᵉ armées, le général en chef envoyait aux commandants des 3ᵉ, 4ᵉ et 5ᵉ armées une instruction particulière nᵒ 6 qui put et dut être interprétée par les destinataires comme un véritable ordre de bataille, puisqu'aussi bien il les invitait à prendre leurs dispositions dès le 14, « en vue de la bataille qui doit être livrée le 15 ou le 16 », — ce qui semble dénoter l'intention à ce moment de faire coïncider l'offensive de ces trois armées avec celle des 1ʳᵉ et 2ᵉ orientées sur Morhange, Sarrebourg.

« La situation, actuellement connue de l'ennemi — y est-il dit au début — donne à penser que nous n'aurons peut-être pas

---

(²) Le général de Cornulier-Lucinière, qui, sous le pseudonyme de J. HELMAY, a dans son livre : *Le rôle de la cavalerie française à l'aile gauche de la première bataille de la Marne* (p. 26), reproduit ce document, affirme que l'original de cette déclaration, signée du prisonnier intéressé, existe dans les papiers du capitaine Lepic, et que, le soir même du 9 août, ces renseignements furent apportés en auto au corps de cavalerie et par lui envoyés au G. Q. G.

Cette connaissance du plan d'opération par les officiers allemands est confirmée par d'autres documents et notamment par cette lettre prise sur un officier allemand, le 17 août 1914 :

« ...Nous avons, au début, attaqué avec des forces relativement faibles et nous avons poussé une pointe énergique vers la France pour déterminer les Français à concentrer des forces aussi considérables que possible dans cette contrée (Château-Salins, Morhange). *Le but, c'est qu'ainsi elles ne puissent être employées dans le nord où notre coup principal semble devoir être porté sur Paris. Ce* plan a réussi. Nous devions naturellement reculer devant les forces très supérieures de l'ennemi, même à une certaine distance en deçà de la frontière. Mais, hier, les corps d'armée destinés à nous renforcer sont arrivés, et alors nous attaquerons aujourd'hui ou demain et nous jetterons ces gens-là dehors en les battant, nous en avons l'espoir, à plate couture. Lieutenant Jungshein, 8ᵉ chasseurs bavarois, 4ᵉ escadron. » Cette lettre était adressée à sa femme, à Kohlgrub (Haute-Bavière). (*G. Q. G. 2ᵉ bureau, spécial 1853 Entrées*).

le temps de chercher la bataille au delà de la Semoy et de la
Chiers dans de bonnes conditions. » (C'est donc à ce moment
l'abandon de l'offensive à travers l'Ardenne belge, en vue de
laquelle avait été combinée la variante du plan 17).

Les 3e, 4e et 5e armées seront, en conséquence, mises en position d'expectative offensive et prêtes à contre-attaquer l'ennemi, dont on escompte une offensive par l'Ardenne belge.

« La 5e armée — aile gauche — aura donc la tête de ses gros
à 8 ou 10 kilomètres en arrière de la Meuse, devant Mézières et
en amont ; elle attendra pour attaquer que l'ennemi ait engagé
une bonne partie de ses forces sur la rive gauche. L'attaque devra être montée et, dès qu'elle sera déclenchée, être menée à
bonne allure. »

La 4e armée prendra position, à la droite de la 5e, sur le front
Soumanthe, Dun-sur-Meuse.

Mais, dans le cas où l'ennemi serait encore loin, toutes dispositions devront être prises, dès le 15 août, dans les 4e et 5e armées pour pouvoir se porter rapidement, au premier ordre, sur
le front Beauraing, Gedinne, Paliseul, Fays-les-Veneurs, Cugnon (5e armée), Tétaigne, Margut, Quincy (4e armée).

Ce dispositif est donc à deux fins, et, s'il énonce une ignorance
absolue du commandement sur les positions de l'ennemi (il ne
sait s'il est loin ou près) (¹) il manifeste assez clairement sa
pensée :

Le commandant en chef veut rompre le centre adverse ; à
cet effet, il laissera l'ennemi engager sur la rive gauche de la
Meuse, au nord de la Belgique, une bonne partie de ses forces.

(¹) Cette incertitude existait toujours le 17 août où, à 16 h. 30, le
général Berthelot téléphone au commandant de la 4e armée qu'on
ne sait rien de la région Bertrix, Maisin, Paliseul. « Il n'y a peut-être
rien, lui disait-il, mais je voudrais en être sûr ; avez-vous une découverte dans cette région ? Elle est bien nécessaire, de même vers Tintigny, Virton. » Et il lui demandait étendre par là ses reconnaissances d'aviation. (G. Q. G., T. 3407, n° 138.)

Il suppose que l'ennemi voudra s'assurer l'initiative par une offensive de son centre à travers l'Ardenne belge : il attirera donc ce centre ennemi en deçà de la Semoy, aux abords de la rive droite de la Meuse ; et alors, par une poussée énergique, il compte le rompre, et avec lui le dispositif général de l'ennemi.

Que si ce centre ennemi ne vient pas à lui, alors c'est lui qui se portera à sa rencontre à travers le massif « difficile » des Ardennes.

Le rôle de la 3e armée est également à deux fins : « occupant par ses divisions de réserve les positions organisées au nord et au sud de Verdun, la 3e armée disposera ses forces de manière à pouvoir contre-attaquer toutes les forces qui déboucheraient de Metz avec ses deux corps de droite (action à laquelle coopérera le 18e corps sur l'ordre du commandant en chef), ou à participer à l'attaque de la 4e armée avec les 4e et 5e corps, dans la direction du nord, en se tenant à l'ouest de la zone boisée Gremilly, Billy-sous-Mangiennes ».

Ainsi, dans l'hypothèse où l'ennemi viendrait à la rencontre des 5e et 4e armées, la 3e armée, fortifiée par le 18e corps pris à la 2e armée, restera en position d'expectative prête à contre-attaquer toute sortie de la place de Metz ; dans le cas où l'ennemi ne se manifesterait pas, et où nous nous porterions à sa recherche, la 3e armée, avec deux de ses corps, participerait à l'attaque des deux autres armées et avec son autre corps et ses divisions de réserve surveillerait Metz.

Cette 3e armée était d'autant plus impatiente d'attaquer que, se trouvant au point où le commandement avait escompté une attaque, elle ne voyait rien venir et les territoires français abandonnés presque inoccupés par l'ennemi.

Le 13 août 1914, le général Grossetti, chef d'état-major de la 3e armée, écrivait au général Berthelot pour lui manifester cette impatience et lui demander de seconder l'attaque de la 2e armée.

« Je pense, disait-il, d'après l'examen des ordres de la 2e armée que nous avons reçus en communication, que notre heure

ne va plus longtemps tarder. Nous pouvons déjà disposer dans
une certaine mesure de la division de Verdun ; je vous serais
reconnaissant de nous faire connaître dans quelle mesure nous
pourrions disposer de celle de Toul pour faire face à Metz. » (¹)

La 3ᵉ armée, avec la mise éventuelle à sa disposition du
18ᵉ corps, son groupe de divisions de réserve et les deux divisions de réserve de Verdun et de Toul possédait, à ce moment,
sur l'ennemi qu'elle avait en face d'elle, une supériorité numérique incontestable. Si l'on se réfère au *Bulletin de renseignement nᵒ 8 de la 3ᵉ armée* du 13 août, on constate qu'il n'avait été
reconnu en face de la 3ᵉ armée que trois corps d'armée, le VIIIᵉ,
le XVIIIᵉ opérant le premier dans le Luxembourg, le second
dans la région d'Aumetz, et couverts par une masse de deux
divisions de cavalerie, et enfin le XVIᵉ qui semblait avoir son
centre de gravité au nord-ouest de Metz, dans la région de Briey,
Thionville : « La rive droite de la Moselle, entre Metz et Thionville, est garnie d'artillerie lourde, particulièrement en face du
confluent de l'Orne ; on n'est pas encore fixé sur la composition

---

(¹) C'est assurément à cette lettre que faisait allusion le général
Ruffey quand, dans sa déposition devant la Commission de Briey, il
déclarait avoir demandé à seconder l'offensive de la 2ᵉ armée par une
action au nord de Metz.

Le général Berthelot répondit au général Grossetti « que la 3ᵉ armée
devait encore se tenir sur l'expectative, ne rien déclencher sans l'ordre
du commandant en chef et le tenir au courant, très fréquemment, de
ce qui pourrait se passer sur le front ».

Voici la note exacte dictée le 13 août au capitaine Gransard par le
général Berthelot :

« On a du mal à comprendre ; le G. Q. G. avait demandé la situation du 13 au soir et non un ordre pour la journée du 14 qui ne pouvait être établi puisque l'armée n'avait pas reçu de directives du
commandant en chef. Ces instructions vous sont envoyées, mais elles
tiennent encore la 3ᵉ armée en expectative, et le passage à l'action
vous sera ordonné par le commandant en chef en temps utile. Ne
rien déclencher sans son ordre, mais le tenir au courant très fréquemment de tout ce qui se passe sur le front de l'armée. » (3ᵉ *Armée.
Sorties.*)

et l'importance des forces qui peuvent déboucher à l'ouest de la place » (3e *Armée, Sorties*).

Le 13 août, à 22 heures, le général Ruffey envoyait à ses commandants d'armée une instruction qui ne faisait que transcrire l'instruction qu'il avait reçue, il adjoignait toutefois à son 3e groupe de divisions de réserve la division de réserve de Verdun et assignait leurs positions à ses corps d'armée et à ses divisions de réserve ([1]).

([1]) 3e *Armée. Sorties.*
Déjà, le même jour à 20 heures, le général Paul Durand, commandant le 3e groupe de divisions de réserve avait établi ainsi ces positions : 54e D. R. tenir la zone fortifiée du 4e corps entre les mamelons au nord-est d'Ornes et les hauteurs à l'est de Damvillers (soit au nord-est de Verdun) ; 56e D. R. tenir la zone fortifiée de Creüe à Saint-Remy au sud-est de Verdun ; 55e D. R. la zone fortifiée de Bois-Bruly à Saint-Agnant au sud-est de Saint-Mihiel (3e *Armée. Entrées*).

IV

CETTE instruction du 13 août a donc précisé la pensée du commandement : rompre le centre allemand en laissant s'amasser le plus de forces possibles à sa droite, dans le nord de la Belgique. Le commandant en chef ne voulait pas croire que cette aile droite allemande pût être assez nombreuse et forte pour tenter un mouvement débordant sur notre aile gauche, par la rive gauche de la Meuse — et il lançait la 5e armée à l'attaque sur la rive droite de la Meuse dans la région « difficile » — selon sa propre qualification — de l'Ardenne.

Il estimait le danger d'un mouvement ennemi par la rive gauche de la Meuse suffisamment paré par la présence du 4e groupe de division de réserve, posté défensivement dans la région d'Hirson et que prolongeait au nord l'armée anglaise, mais celle-ci, toutefois, réduite à quatre divisions au lieu des six promises par les accords antérieurs à la guerre.

Pour plus de sûreté, le 14 août, le général en chef demandait

au ministre de la Guerre de « comprendre le territoire de la
1ʳᵉ région dans la zone des armées par modification à l'arrêté du
2 août 1914 » ; de mettre à l'étude le transport de la 81ᵉ division
territoriale dans la région Hazebrouck, Armentières, de la 82ᵉ
dans la région Douai, Somain, de la 88ᵉ dans la région d'Arras ;
et d'inviter le général commandant la 1ʳᵉ région à se mettre en
rapport avec le G. Q. G. pour lui faire connaître les ressources
que les divers services pourraient mettre à sa disposition et en
particulier celles renfermées dans la place de Lille (*G. Q. G.*,
T. 3407, *pièce* 104).

La 5ᵉ armée avait, dans l'ordre de bataille du 13 août, le rôle
le plus scabreux. On a vu que, dès le 31 juillet, son chef, le général Lanrezac, pressentant le danger d'une manœuvre d'enveloppement, l'avait dénoncée au général commandant en chef.
Cette menace d'un mouvement débordant par l'une et l'autre
rive de la Meuse lui apparaissait d'autant plus inquiétante que,
sur sa gauche, la Meuse n'était même pas gardée de Givet à
Namur ; il signalait donc avec insistance, mais en vain, le péril.
Le 12 août, il obtenait pourtant l'autorisation, que l'instruction du 13 août transformait en ordre, de faire flanquer à
gauche son armée par le 1ᵉʳ corps.

Le 14 août, de plus en plus inquiet, le général Lanrezac se
décidait à aborder directement à Vitry-le-François le général
Joffre, le major général et le premier aide-major : il leur redit
sa crainte que les Allemands ne prennent nettement l'offensive
en grandes forces par la rive gauche de la Meuse, au moment
où la 5ᵉ armée se portera sur le front Neufchâteau, Paliseul ; il
reçut cette réponse « que les Allemands n'ont rien de prêt par
là ».

En rentrant à son quartier général à Rethel, le général Lanrezac trouvait le *Bulletin de renseignements du G. Q. G* exposant
la répartition des forces allemandes actuellement répérées, et
indiquant notamment que le « groupement de Belgique, comprenait les IXᵉ, VIIᵉ, Xᵉ, IIIᵉ, XIᵉ, XIXᵉ et XXᵉ corps éche-

lonnés de Liège à Neufchâteau et orientés vers la Meuse en
amont de Namur, précédés de quatre ou cinq divisions de cavalerie avec le corps de la Garde en seconde ligne vers Stavelot »
— que le « groupement du Luxembourg-Thionville comprend
les VIIIe, XVIIIe et XVIe corps et deux divisions de cavalerie ».

Devant ces précisions qui confirmaient l'appréhension que
depuis toujours il avait manifestée sur le péril d'enveloppement
de la gauche de la 5e armée, le général Lanrezac adressait, le
14 août à 14 heures, au général en chef la lettre suivante :

Rethel, 14 août, 14 heures.

Général Lanrezac à Général Joffre.

Je m'empresse de vous rendre compte que j'ai trouvé, en rentrant
ici, le *Bulletin de renseignements* n° 38 (¹), émanant de votre G. Q. G.
qui s'est croisé avec moi.

Ce bulletin de renseignements laisse clairement entendre que la
masse de manœuvre allemande de droite, réunie entre la pointe nord
du Luxembourg et la région de Liège comprendrait 8 corps et 4 divisions de cavalerie (sinon même 6 divisions de cavalerie en comprenant les 2 divisions de cavalerie signalées dans la région Marches,
Rochefort).

Ces renseignements parvenus à ma connaissance postérieurement à
notre entretien, me paraissent préciser la menace d'un mouvement
enveloppant exécuté avec des forces très considérables par les deux
rives de la Meuse.

Nous sommes tombés d'accord sur le peu de fond qu'il y avait à
faire sur la coopération belge. Il n'y aurait pas plus à compter sur la
coopération anglaise dans le cas où mon mouvement sur Neufchâteau
mettrait cette coopération à échéance de 6 ou 8 jours.

Je ne serais pas en repos avec ma conscience si je ne vous répétais
encore devant les précisions de vos derniers renseignements, que le

---

(¹) Nous avons retrouvé ce bulletin de renseignements dans le
dossier de la 3e armée (*Entrées 2e Bureau*). Il est en date du 13 août,
19 heures, mais il est porté comme bulletin de renseignements n° 8
du G. Q. G. Malgré la différence de numérotation c'est vraisemblablement à cette pièce que faisait allusion le général Lanrezac.

transport éventuel de la 5e armée vers la région Givet-Maubeuge (en laissant un corps et 2 divisions de réserve sur la Meuse en liaison avec la 4e armée) me paraît devoir être étudié et préparé dès maintenant.

Ceci dit, je suis prêt à exécuter vos ordres, quels qu'ils soient.

CH. LANREZAC ([1]).

A 18 h. 20, le commandant de la 5e armée recevait du général Berthelot la réponse suivante : ([2])

Rethel, 14 août, 18 heures 20.

Général commandant en chef à général commandant armée, Rethel.

Je ne vois que des avantages à ce que vous étudiez mouvement dont vous parlez.

Mais la menace est encore à échéance lointaine et sa certitude est loin d'être absolue.

Comme mesures préparatoires, il suffit d'élargir votre dispositif vers la gauche jusque vers Renwez et Monthermé d'où l'on peut aussi bien gagner Paliseul et Gedinne que Philippeville.

P. O., *l'aide-major général.*

BERTHELOT.

Le 15 août, le Service des renseignements du ministère de la Guerre téléphonait au G. Q. G. que des forces arrivaient constamment à la frontière allemande, en arrière de la ligne Liège, Maestricht, Sittard, Venloo, soit à l'extrême nord de la Belgique, et que des masses compactes occupaient la région liégeoise (*G. Q. G., 2e bureau, Entrées, n° 1632*).

Ce même jour, 15 août à 8 heures, le général Berthelot téléphonait au général Lanrezac que le général commandant en chef « l'autorisait à disposer en vue de porter deux corps, en plus du 1er corps, dans la direction du nord pour répondre à l'éventua-

---

([1]) *G. Q. G. T.* 3407, n° du *répertoire* 1459.
([2]) *G. Q. G.* T. 3407, n° 957.

lité envisagée par le général Lanrezac dans sa lettre du 14 août
14 heures, mais que le mouvement ne sera exécuté que sur
l'ordre du commandant en chef » (*G. Q. G., T.* 3407, *pièce* 107).

∽

Le 15 août, à 10 heures, le général en chef changeait à nouveau
son plan de bataille par suite de la modification que devait amener la remontée de la 5e armée sur la Sambre. Il adressait donc une nouvelle « Instruction particulière n° 10 » (*G. Q. G.,
T.* 3407, *pièce* 123).

« L'ennemi, y déclare-t-il, semble porter son principal effort
par son aile droite au nord de Givet ; un autre groupement de
forces paraît marcher sur le front Sedan, Montmédy, Damvillers. »

En conséquence, la 5e armée, laissant son corps de droite (le
11e) dans la région sud-ouest de Sedan, ses divisions de réserve
à la ligne de la Meuse et sa 4e division de cavalerie à la 4e armée,
portera tout le reste de ses forces — soit les 3e et 10e corps (car
déjà le 2e corps lui avait été retiré et le 1er corps restait commis
à la garde provisoire de la Meuse de Givet à Namur) — dans la
région de Mariembourg ou Philippeville « *de concert avec l'armée
anglaise et les forces belges*, contre les forces adverses du nord » ;
le corps de cavalerie et le 4e groupe de divisions de réserve de
Vervins passeront également sous les ordres du commandant de
la 5e armée.

La 4e armée, renforcée du 11e corps, des 52e et 60e divisions
de réserve et de la 4e division de cavalerie retirés à la 5e armée,
s'établira face au nord-est de manière à pouvoir déboucher du
front Sedan-Montmédy en direction générale de Neufchâteau.

Dans le texte original de l'instruction, il avait été écrit que
« la 3e armée laissant face à Metz son groupe de divisions de ré-

serve, qui sera renforcé par d'autres divisions, s'établira sur le front Jametz-Étain, prête à déboucher en direction générale de Longwy avec ses 4e et 5e corps et deux divisions du 6e corps ; les divisions de réserve seront étayées à leur droite par le 18e corps et à leur gauche par une division du 6e corps ».

Telle était la conception initiale du commandement le 15 août, à 10 heures, mais cette conception dût être presque immédiatement modifiée, car ce passage relatif à la 3e armée fut effacé sur la minute de l'instruction particulière nº 10, et des instructions spéciales furent données le lendemain, 16 août, à la 3e armée et au 3e groupe de divisions de réserve du général Paul Durand.

Le 15 août, à 19 heures, l'aide-major genéral Berthelot téléphonait au commandant de la 5e armée : « Exécutez mouvements prescrits vers le nord pour les deux corps d'armée que vous avez indiqués : instructions suivent. » (*G. Q. G.*, *T.* 3407, *pièce* 117).

Le 16 août, à 10 heures, le général en chef priait le ministre de la Guerre d'ordonner la mise du territoire de la 1re région dans la zone des armées, d'y transporter les 82e et 84e divisions territoriales, le général d'Amade devant prendre le commandement de la 1re région et des divisions territoriales avec Arras comme quartier général (*G. Q. G.*, *T.* 3407, *pièce* 134).

C'était, on le voit, une orientation toute nouvelle du plan d'opérations. Les commandants d'armée ne furent pas informés de la pensée du général en chef ; on la trouve seulement précisée dans une note que celui-ci adressait le 15 août, à 14 h. 35, au commandant en chef des forces anglaises (*G. Q. G.*, *T.* 3407, *pièce* 149, *nº* 1119).

Après avoir au début indiqué que « l'ennemi semble devoir porter son effort principal sur son aile droite et son centre, d'une part au nord de Givet, d'autre part sur le front Sedan, Montmédy, Damvillers, et qu'au sud de Metz il paraît garder une attitude de défensive, le général Joffre exposait au maréchal French la mission assignée au général Lanrezac d'agir contre le groupe de forces ennemies du nord « de concert avec l'armée

anglaise et les forces belges », et il énumérait les forces de cette
5e armée dont les derniers débarquements seraient achevés le
20 au soir.

« Il n'est pas possible, ajoutait-il, de fixer la forme de la manœuvre d'une manière précise en raison des événements qui
peuvent se produire d'ici le 21 août, mais d'une manière
générale, l'idée de cette manœuvre serait la suivante pour l'armée anglaise en particulier.

« Dès que ses éléments combattants seraient au complet,
c'est-à-dire vers le 21 août au matin, l'armée anglaise se porterait au nord de la Sambre, dans la région Rouveroy, Harmignies,
en mesure de marcher *dans la direction générale de Nivelles* (¹),
soit à la gauche de la 5e armée si l'ensemble des forces est amené
à se déplacer vers le nord, soit en échelon à gauche de cette
5e armée, si l'orientation de sa marche s'infléchit plus à l'est. »

Ce point de direction de Nivelles donné à l'armée anglaise —
extrême aile gauche du front allié — atteste que le commandement français n'admettait le mouvement débordant ennemi
qu'entre Bruxelles et la Meuse, en direction de la trouée de
l'Oise ; il comptait toujours rompre son centre par une poussée
des 3e et 4e armées, pendant que la 5e armée et l'armée anglaise barreraient la marche de l'aile ennemie et que l'armée
belge presserait le flanc extérieur des forces adverses et au besoin le prendrait à revers.

Le mouvement offensif était escompté pour le 21 août au
matin : le G. Q. G. présumait acquise, sans s'en être, semble-
t-il, très sérieusement assuré, la coopération à notre aile gauche
de l'armée anglaise et de l'armée belge.

L'Angleterre, au cours de la période prolongée de tension
diplomatique qui précéda la guerre, ne s'était décidée à intervenir, aux côtés de la France, que quand la violation de la neu-

---

(¹) Nivelles est au sud-ouest de Bruxelles, entre Bruxelles et Charleroi.

tralité de la Belgique eut unifié chez elle le sentiment public. Ce ne fut que le 4 août qu'elle déclara la guerre à l'Allemagne ; jusque-là elle s'était employée avec ardeur à sauvegarder la paix du monde et à arranger le conflit.

Avant la guerre il avait été convenu, entre les états-majors français et anglais, qu'en cas de guerre provoquée par l'Allemagne et celle-ci violant la neutralité de la Belgique, l'Angleterre enverrait en France un corps expéditionnaire de six divisions de toutes armes et une division de cavalerie (¹), la concentration devant se faire à l'aile gauche de l'armée française, dans la région du Cateau.

Le maréchal French, dans ses mémoires, relate que le lendemain de la déclaration de guerre de l'Angleterre à l'Allemagne, soit le 5 août, un conseil de guerre fut tenu pour discuter la composition du corps expéditionnaire et le point de concentration des forces britanniques à leur arrivée en France. Il y fut décidé qu'au lieu des six divisions promises, on n'en enverrait d'abord en France que quatre et une division de cavalerie ; mais quant à la fixation du point de concentration des forces britanniques, on ne put s'entendre, et on suspendit toute décision jusqu'à ce qu'un représentant de l'état-major français ait été entendu. Ce ne fut que le 10 août qu'arriva la mission française ayant à sa tête le commandant Huguet ; un temps précieux avait été ainsi perdu.

Le 9 août, lord Kitchener avait été nommé ministre de la Guerre. Ses idées stratégiques étaient diamétralement opposées à celles du haut commandement français : « C'est un homme d'une grande volonté, — lit-on, dans un rapport du 19 août de notre attaché militaire à Londres, le commandant de la Panouze au ministre de la Guerre — mais tout à fait ennemi de l'offensive : si nous l'écoutions, nous resterions sur la défensive et

---

(¹) Ce fait a été confirmé par le maréchal Joffre devant la Commission de Briey.

attendrions trois attaques successives des forces allemandes ; il est imbu des principes de la guerre coloniale et ne connaît rien. aux avantages matériels et moraux de l'offensive » (*G. Q. G.,* *3e Bureau, Armée anglaise, pièce* 46).

Lord Kitchener croyait à une guerre longue et voulait ménager au début les forces anglaises pour permettre de prolonger l'effort : aussi, au conseil de guerre, qui se tint dès l'arrivée à Londres de la mission française, combattit-il les dispositions de l'entente intervenue entre les états-majors ; il trouvait la position des forces anglaises à la gauche du dispositif français trop en l'air et préconisait une concentration plus en arrière dans la région d'Amiens. Le maréchal French demanda, au contraire, qu'on s'en tint aux plans primitifs, tout retard ou toute modification dans la concentration risquant de bouleverser le plan de campagne français ; son point de vue prévalut, mais on n'en avait pas moins perdu une dizaine de jours. Les premiers éléments combattants n'arrivèrent que le 13 août, et la concentration totale ne devait s'achever que le 23 à 18 heures, ainsi qu'il résulte d'une des notes du dossier du G. Q. G. pour l'armée W (armée anglaise). Il y était sans doute bien prévu que, le 21, les éléments combattants pourraient se porter en avant, mais il semble — et l'événement au surplus l'a vérifié — qu'il était risqué d'assigner, pour le 21 au matin, son poste de combat à l'armée anglaise.

Avant de s'embarquer pour le front français, le maréchal French avait reçu de lord Kitchener les instructions du gouvernement britannique ; le maréchal French les ayant publiées dans ses mémoires, il n'y a aucun inconvénient à les reproduire :

Votre tâche sera principalement de donner votre concours au gouvernement français pour écarter l'invasion allemande du territoire de la France et de la Belgique et éventuellement rétablir la neutralité de la Belgique.

Le point de votre rassemblement, d'après les dispositions actuelles, est Amiens, et pendant la concentration de vos troupes, vous aurez toutes les occasions possibles de discuter avec le général commandant en chef des armées françaises la situation militaire générale et le rôle spécial que votre armée est en posture de jouer.

Il doit être entendu dès le début que les forces numériques du corps expéditionnaire et des renforts qui pourraient lui être envoyés est strictement limité, il est donc évident qu'il y a lieu d'apporter le plus grand soin à éviter les pertes et le gaspillage.

En conséquence, bien que tous les efforts doivent être faits pour entrer le plus possible dans le point de vue de nos alliés, vous examinerez avec grande attention les cas où vous seriez amené à un mouvement en avant dans lequel de grandes unités françaises ne seraient pas engagées et où vos troupes devraient par conséquent attaquer dans des conditions peu favorables. Si de telles éventualités se produisaient, je vous prierais de m'en informer en détail et de me laisser le temps de vous transmettre toutes décisions que le gouvernement de Sa Majesté prendrait en l'espèce.

A ce sujet, je vous prie de considérer que votre commandement est entièrement indépendant et que jamais, en aucun cas et en aucun sens, vous ne serez sous les ordres d'un général allié.

Il apparaît bien que le gouvernement britannique assignait à son armée sur le front français une attitude expectative, et qu'il lui interdisait toute initiative offensive.

Le 16 août, le maréchal French avait une entrevue avec le général Joffre pour s'entendre sur le rôle de l'armée anglaise dans l'ordre de bataille prévu par l'instruction particulière du 15 août ; il rendait compte de son entrevue, le 17 août, dans un rapport à lord Kitchener, qui établit nettement le degré d'amplitude que le commandement français assignait au mouvement de l'aile droite allemande :

« Le général Joffre comprend pleinement l'importance et les avantages d'une attitude expectative. Dans l'hypothèse d'un mouvement en avant des corps d'armée allemands par les Ardennes et le Luxembourg, il désirerait que j'opérasse en échelon à gauche de la 5e armée française. Le corps de cavalerie français, actuellement au nord de la Sambre, opérera à ma gauche et maintiendra la liaison avec les Belges. »

Et, le 18, il ajoutait dans un nouveau rapport :

« La direction générale de l'avance allemande est Warenne-Tirlemont. Les plans allemands sont encore mal connus, mais il y a de bonnes raisons de croire que cinq corps d'armée au moins et deux ou trois divisions de cavalerie marcheraient contre la frontière sud-ouest de la France sur une ligne générale Bruxelles-Givet (¹).

Comme on l'a vu dans l'instruction du 15 août, le commandement français escomptait aussi une coopération active de l'armée belge. L'unité de commandement n'existait pas sur le front allié : l'armée belge, comme l'armée anglaise, était indépendante ; son gouvernement et son commandement avaient loyalement stipulé que son rôle serait strictement défensif et se bornerait à la défense de ses places fortes (²).

Ces dispositions, comme on l'a déjà dit, avaient été confirmées au commandement français, le 8 août, par le lieutenant-colonel Brécart, envoyé le 5 août en mission à Bruxelles pour s'entendre avec le commandement belge en vue d'assurer une coopération aussi efficace et aussi complète que possible des mouvements et opérations militaires des armées belges et des armées françaises.

Y eut-il même un représentant du G. Q. G. français au G. Q. G. belge ? on en peut douter par cette déclaration qui termine la note du 16 août du général Joffre au maréchal French :

« En ce qui concerne la coopération de l'armée belge, *il conviendrait de lui demander*, tout en couvrant Bruxelles et Anvers, d'agir en toutes circonstances sur le flanc extérieur des forces allemandes et à revers au besoin. »

Et ce message téléphoné du général Berthelot au général Lan-

______

(¹) Il ne s'agissait donc que du mouvement de l'armée von Bulow ; l'entrée en jeu de l'armée von Kluck, l'extrême droite allemande, ne commença que le 18. Ces documents ont été publiés par le maréchal French dans ses Mémoires.

(²) *Livre Gris* et rapport du commandant de l'armée belge.

rezac, du 17 août 20 h. 45, confirme encore le défaut de liaison entre le G. Q. G. français et l'armée belge :

« Le gouvernement belge se retire sur Anvers ; il faut éviter à tout prix que l'armée belge suive ce mouvement et, par suite, il est indispensable qu'on prenne liaison avec elle. » Et le premier aide-major renouvelait l'ordre donné au corps de cavalerie qui opérait en Belgique d'assurer cette liaison (*G. Q. G.*, *T.* 3407, *pièce* 171).

Le commandement français, dans les journées des 16 et 17 août, se confirma dans les vues qui avaient inspiré son instruction particulière du 15 août, et, le 18 août à 8 heures, — soit au moment même où l'armée von Kluck commençait son mouvement — il adressait une « instruction particulière n° 12 » pour préciser les indications déjà données et ordonner plus nettement son plan d'opérations (*G. Q. G.*, *T.* 3407, *pièce* 183).

Ce document débute ainsi :

« Les 3e, 4e et 5e armées françaises, agissant de concert avec les armées anglaise et belge, ont pour objectif les forces allemandes réunies autour de Thionville, dans le Luxembourg et en Belgique.

« Ces dernières paraissent comprendre au total treize à quinze corps d'armée. Il semble qu'elles sont formées en deux groupements principaux : au nord, le groupement d'aile droite ennemie paraît comprendre sept ou huit corps et quatre divisions de cavalerie ; plus au sud le groupement central, entre Bastogne et Thionville peut comprendre six à sept corps et deux ou trois divisions de cavalerie. »

Deux éventualités sont prévues : dans l'une comme dans l'autre, les missions et les directions d'offensive des 3e et 4e armées sont confirmées : seule la mission de l'aile gauche, c'est-à-dire de la 5e armée et des armées anglaise et belge varie.

La première hypothèse envisagée est que le « groupement ennemi du nord, marchant par les deux rives de la Meuse, cherchera à passer entre Givet et Bruxelles et même accentuera encore davantage son mouvement vers le nord. » Dans ce cas, la 5e armée et le corps de cavalerie « opérant en complète liaison avec les armées anglaise et belge » s'opposeraient directement à ce mouvement, et l'armée belge et le corps de cavalerie chercheraient à déborder l'ennemi par le nord. Et dans le même temps, les 3e et 4e armées attaqueraient d'abord le groupement central, et, une fois qu'elles l'auraient mis hors de cause, « la majeure partie de la 4e armée marchera immédiatement sur le flanc gauche du groupement ennemi du nord. ».

Seconde hypothèse : l'ennemi n'engagera au nord de la Meuse qu'une fraction de son groupement d'aile droite ; alors, pendant que son groupement central s'engagera de front contre nos 3e et 4e armées, l'autre partie de son groupement nord, laissée sur la rive droite de la Meuse, cherchera à attaquer le flanc gauche de notre 4e armée. Il appartiendrait alors aux armées anglaise et belge, appuyées par le 4e groupe de divisions de réserve, de combattre les forces allemandes au nord de la Sambre et de la Meuse, tandis que la 5e armée se rabattrait par Namur et Givet, dans la direction générale de Marche ou Saint-Hubert pour tomber sur le groupement ennemi aux prises avec la 4e armée.

Et il semble bien que cette seconde hypothèse apparaissait comme la plus vraisemblable, puisqu'en prévision de sa réalisation, l'ordre était donné d'organiser une forte tête de pont à l'est de Givet et qu'on en indiquait les points de jalonnement.

Comme on le voit, c'était dans l'un et l'autre cas l'hypothèse d'une attaque principale ennemie par la rive droite de la Meuse.

Or, au moment où cette instruction était élaborée, l'armée von Kluck déclenchait son mouvement : le 18, l'armée belge, établie sur la Gette, sans liaison avec Namur ni avec la 5e armée, isolée devant une masse allemande de onze corps d'armée, était obligée de rompre le combat, et le 18, à midi, le roi prescrivait la retraite sur Anvers.

L'instruction particulière n° 12 se trouvait donc annulée à l'heure même où elle était envoyée à ses exécutants.

❧❧❧❧❧❧❧❧❧❧❧❧❧❧❧❧❧❧❧❧❧❧

V

CES préliminaires, si prolongés qu'ils puissent paraître, étaient nécessaires pour expliquer les conséquences que cette instruction du 15 août devait avoir sur la mission et la composition de la 3e armée, de même que sur les mesures qui en dérivèrent quant à l'investissement de Metz et, par suite, sur les tentatives de reprise de la région de Briey.

Au début, comme on l'a vu, la 3e armée avait une mission de liaison entre l'aile droite et l'aile gauche françaises : elle devait, suivant l'expression du maréchal Joffre, s'asseoir sur le terrain, attendre et surveiller Metz. Elle se trouvait donc en position d'expectative et son rôle était offensif ou contre-offensif suivant les initiatives de l'ennemi.

Voyant se développer le mouvement débordant de l'armée allemande, mais ne croyant ni à l'extension ni à la force réelles de l'aile droite ennemie, n'estimant pas davantage que la décision serait par cet ennemi cherchée entre la Meuse et la mer, le G. Q. G. avait, lui, comme dessein de rompre le centre ennemi par une offensive brutale à travers l'Ardenne et le Luxembourg

belges ; la 3e armée devait alors, de concert avec la 4e, participer
à cette poussée, d'où l'on escomptait la décision.

A partir du 16 août, la mission de la 3e armée devient donc
nettement offensive.

Le 15 août, à 15 h. 30, le général Joffre (¹) adressait à la 3e armée une instruction particulière nº 9, lui exposant l'intérêt qu'il
y aurait « à rapprocher de Metz une organisation fortifiée qui
servirait d'embryon à l'investissement de la place » et, après lui
avoir désigné les points où des « centres de résistance pourraient
être créés pour les divisions de réserve » et donné des conseils
sur la façon de procéder à ces travaux, l'instruction ajoutait
in fine : « Il n'y a probablement sur le front sud-ouest de Metz
que la 8e brigade bavaroise avec des troupes de réserve et de
landwehr, le XVIe corps serait groupé dans la région Briey-
Auboué. »

Les vues du commandement, exprimées par cet ordre, devaient se confirmer dans la nuit du 15 et la matinée du 16.

Cette instruction du 15 montre que le commandement ne
croit plus à des forces très sérieuses sur le front sud-ouest de
Metz ; le lendemain, il constituait une subdivision d'armée
pour procéder à l'investissement de la place.

Le 16 août à 14 h. 25 — c'est-à-dire après l'envoi de l'instruction nº 10 aux 4e et 5e armées (²) — le général en chef envoyait à la 3e armée un ordre particulier ne 11 et une instruction
particulière nº 12 (³).

L'ordre particulier nº 11 dispose qu'en vue de permettre au
général commandant la 3e armée de concentrer plus particulièrement son attention sur les *opérations offensives* de son armée
les éléments ayant une mission d'ordre défensif seront à partir du

----

(¹) La minute de cette instruction est de la main du général Berthelot.

(²) Voir cette instruction page 81 *supra*.

(³) *G. Q. G., T.* 3407, *pièces* 146 *et* 147.

17 août midi placés sous le commandement du général Paul Durand qui continuera d'ailleurs à relever du général commandant la 3e armée.

Le commandement du général Paul Durand s'étendra sur le 3e groupe de divisions de réserve renforcé par la 67e division de réserve et sur les places de Toul et de Verdun. La mission de ce groupement de forces sera de « commencer l'investissement du front sud-ouest de Metz d'une manière très progressive et d'arrêter sur les positions établies entre Toul et Verdun toute tentative de l'ennemi visant la rupture de ce front ».

A la 3e armée l'instruction particulière n° 12 donne les ordres suivants : « Laissant face à Metz le groupement de forces aux ordres du général Paul Durand, s'établir sur le front Jametz-Étain, prête à déboucher en direction générale de Longwy avec ses 4e et 5e corps et deux divisions du 6e corps, la 3e division de ce corps laissée en garde flanc à droite, face à Conflans et à Briey. »

Le moindre défaut de ces deux ordres était de n'être point très explicites de la pensée du commandement et surtout d'établir dans une même armée deux commandements distincts, sans nettement les délimiter.

Le général Paul Durand, bien qu'investi du commandement d'une subdivision d'armée, continuant à relever du commandement du général Ruffey, celui-ci pouvait naturellement supposer que l'armée Durand restait à sa disposition à l'état de réserve générale et qu'il était libre de répartir ses éléments dans la mesure qu'il estimait suffisante pour remplir la mission défensive qui lui était dévolue et que lui, Ruffey, jugeait d'autant moins importante qu'il avait été averti, le 15 août, par le G. Q. G. de la faible densité et qualité des troupes de Metz.

Il semble résulter également de la déposition du général Ruffey (¹) que le général Paul Durand ne comprit pas très bien

---

(¹) Voici ce qu'a dit à ce propos le général Ruffey devant la Comle rôle qui lui était assigné ; il lui aurait, en effet, dit son ennui d'avoir, lui, ancien cavalier, à s'occuper de la défense de Toul et de Verdun, que cette responsabilité l'inquiétait, qu'il ne connaissait rien à la défense des places... Le général Ruffey le tranquillisa en lui déclarant que, tant qu'il resterait sous ses ordres, c'est lui qui répondrait des Hauts-de-Meuse et de la défense de Toul et de Verdun...

On saisit là l'origine d'un malentendu qui allait devenir tragique : Ruffey considérait le groupement Paul Durand comme sa réserve générale, du fait que son chef restait sous son commandement.

Peut-être n'y eut-il, au fond, qu'une simple erreur de chancellerie ou une négligence d'état-major. Le détachement des éléments de réserve de la 3ᵉ armée et leur constitution en un groupement distinct bien que dépendant de cette 3ᵉ armée fut l'objet d'un ordre spécial, ordre particulier nº 17, signé Joffre et rédigé par le général Berthelot. Cet ordre fut bien envoyé au général

---

mission de Briey : « Vers le 18 août, probablement, création de la subdivision d'armée Paul Durand, comprenant comme noyau mon ancien groupe de divisions de réserve renforcé par trois autres divisions débarquées dans la région de Verdun : 67ᵉ, 65ᵉ et 75ᵉ. Je ne me rappelle pas en avoir été avisé officiellement ; c'est, je crois, le général Paul Durand, qui m'en rend compte de vive voix et d'une manière assez originale, qui depuis m'a donné beaucoup à penser. Il se présenta à moi à mon quartier général et me dit qu'il est très ennuyé parce que lui, ancien cavalier, a maintenant à s'occuper de la défense de Toul et de Verdun, et qu'il n'entend rien à la défense des places. Il vient, en effet, d'être placé à la tête de la subdivision de la 3ᵉ armée , comprenant six divisions de réserve et les camps retranchés de Toul et de Verdun, dont il devient en grande partie responsable ; il est vrai que cette responsabilité est beaucoup diminuée parce qu'il reste sous mon commandement supérieur. Naïvement je le tranquillise et lui affirme que sa responsabilité ne doit pas lui peser tant qu'il restera sous mes ordres ; je la revendique entièrement et je réponds des Hauts-de-Meuse et des places de Toul et de Verdun. Quand je lui cause, il a l'air préoccupé, il semble penser à autre chose et j'aurais dû voir que le motif invoqué n'était pas la vraie cause de sa visite. »

Paul Durand, mais on ne le retrouve pas dans le registre des entrées de la 3ᵉ armée ; on n'y voit seulement (folio 215) qu'un ordre général nᵒ 19 du 17 août où le général Paul Durand « commandant la subdivision de la 3ᵉ armée dans la Woëvre » annonce ainsi au général Ruffey sa prise de commandement :

« Par ordre du général en chef commandant les armées de l'Est, le général Paul Durand, *tout en continuant à relever du commandant de la 3ᵉ armée*, prend à partir du 17 août, midi, avec *les droits de commandant d'armée* (¹), le commandement d'un nouveau groupe de forces comprenant le 3ᵉ groupe de divisions de réserve et la 67ᵉ division de réserve et qu'en outre les places de Toul et de Verdun, ainsi que les divisions de réserve y rattachées seront sous son autorité. »

Et le général Durand ajoutait dans la pièce destinée à la 3ᵉ armée :

« La mission du groupement de forces du général Durand sera de commencer l'investissement du front sud-ouest de Metz d'une manière très progressive et d'arrêter sur les positions organisées entre Toul et Verdun toute tentative de l'ennemi visant la rupture de ce front. »

C'est vraisemblablement à cette pièce que le général Tanant, ancien chef du 3ᵉ bureau de l'état-major de la 3ᵉ armée, faisait allusion dans sa déposition, en déclarant que cet ordre du 16 août avait été transmis à l'état-major de la 3ᵉ armée ; il l'avait été en effet, mais, semble-t-il, par le général Durand et non par le G. Q. G.

Celui-ci avait établi pour le général commandant la 3ᵉ armée une instruction particulière nᵒ 12, lui marquant l'établissement à donner à son armée en vue d'un prochain débouché offensif, et lui disant de « laisser seulement face à Metz le groupement de forces aux ordres de M. le général Paul Durand ».

(¹) Dans l'ordre particulier du général Joffre, il n'est pas dit que le général Durand aura « les droits de commandant d'armée ».

Cette pièce porte bien mention de l'envoi à la 3ᵉ armée de l'ordre particulier nᵒ 11 relatif au groupement Paul Durand, mais il n'en existe aucune trace dans les registres de la 3ᵉ armée. Y eut-il une omission, une erreur de transmission ? Elle expliquerait alors l'ignorance où se serait trouvé le général Ruffey et la croyance où il fut que ces divisions de réserve étaient toujours sous ses ordres.

Et l'on en a la première preuve dans l'instruction personnelle et secrète nᵒ 5 pour la journée du 18 août, adressée par le général Ruffey à la 3ᵉ armée, le 17 août à 16 heures.

Il y expose, d'après l'instruction particulière nᵒ 12, la mission assignée à la 3ᵉ armée, s'établir sur le front Jametz-Étain prête à déboucher en direction générale de Longwy ; en conséquence les 4ᵉ et 5ᵉ corps prendront des dispositions leur permettant de déboucher, sur le même front, sur la rive droite de l'Othain ; le 6ᵉ corps marchera en échelon en arrière et à droite des 4ᵉ et 5ᵉ corps ; une division du 6ᵉ corps, placée initialement en garde-flanc face à Conflans-Briey sera disposée de façon à parer à toute attaque débouchant sur le flanc de l'armée. Le commandant de la 3ᵉ armée ajoute : « Le groupement aux ordres du général Paul Durand a pour mission de contre-attaquer tout ce qui sortirait de Metz. » (3ᵉ *Armée, Sorties*).

Ce plan de bataille atteste que le général Ruffey croyant sous son commandement, et l'ayant en fait, le groupement Paul Durand, restreint la mission défensive qui a été attribuée à celui-ci par le G. Q. G. et lui attribue une mission éventuellement offensive.

Le général Ruffey a d'ailleurs formellement déclaré devant la Commission de Briey qu'il avait révélé son plan de bataille au général Paul Durand : « Il savait que les 54ᵉ, 55ᵉ, 56ᵉ divisions de réserve (¹) devaient venir former réserve générale derrière

---

(¹) Il doit y avoir là une erreur dans les souvenirs du général Ruffey : dans tous les documents — et certains de sa main — il n'est question que des 54ᵉ et 67ᵉ divisions de réserve.

ma droite avec la 40ᵉ division et la division de cavalerie, les couvrant du côté de Metz pour envelopper la gauche ennemie, tandis que les autres divisions de réserve et celle de Verdun, avec l'artillerie lourde provenant de cette place, se tiendraient prêtes à annihiler tout ce qui sortirait de Metz pour attaquer à revers ma réserve générale. Je lui avais même dit, le 18, qu'une partie de ma réserve générale, 55ᵉ division de réserve et une partie de ma cavalerie, auraient pour mission de les aider en plaçant les adversaires dans une tenaille. »

On saisit là le malentendu. Le général Ruffey, ayant sous son commandement le groupement Paul Durand, en dispose selon ses vues propres et dans l'intérêt de la bataille qu'il va engager ; il estime que sa mission défensive peut être suffisamment remplie avec une partie de ses forces et il dispose du reste pour l'action offensive qui lui est assignée et pour laquelle il veut s'assurer son maximum de forces.

Or, le général Paul Durand a reçu du G Q. G. une mission strictement et exclusivement défensive ; il reste nonobstant sous le commandement du général Ruffey : il se trouve ainsi aux prises entre deux volontés et deux ordres opposés...

On a vu la modification qui se fit, le 18 août, dans les vues du haut commandement et qui motiva l'instruction particulière nº 13, organisant la 5ᵉ armée et les armées anglaise et belge en prévision d'un mouvement débordant de l'ennemi par l'une et l'autre rive de la Meuse, mais toutefois au sud de Bruxelles (¹).

La mission des 3ᵉ et 4ᵉ armées restait la même, mais, pour renforcer la 5ᵉ armée, on avait retiré à la 3ᵉ armée le 18ᵉ corps qui lui avait été éventuellement réservé.

Préoccupé peut-être plus que de raison d'empêcher une rupture du front des Hauts-de-Meuse — puisqu'aussi bien il jugeait le 15 août, de peu d'importance la défense mobile de Metz et que, le 20 août, il indiquait à ses commandants d'armée que les

---

(¹) Voir cette instruction, page 36 *supra*.

corps d'armée ennemis n'étaient que de vingt ([1]) — le général
en chef voulut renforcer encore les armées chargées de surveiller
Metz et, le 19 août, il créait ce que l'on a appelé l'armée de Lorraine, c'est-à-dire la réunion sous le commandement du général
Maunoury du groupe de divisions de réserve Paul Durand et
d'autres divisions de réserve amenées sur le front des Hauts-de-
Meuse.

Le général Maunoury a déclaré à la Commission de Briey
qu'en 1913 il avait été averti qu'il serait, en cas de guerre, appelé
à commander une armée, qui aurait vraisemblablement pour

([1]) Le bulletin des renseignements n⁰ 12 de la 3ᵉ armée, du 17 août,
15 heures, publiait cet *Ordre de bataille allemand tel que se le figure
le Grand Quartier général, le 16 août* :

« Du Nord au Sud :

« *Deux armées de la Meuse* (IXᵉ, Xᵉ, VIIᵉ ; D. C : 2ᵉ et 9ᵉ. — XIᵉ,
IIIᵉ, IVᵉ ; D. C : 5ᵉ et Garde). Général von Bulow.

« *Armée du Luxembourg belge* (Garde, XIXᵉ, XIIᵉ ; D. C : 8ᵉ ?).
Général von Heeringen.

« *Armée du Luxembourg-Thionville* (VIIIᵉ, XVIIIᵉ, XVIᵉ ; D. C. :
6ᵉ et 2ᵉ Saxons). Général von Eichorn.

« *Armée de Lorraine n⁰ 6* (IIIᵉ Bavarois, IIᵉ Bavarois Iᵉʳ Bavarois ;
D. C. : 7ᵉ et Bavarois). Prince Rúpprecht de Bavière.

« *Armée d'Alsace* (XIIIᵉ, XIVᵉ, XVᵉ (disparaît depuis trois jours).
Prince Friedrich II de Bavière.

« *Russie* (Iᵉʳ, XXᵉ, XVIIᵉ, IIᵉ, Vᵉ : D. C. : 1ᵉʳ et 4ᵉ).

« Non reconnu : groupes de réserves. »

(T. 4174, G. Q. G., 3ᵉ armée, sorties).

Ainsi le 17 août, le G. Q. G., d'après ces indications données à la
3ᵉ armée, n'aurait cru qu'à la présence de 20 corps d'armée sur le front
français : — à moins qu'il ne faille voir dans ces renseignements le
développement d'une politique que, devant la Commission, de Briey
le général Berthelot a exposée ainsi : « Devant l'hésitation que
certains éléments montraient à l'attaque, il y avait parfois utilité
à leur dire : allez, vous avez devant vous moins de monde que
vous ne croyez. Cela, c'était dans un but d'intérêt général et non
pas d'intérêt particulier. Il est certain que dans une attaque il y a
des troupes plus ou moins sacrifiées ; il faut tout de même qu'elles
attaquent, même si elles ont affaire à des forces supérieures. Si on
n'attaquait que quand on est sûr que l'ennemi est plus faible, on
n'attaquerait pas souvent. »

F. ENGERAND

objet l'investissement de Metz ; à cet effet, un « papier rouge » lui avait été donné, mais il se demandait encore, au moment de sa déposition devant la Commission, si c'était une lettre de commandement ou un simple ordre de mobilisation, car le commandant en chef ne lui avait rien dit du rôle éventuel de son armée, non plus que de sa constitution. La guerre déclarée, le général Maunoury avait rejoint à Paris, et là le ministre de la Guerre l'avait envoyé inspecter un certain nombre de régions. Il existait pourtant au G. Q. G. un dossier concernant cette armée destinée au général Maunoury. Il semblerait dès lors que la place du commandant désigné de cette armée eût dû être au G. Q. G. ; il n'en fut rien, et peut-être pour les raisons qui en écartèrent le général Galliéni, bien que ce dernier fût le successeur éventuel, l'*ad latus* du général Joffre : « Il y avait tant à faire au G. Q. G., a déclaré le maréchal Joffre, qu'un *ad latus* eût été plutôt une gêne. » Aussi bien — et la déposition du général Berthelot, entre autres, en fait foi — les commandants d'armée parce que peut-être réservés sur les vues stratégiques et tactiques à la mode, n'étaient pas l'objet d'une très grande considération de la part des « jeunes » du G. Q. G. qui plus qu'à eux et par dessus eux s'adressaient de préférence à leurs états-majors.

Ce dut être le 18 août que fut décidée, au G. Q. G., la constitution de l'armée de Lorraine.

Le 19 août, à 10 h. 10, en effet, le général Belin, major général, téléphonait au général Ebener, chef d'état-major du ministre de la Guerre « *comme suite au message téléphoné du 18 août* ([1]) *concernant le général Maunoury* pour l'inviter à se rendre aussitôt que possible au G. Q. G. où il est constitué un dossier concernant le groupement dont il prendra le commandement, et le même jour, à 11 heures, le même général Belin

---

([1]) Le message du 18 août ne se trouvait pas dans les documents qui furent mis à ma disposition.

désignait le général Guillemin, comme chef d'état-major de l'armée de Lorraine sous réserve de l'acceptation du général Maunoury (*G. Q. G., T.* 3407).

Le 19 août était établi l'ordre particulier n° 14 constitutif de l'armée de Lorraine (*G. Q. G. Dossier de l'armée de Lorraine*).

Cette armée de Lorraine, placée sous les ordres du général Maunoury, était constituée par les troupes destinées à masquer tout d'abord la place de Metz à l'ouest et au sud, puis à poursuivre progressivement l'investissement du camp retranché.

Ces troupes avaient mission de préparer progressivement cet investissement du camp retranché de Metz, d'après les indications données respectivement aux commandants des 3e et 2e armées par l'instruction particulière n° 9 du 15 août (relative à l'investissement progressif de Metz) et par le télégramme en date du 18 août (¹).

Cet investissement de Metz avait été et demeurait le grand objectif du commandement. Le mouvement débordant de l'aile droite ennemie en avait contrarié la réalisation en en distrayant nos 4e, 3e et 5e armées et en les aspirant vers le nord.

Mais, malgré tout, l'idée était restée, et son exécution devait être consécutive de l'offensive en direction de Sarrebrück des 2e et 1re armées ; celles-ci ayant tourné la place à l'est, l'investissement du front ouest et sud appartiendrait à l'armée de Lorraine ; mais sa mise en train était conditionnée par le succès de l'offensive de la 2e armée, qui, précisément, se déclenchait le 16 et qui ainsi était en cours au moment où le G. Q. G. constituait l'armée de Lorraine.

Aussi, en attendant l'issue de la bataille de la 2e armée, cette armée de Lorraine devait-elle rester strictement en position défensive : « Toutefois, ajoute l'ordre n° 14, pendant l'exécution des travaux (préparatoires à l'investissement), de fortes réserves

---

(¹) Nous n'avons pas retrouvé ce télégramme dans les pièces qui nous ont été communiquées.

devront être maintenues sur les organisations défensives effectuées à l'est de Nancy et sur les Hauts-de-Meuse, de façon à
garantir en tout état de cause l'inviolabilité des fronts organisés
dans ces deux régions. »

Investissement de Metz subordonné au succès de l'offensive
de la 2e armée, et jusque-là et en cas d'insuccès, défense
stricte du front Toul-Verdun, telle était, en définitive, la mission
de l'armée de Lorraine.

Pour cette mission, le général Maunoury disposait du 3e groupe
de divisions de réserve, (54e, 55e, 56e,) primitivement affecté à
la 3e armée, de la 67e division de réserve, qui venait d'arriver à
Verdun, des places de Toul et de Verdun, sur lesquelles le général Maunoury aura les droits d'un commandant d'armée ;
c'était, en somme, toute la subdivision d'armée Paul Durand
qui se trouvait totalement détachée de la 3e armée, et un *nota*
spécial précisait cette situation : « L'ordre particulier nº 11 en
date du 16 août (constitutif de la subdivision d'armée Paul Du
rand et le laissant sous le commandement du général Ruffey)
est annulé, et la 3e armée n'aura plus à s'occuper des éléments
ci-dessus que pour assurer par son directeur des Etapes et Services les ravitaillements et évacuations. »

La subdivision d'armée Paul Durand disparaissait ; elle avait
duré 48 heures, et le général Paul Durand passait du commandement du général Ruffey sous le commandement du général
Maunoury.

Le général Maunoury disposait encore des 65e et 75e divisions
de réserve, qui devaient débarquer du 21 au 23 août dans la région Sorcy-Void ,— et « ultérieurement » (c'est-à-dire dans le
cas d'un succès de la 2e armée) du 2e groupe de divisions de
réserve, rattaché à cette armée, ainsi que des 64e et 74e divisions
de réserve, qui devaient également débarquer du 21 au 23 août
dans la région Lunéville, Bayon, Dombasle.

Le 19 août, l'armée de Lorraine était donc constituée sur le
papier. Sa constitution même était assez compliquée ; appelée à

faire liaison entre la 3e et la 2e armée, il était, semble-t-il, indispensable que l'un et l'autre des commandants de ces armées
fussent exactement et sur l'heure mis au courant de cette forma-
tion, et principalement le commandant de la 3e armée, puisqu'on
lui retirait une partie de son armée et qu'il y avait une délimitation de commandement très délicate à établir.

Le général Ruffey a pourtant déclaré avec force devant la
Commission de Briey que jamais il n'a connu la constitution de
cette armée de Lorraine, et il a fait grief au général Maunoury,
présent, affirma-t-il, à Verdun au lendemain de la date de constitution de ladite armée de Lorraine, soit le 20 août, de lui en
avoir caché l'existence et la mission et de l'avoir, avec la conni-
vence du général Paul Durand, tenu dans l'ignorance du détachement de cette subdivision Paul Durand qu'il considérait
comme sa réserve générale et dont il avait disposé d'éléments
pour son ordre de bataille du 22 (¹).

(¹) Le général Ruffey s'est exprimé ainsi devant la Commission ,
« La subdivision d'armée Paul Durand devient, quand ? je l'ignore:
armée de Lorraine sous les ordres du général Maunoury. Je n'en suis
pas avisé officiellement par le général Joffre : le général Paul Durand
oublie de me rendre compte, même verbalement, de sa mutation. Le
général Maunoury, dont le quartier général est à Verdun, comme le
mien, et qui est arrivé dans cette ville, le 19 août, me fait visite avec
le général Paul Durand dans l'après-midi, et j'apprends qu'il a remplacé le général Paul Durand dont la subdivision d'armée est devenue,
en changeant de chef, l'armée de Lorraine, mais ils se gardent bien
par ordre probablement, de me dire que cette armée de Lorraine
n'est plus sous mon commandement supérieur, qu'elle est devenue
indépendante et que son chef a déjà l'ordre formel de ne pas me soutenir. Je les invite à déjeuner avec moi le lendemain matin... Le 20,
avant, pendant et après déjeuner, nous causons amicalement et notre
conversation roule sur la guerre, les projets de l'ennemi et les miens
que connaissait très bien au moins le général Paul Durand depuis
le 12 (?). Il savait que les 5¹e, 55e et 56e D. R. devaient venir former
réserve générale derrière ma droite avec la 40e division (Hache) et la
division de cavalerie les couvrant du côté de Metz pour envelopper
la gauche ennemie, tandis que les autres divisions de réserve et celle
de Verdun, avec de l'artillerie lourde provenant de cette place, se

Contrairement au général Ruffey, le général Maunoury ([1]) a affirmé que c'est le 19, au matin, en arrivant à Nantes, en tournée d'inspection, que lui fut remis un télégramme ministériel lui enjoignant de se rendre à la frontière : « Je suis certain de la date », a-t-il dit, et l'on a vu, en effet, que c'est le 19 août, à 10 heures, que le général Belin téléphona au général Ebener pour mander le général Maunoury.

Le général Maunoury ajoute qu'il partit immédiatement en automobile, il arriva à Paris dans la soirée, et se rendit sur-le-champ au ministère de la Guerre, où le ministre, M. Messimy, lui donna rendez-vous pour le lendemain — « c'était le 20, j'en suis sûr », a-t-il ajouté ([2]) — et qu'il partit le 21 à 4 h. 30 du matin pour gagner Verdun, mais en passant par Vitry — siège du G. Q. G. — où il arriva à 10 ou 11 heures et où il passa une partie de l'après-midi. Le général Joffre l'avisa qu'il avait à

---

tiendraient prêts à annihiler tout ce qui sortirait de Metz pour attaquer à revers ma réserve générale. Je lui avais même dit, le 18, qu'une partie de ma réserve générale, 55e D. R. et une partie de ma cavalerie auraient pour mission de les aider en plaçant les adversaires dans une tenaille. Je ne pensais pas qu'à ce moment le général Maunoury était aussi bien informé que lui sur mes projets et qu'il avait reçu le 19 au soir l'ordre d'opérations de la 3e armée. Ni le général Paul Durand, ni le commandant de l'armée de Lorraine ne font d'objections et ils me laissent supposer que l'armée de Lorraine reste placée sous ma direction supérieure... »

([1]) Le général Paul Durand étant mort depuis, son témoignage, qui eût été décisif, a fait défaut.

([2]) Cette affirmation du général Maunoury a été confirmée par le général Messimy, dans cette lettre que, le 12 août 1919, il m'adressait :

« Il m'est, vous le comprendrez, absolument impossible de me souvenir, à cinq ans de distance, si c'est le 19 ou le 20 août que le général Maunoury a déjeuné chez moi. Mais, par contre, j'ai le souvenir très précis qu'il a, vers cette date, eu avec moi dans la matinée, un long entretien, suivi du déjeuner en question. Si, comme il vous est facile de le vérifier, l'ordre de se rendre à l'armée de Lorraine est du 19, il est bien évident que c'est le 20 qu'il a séjourné à Paris. »

On vient de voir que l'ordre constitutif de l'armée de Lorraine est du 19.

commander une armée et que « cette armée devait tout d'abord garantir contre une sortie de la garnison de Metz les troupes qui se trouvaient là, c'est-à-dire la droite de la 3e armée. »

Aux questions qui lui furent posées, le général Maunoury a déclaré qu'il croyait pouvoir déclarer qu'on ne lui avait rien dit de l'attaque en cours de la 2e armée sur Morhange, non plus que du mouvement offensif de la 3e armée. — « Je n'ai pas su ce que l'armée du général de Castelnau avait à faire et j'ai su seulement par le général Ruffey ce qui se passait le 22. »

Ainsi, s'intercalant entre deux armées, le général Maunoury était tenu dans l'ignorance des missions assignées à l'une et à l'autre !

Le général Maunoury affirme qu'il n'arriva à Verdun que le « 21 tard » et qu'il ne vit le général Ruffey à son quartier général que le 22 pour la première fois.

Le général Ruffey a maintenu avec force son affirmation.

Cette opposition de témoignages de deux chefs éminents a profondément ému ceux devant qui elle se produisit. La sincérité des deux témoins était évidente et la vivacité même que l'un apportait était la marque de la bonne foi.

Il était clair qu'il y avait assurément un malentendu, dont l'explication devait être cherchée dans les conditions extraordinaires où fut constituée l'armée de Lorraine et dans l'obscurité qui si longtemps fut faite sur son rôle.

Je me suis donné la tâche de reconnaître les raisons de ce malentendu ; voici l'explication que je m'en suis faite.

Le général Ruffey affirme qu'il ne fut jamais officiellement averti de la création de l'armée de Lorraine. L'examen des divers dossiers d'entrées et de sorties de la 3e armée pendant la période d'août 1914 corrobore cette affirmation de son ancien commandant.

Bien que, sur la minute de l'ordre particulier n° 14 une note marginale indique que le document fut envoyé au général Maunoury, à l'armée de Nancy, à l'armée de Verdun ([1]), au général Paul Durand, aux gouverneurs de Toul et de Verdun, etc., on ne trouve aucune trace de cet ordre dans les dossiers d'entrées de la 3e armée, alors qu'on le retrouve dans le registre d'entrées de la 2e armée, dans le journal de marche du 3e groupe de divisions de réserve du général Paul Durand ([2]).

Il semble bien que sur ce point l'affirmation du général Ruffey soit vérifiée, qu'il ne fut pas avisé officiellement de cette création de l'armée de Lorraine, qui détachait pourtant de son commandement le groupe des divisions de réserve, à moins que l'ordre envoyé par le G. Q. G. à l'état-major de la 3e armée n'ait pas été remis à son destinaire.

Le général Ruffey, justement surpris et irrité d'une telle négligence et qui eut les conséquences qu'on verra, a fait grief aux généraux Paul Durand et Maunoury de lui avoir pendant deux jours dissimulé et l'ordre et la mission qui leur étaient assignés.

Assurément le général Ruffey a dû repérer ses souvenirs d'après la date du 19 août que porte l'ordre particulier n° 14 constitutif de l'armée de Lorraine, mais, et c'est là le point capital et l'explication vraisemblable du malentendu, L'ENVOI DE CET ORDRE SUBIT UN RETARD DE 48 HEURES.

Si l'on se reporte, en effet, au numéro de sortie de cet ordre par le 3e bureau du G. Q. G. : n° 1603, on remarque que ce numéro vise non les pièces sorties le 19 août, mais celles du 21 août, après 10 heures. Or, le général Maunoury a affirmé qu'il était arrivé au G. Q. G. le 21 août, entre 10 heures et 11 heures ; on

------

([1]) La 3e armée avait pour le commandement le nom d'armée de Verdun, la 2e celui d'armée de Nancy.

([2]) De même une circulaire que le général Joffre avait prise et adressée à la suite d'observations tactiques du général Ruffey sur le combat de Mangiennes, fut envoyée par le G. Q. G. à toutes les armées, sauf à la 3e, et le général Ruffey a pu dire, dans sa déposition, que le G. Q. G. n'en avait tenu aucun compte dans son rapport pour cette raison que son armée avait été la seule à ne pas recevoir l'instruction qui l'avait sanctionné.

aurait ainsi l'explication du retard dans l'envoi : assurément,
pour le lancer, on attendit la présence et l'acceptation du général
Maunoury.

Cela, toutefois, n'explique pas cette négligence singulière que
le G. Q. G., ayant décidé le 19 août de constituer cette armée de
Lorraine, prélevée pour partie sur la 3e armée, n'ait pas sur-le-
champ avisé le commandant de cette armée, alors précisément
qu'il lui envoyait un ordre d'offensive et qu'il ne pouvait ignorer
que celui-ci, dans son ordre de bataille, faisait état de deux de
ces divisions qu'il lui retirait.

Quoi qu'il en soit, autant qu'une certitude, d'après les pièces
mises à ma disposition, peut être acquise, il apparaît que l'ordre
constitutif de l'armée de Lorraine, établi le 19 août, ne fut envoyé que le 21 août après 10 heures.

Le registre de la 2e armée au surplus précise l'heure à laquelle
cette pièce fut reçue par les unités destinataires ; cet ordre particulier no 14, portant la date du 19 août, a le timbre de réception du 21 *août, 22 heures* ([1]).

De même, le journal d'opérations du commandement du
3e groupe de divisions de réserve mentionne seulement à la date
du 22 août la constitution de l'armée de Lorraine sous le commandement du général Maunoury — et de fait, tous les ordres
du 20 et du 21 août aux éléments de réserve mis, à la date du
19 août, sous le commandement du général Maunoury sont,
d'après les minutes mêmes enregistrées aux entrées de la 3e armée, donnés par le général Paul Durand au titre de commandant
de la subdivision d'armée ; le dernier de ces ordres est du 21 août

---

([1]) 2e *Armée,* 3e *Bureau, n*o 1825, page folio 40.

Remarquons que ce 21 août à 22 heures, la 2e armée était, après
l'échec de Morhange du 21 août, en mouvement de repli sur le Grand-
Couronné ; le général de Castelnau menait à ce moment l'opération
la plus délicate. Mais on ne s'explique pas que son état-major n'ait
pas compris l'importance de la constitution de cette armée qui se
reliait à l'aile gauche de la 2e armée et ne l'en ait pas averti.

20 h. 45 et vise les opérations pour le 22 août des 54e, 67e, 72e, 56e et 55e divisions de réserve.

Il apparaît donc nettement, d'après les pièces mises à notre disposition, que ce ne fut au plus tôt que le 21 août dans la nuit (¹) que l'ordre constitutif de l'armée de Lorraine, en date du 19, parvint aux unités intéressées : je constate le fait, je ne l'apprécie pas.   ...

Or, le 21 août, la 3e armée avait commencé sa marche offensive ; le général Ruffey avait quitté son quartier général de Verdun, avec son état-major, pour prendre à Marville son poste de commandement, en vue de la grande bataille qui devait s'engager le 22, aux premières heures du jour.

L'ordre particulier no 14, s'il fut remis à la 3e armée, ne serait donc parvenu qu'en pleine bataille, alors que les dispositions de combat étaient prises... Jusqu'à preuve contraire, l'affirmation du général Ruffey qu'il n'a jamais été avisé officiellement de la création de l'armée de Lorraine, semble vérifiée.

(¹) Le départ de la pièce dut se faire vraisemblablement le 21 août, vers onze heures D'après les informations personnelles que j'ai recueillies, le retard si considérable apporté à sa transmission, peut s'expliquer du fait qu'au début de la guerre, dans les états-majors et même au Grand Quartier général, les agents de liaison étaient en nombre très insuffisant et que les moyens de communications laissaient fort à désirer : il n'était pas exceptionnel qu'une communication officielle, comme celle-là — suivant la filière administrative — mît vingt-quatre heures pour atteindre son destinataire.

VI

IL reste à élucider une question plus troublante encore, celle de l'immobilisation, le 22 août, pendant tout le développement de la bataille menée par la 3ᵉ armée, des deux divisions de réserve, chargées d'appuyer l'aile droite de cette 3ᵉ armée devant Briey et de contre-attaquer toute sortie de la garnison de Metz.

Il y eut là une erreur dramatique, de conséquences incalculables, et sans laquelle, peut-être, cette bataille indécise de la 3ᵉ armée eut pu se changer en victoire et même modifier le sort de cette bataille de la frontière, puisque l'échec de Charleroi n'est que du 23 août.

Pour déchiffrer cette énigme, il faut reprendre les faits au 17 août.

On se rappelle qu'à cette date, le général en chef ayant prescrit la remontée de la 5ᵉ armée sur la Sambre en prévision d'un mouvement ennemi par l'une et l'autre rive de la Meuse, et espérant pouvoir percer le centre ennemi par une offensive vigoureuse à travers l'Ardenne belge de la 4ᵉ armée, appuyée par la 3ᵉ armée, cette 3ᵉ armée avait reçu une mission nettement offensive et que, pour permettre à son commandant de concentrer toute son attention sur ces opérations offensives, « les éléments ayant une mission d'ordre défensif » avaient été placés sous le commandement du général Paul Durand, lequel, d'ailleurs, continuait à relever du général Ruffey.

On vient de voir aussi que l'ordre particulier n° 11, qui partageait ainsi la 3ᵉ armée, ne dut pas être directement porté par G. Q. G. à la connaissance du commandant de la 3ᵉ armée et qu'il fut seulement communiqué à ce dernier, le 17, par le général Paul Durand.

Ce même jour, 17 août, à 15 heures, le général Ruffey avait seulement reçu les ordres du G. Q. G. relatifs à l'offensive de son armée, ordres lui prescrivant de déboucher du front Jametz, Étain en direction de Longwy, en laissant face à Metz le groupement Paul Durand. Averti par le général Paul Durand lui-même, qu'il continuait, avec ses divisions de réserve, à relever du commandement de la 3ᵉ armée, le général Ruffey adressait au général Durand une « instruction particulière, personnelle et secrète n° 4 (3ᵉ *Armée*, 3ᵉ *Bureau, Sorties*, n° 129/3) pour lui assigner son rôle et ses positions.

Ce document important explique le malentendu qui, ultérieurement, s'éleva du fait de cette dualité de commandement, ou plus exactement peut-être de la position imprécise du général Paul Durand, recevant à la fois du G. Q. G. et de la 3ᵉ armée des ordres, parfois contradictoires par suite de la divergence de vues de l'un et l'autre sur la mission de cette subdivision d'armée.

Dans cette instruction du 17 août, le général Ruffey interprétait ainsi le rôle du groupement Paul Durand.

Sa mission est de commencer progressivement l'investissement du front sud-ouest de Metz et d'arrêter, sur les positions organisées entre Toul et Verdun, toute tentative de l'ennemi visant à la rupture de ce front ; le commandant de la 3e armée estime qu'il suffit, pour un tel rôle, des 55e et 56e divisions de réserve, des divisions de réserve de Toul et de Verdun, et il dispose des autres divisions, les 54e et 67e, pour coopérer à l'action offensive de son armée.

« Le débouché offensif de la 3e armée exécuté avec les 4e et 5e corps d'armée, deux divisions du 6e corps et la 7e division de cavalerie, dit-il, sera protégé par la troisième division du 6e corps, maintenue en garde flanc à droite, face à Conflans, Briey... *Dès que l'ensemble de ce dispositif aura progressé vers le nord-est, la couverture aux ordres du général Durand devra s'étendre, elle aussi, vers le nord-est, prolongeant l'encerclement de Metz, prête à s'opposer à toute contre-attaque débouchant dans le flanc de l'armée entre Metz et Thionville.* »

En conséquence, pour assurer la couverture du flanc droit de la masse offensive de la 3e armée, la 54e division de réserve devra être tenue prête à relever la division garde-flanc du 6e corps dès que celle-ci se portera en avant, et, dès que la 67e division de réserve sera disponible, elle sera également tenue prête à prolonger la 54e et à s'engager à l'est et au nord-est.

« Les troupes, ajoute en terminant le général Ruffey, devront s'organiser (effacé sur le manuscrit : défensivement) très solidement sur les positions occupées. Je me propose de laisser à votre disposition toute l'artillerie de 120 sur plateforme de la 3e armée ; les batteries pourraient être utilement portées sur les lignes de défense ainsi organisées dès que l'état d'avancement des travaux permettra d'en assurer la sécurité. »

On voit par là la conception que le général Ruffey se fait du rôle du groupement Paul Durand. Sachant qu'il n'y a pas de très grosses forces à Metz, il restreint son rôle de défensive passive et, pour empêcher cette rupture du front sur les positions entre Toul et Verdun — qui préoccupe le G. Q. G. — il n'y consacre que la partie des forces qu'il estime strictement suffisantes ; il développe, au contraire, son rôle de défensive active quant à l'investissement de Metz, en associant l'autre partie au mouvement de son armée et s'en servant pour couvrir le flanc droit de sa masse offensive.

Ces ordres du général Ruffey étaient du 17 août. Le 19 août, l'ordre constitutif de l'armée de Lorraine accentuait la mission défensive du groupement de forces du général Paul Durand.

L'investissement de Metz était bien donné comme objectif à cette armée de Lorraine, mais non comme un objectif immédiat, et il était nettement stipulé que « pendant l'exécution des travaux préparatoires à l'investissement, de fortes réserves seraient maintenues sur les organisations défensives effectuées à l'est de Nancy et sur les Hauts-de-Meuse de façon à garantir en tout état de cause l'inviolabilité des fronts organisés dans ces deux régions. »

Le général Ruffey, on l'a vu, n'avait pas eu connaissance de ces dispositions quand le 20 août, à 20 h. 30, le général en chef lança les ordres d'offensive aux 4e et 3e armées.

Ces ordres sont l'un et l'autre de la main du général Berthelot, aide-major général (*G. Q. G.*, *T.* 3407, *fol.* 253) ; les voici :

Au commandant de la 4e armée : « Vous autorise à porter dès cette nuit fortes avant-gardes toutes armes sur la ligne générale Bièvre, Paliseul, Bertrix, Straimont, Tintigny pour assurer débouché de votre armée au delà de la Semoy. Le mouvement de toute l'armée sera prêt à être entamé sur un simple télégramme d'exécution. La direction générale du mouvement sera sur Neufchâteau ». (¹)

(¹) Or, ce même jour, 20 août, l'ennemi prenait ses positions à Neufchâteau : la découverte en fut faite par la 9e division de cavalerie de la 4e armée, le 20 au soir.

Au rapport de son chef, le général de l'Espée, cette division, après avoir repoussé le 18, dans la direction d'Arlon, une division de cavalerie allemande, était, le 19, échelonnée d'Etalle à Florenville. Dans la soirée, elle reçut l'ordre de se porter dans la région de Neufchâteau, pour lancer des reconnaissances dans les directions de Bastogne et de Martelange, détruire la voie ferrée entre Libremont et Hamipré.

Au commandant de la 3e armée : « La 3e armée commencera
dès demain, 21 août, son mouvement offensif en direction générale d'Arlon. Elle portera les têtes de ses deux corps de gauche
sur Virton et Tellencourt, son corps de droite en échelon refusé,
sa tête à Beuveille. La mission de la 3e armée sera de contre-
attaquer toute force ennemie qui chercherait à gagner le flanc
droit de la 4e armée. Dans son mouvement général, elle sera
prête à s'engager face à l'est s'il était nécessaire. La route Jametz,
Bazeilles, Écouviny, Virton (inclus) est la limite de la 3e armée
à l'ouest. »

« Laissant le 24e dragons dans la région de Rossignol, Bellefon-
taine, face à Arlon, rapporte le général de l'Espée, la 9e D. C. se portait, le 20, sur Neufchâteau en deux colonnes par Suxy et Straimont.
Un bataillon du 87e R. I. était mis à sa disposition.

« Au débouché nord de la forêt, l'escadron de tête de la colonne
de gauche (Escadron Nadaud, du 5e Cuirassiers) culbute des dragons
allemands, entre à Neufchâteau avec un peloton cycliste, cueille en
passant des cyclistes ennemis arrêtés sur la grande place, et toute
la division traverse la ville. Mais les deux escadrons du 1er dragons
chargés de la découverte sont arrêtés par une vive fusillade partant
pour l'un des bois au nord de Mamoussard, pour l'autre de Laheyrie.

« La division s'engage tout entière pour ouvrir le passage. Hamipré
et Offaing sont facilement enlevés par le 1er Dragons et le bataillon
du 87e, mais Longlier, attaqué par le groupe cycliste et le 3e Dragons,
tient bon. Avec l'appui de deux batteries, on progresse lentement
au nord de Longlier.

« La division avait devant elle un détachement des trois armes,
servant de flanc-garde au XVIIIe corps d'armée. Les ordres d'opérations trouvés sur les morts et sur les prisonniers donnent tous les renseignements voulus. Le XVIIIe corps se portait en deux colonnes de
la région de Nives dans celle de Saint-Hubert, la colonne du sud formée par la XLIe division d'infanterie.

« A 12 h. 30, cette division qui avait interrompu sa marche et fait
face à gauche, attaquait à son tour la D. C. Ses premiers éléments
sont arrêtés net au débouché des bois, et sa première batterie, dé-
montée en partie, ne peut tenir. Mais, vers 16 heures, l'attaque se
dessine sur les deux ailes de la D. C., qui, débordée et fort inférieure
en nombre, se replie derrière Neufchâteau. Elle avait, du reste, tous
les renseignements qu'elle devait recueillir et la voie ferrée était
détruite. L'ennemi entrait à Neufchâteau à la nuit. Contact fut
maintenu et compte-rendu envoyé immédiatement à la 4e armée. »

Ces deux ordres sont du 20 août, 20 h. 30. L'offensive des 2e et 1re armées était brisée depuis le matin ; à 16 heures, le général de Castelnau avait pris sur lui de rompre un combat, qui risquait d'aboutir à l'anéantissement de son armée.

Le général en chef n'en déclenche pas moins l'offensive des 4e et 3e armées, dont il attend la décision. Le coup principal sera porté par la 4e armée à travers le « difficile » massif forestier de l'Ardenne ; la 3e armée a mission de faciliter le développement de cette manœuvre, entre toutes audacieuse, en parant à toute attaque ennemie contre le flanc droit de la 4e armée.

C'est la mise à exécution évidente de l'instruction no 13 du 18 août et spécialement de la première éventualité envisagée ([1]) : l'ennemi marchant par les deux rives de la Meuse et cherchant son passage entre Givet et Bruxelles.

L'aveu en est, au surplus, expressément fait le lendemain 21 août, à 7 heures, par le général Joffre et par la plume du général Berthelot (*T.* 3407, *pièces* 356, *no* 1574).

Les ordres particuliers nor 15 et 16 au commandant de la 5e armée et au commandant des forces anglaises débutent ainsi :

« *La première éventualité envisagée par mon instruction particulière no 13 semble se réaliser* ([2]).

« Les 3e et 4e armées commencent dès aujourd'hui 21 août leur marche en direction générale de Neufchâteau (4e armée) et Arlon (3e armée), en prenant pour objectif les forces ennemies qui sont entrées dans le Luxembourg belge et dont le déplacement paraît orienté vers l'ouest.

« La 5e armée, *s'appuyant à la Meuse et à la place de Namur*, prendra pour objectif le groupement ennemi du nord (effacé : qui a franchi la Meuse).

([1]) Voir page 88 *supra*.

([2]) « Rappelons cette première éventualité : « Le groupement ennemi du nord, marchant par les deux rives de la Meuse, cherchera à passer entre Coivel et Bruxelles et même accentuera encore davantage son mouvement vers le nord. »

« Le commandant en chef des forces anglaises est prié de coopérer à cette action en se tenant à la gauche de la 5e armée et en portant tout d'abord le gros de ses forces dans la direction générale de Soignies. »

L'intention du commandement est claire : il ne croit toujours pas à l'importance réelle du mouvement débordant ennemi sur la rive gauche de la Meuse. La preuve en est de cet ordre, de la main du général Berthelot, 20 août, 8 h. 15, de téléphoner au général d'Amade : « Renseignements sur forces allemandes en Belgique très exagérés ; il n'y a pas lieu de s'émotionner ; dispositions prescrites par mon ordre sont suffisantes en ce moment. » (*T.* 3407, *pièce* 232, *n*o 1479.)

Pourtant, ce même jour, à 10 heures, le colonel Huguet informait le G. Q. G., de la part du maréchal French, qu'une forte proportion de la IIe armée allemande avait traversé la Meuse à Huy et qu'hier soir le front général allemand paraissait être sur la ligne Louvain-Audin (?) ; il concluait ainsi : « Tous les renseignements confirment un mouvement général des forces allemandes vers le nord ; la partie sud du théâtre d'opérations semble être faiblement tenue, et la masse principale paraît se concentrer en Belgique. A l'heure actuelle, cinq ou six corps d'armée sont probablement au nord de la Meuse ; il est probable que d'autres suivront. » (*G. Q. G.*, 3e *Bureau, Armée anglaise, page* 24. *Enregistré* 2e *Bureau, n*o 2597.)

Le général Joffre voyait peut-être ce mouvement, mais vraisemblablement sans inquiétude et comme cadrant avec son action manœuvrière, qu'il faisait exposer ainsi, le 20 août, à 15 heures, par le général Berthelot au général de Langle de Cary, commandant la 4e armée (*G. Q. G., T.* 3407, *pièce* 238, *n*o 1529) :

« Les mouvements signalés par aviateurs ne permettent pas de conclure que l'ennemi a déclenché son offensive. Pas de mouvements importants dans la région Givet, Ciney, Huy. Sur les ponts de la Meuse, en aval de Namur, il ne paraît pas qu'il soit passé autre chose, ce matin, que des convois des *corps alle-*

F. ENGERAND 8

mands qui marchent contre l'armée belge. Je comprends votre impatience, mais j'estime qu'il n'est pas encore temps de partir. *Plus la région Arlon, Audun-le-Roman, Luxembourg sera dégarnie, mieux cela vaudra pour nous.* Je tiens essentiellement à ne pas passer à l'offensive avant l'heure utile. L'ennemi peut d'ailleurs avoir intérêt à provoquer cette offensive par des amorces. Il ne convient pas de tomber dans le piège. »

Ce document révèle la pensée du haut commandement. Ne croyant pas à l'importance des forces allemandes engagées sur la rive gauche de la Meuse, il se persuade qu'elles sont en partie à la poursuite de l'armée belge, repliée sur Anvers, et il considère comme une chance toute remontée de ces forces allemandes vers le nord, puisqu'elles seront prises sur le front ennemi contre lequel opéreront nos 4e et 3e armées (¹) ; mais il ignore que la IIIe armée allemande de von Hausen se concentre, si elle ne l'est déjà, dans la région Givet-Ciney, Huy, et peut-être aussi que la IIe armée allemande de von Bülow marche sur l'autre rive de la Meuse. Il mise donc entièrement sur l'offensive de la 4e armée, et pour l'aider plus sûrement à briser le front ennemi, il ordonne à la 5e armée de prendre, en s'appuyant à la Meuse et à la place de Namur, l'ennemi dans une tenaille, dont la 3e armée fera l'autre branche.

Cette illusion sur l'orientation et l'importance de ce mouvement allemand par le nord de la Belgique fut vraisemblablement détruite ce même jour, 21 août, par cette communication envoyée de Paris par le 2e bureau de l'état-major du ministre de la Guerre.

« No 1056 g. — Un radiotélégramme allemand aujourd'hui 7 h. 20, adressé du G. Q. G. allemand à P. M. (présumé : quar-

---

(¹) Le général Messimy a ainsi témoigné devant la Commission de Briey que le général Berthelot lui téléphonait, le 18 ou le 19 : « Plus nous aurons de monde à notre gauche, mieux cela vaudra ; cela nous permettra de mieux enfoncer leur centre. »

tier général 3e armée, groupe B.) prescrit coopération avec 2e armée (groupe G). »

Et, en note, le chef du 2e bureau traduisait ainsi ce document : « Cela pourrait signifier que la 2e armée ayant suffisamment gagné dans sa conversion, la 3e armée peut se porter en avant. ([1]) »

Le G. Q. G. anglais, de son côté, multipliait les avertissements.

Le 21 août, à 1 h. 10, le colonel Huguet rendait compte par télégramme de la mission du major Baird à Charleroi, où « il a appris d'un général français que des forces considérables d'infanterie et de cavalerie avançaient de Fleurus sur Charleroi », — puis à Morlamwetz où les autorités belges ont dit que les Allemands étaient près de Nivelles et de Waterloo et qu'ils paraissaient marcher vers l'ouest. « Il n'est pas douteux, concluait le télégramme, que les Allemands ont atteint la voie ferrée. de Bruxelles — Mons à Ruysbroeck, Loth et Buysinghen. Le ministre de l'Intérieur a communiqué au gouverneur de cette province que les Allemands *avaient occupé Bruxelles et qu'ils progressaient vers l'ouest dans la direction de Ninove, 15 kilomètres de Bruxelles, avec toutes leurs armes.* »

Et cette note *in fine* : « On m'informe que les troupes que j'avais signalées sur la ligne Bruxelles-Mons se mettent en marche vers Hal (trois armes) et on suppose que les corps importants sont à Braine-l'Alleud » (*G. Q. G.*, 3e *Bureau, Armée anglaise, pièce* 30, *enregistré par le* 2e *Bureau sous le n^o* 2680.)

Le même jour, 21, à 7 h. 20, le colonel Huguet confirmait ces renseignements par cette lettre au général Joffre :

« J'ai l'honneur de vous confirmer le télégramme que je vous ai fait adresser ce matin, rendant compte que l'état-major anglais estime qu'une masse importante allemande est en train de se concentrer au nord de la Meuse. *Il a déjà situé cinq ou six corps*

([1]) G. Q. G., T. 3770, 2e bureau, n° 2083.

d'armée et trois divisions de cavalerie entre Bruxelles et Namur, et considère comme possible et même probable que d'autres corps viennent les prolonger à droite, vers Bruxelles et à l'ouest de cette ville.

« Le maréchal French me charge également de vous demander si vous avez l'intention de changer votre quartier général et de le rapprocher du nord.

« L'armée anglaise commence aujourd'hui son mouvement ainsi qu'il a été fixé ; le quartier général anglais reste au Cateau jusqu'à dimanche matin (23 août), il se portera en avant à cette date.

« M. le général, chef d'état-major de l'armée belge, qui veut bien se charger de cette lettre, repassera par le Cateau et accepte de rapporter les renseignements que vous jugeriez à propos de donner au maréchal French. »

La réponse à cette communication est de 17 h. 40 et la minute de la main du général Berthelot : (*G. Q. G., 3e Bureau, Armée anglaise, pièces 34 et 33. Enregistrées, 2e Bureau, n° 2839*).

« N° 1653. — Téléphoner au colonel Huguet : le général Joffre a reçu votre lettre de ce matin 7 h. 30. Elle s'est croisée avec son instruction pour les opérations (effacé : de la 5e armée, opérations dans) du groupe nord des forces (¹). L'intention du général Joffre n'est pas de changer l'emplacement de son G. Q. G. avant quelques jours. Les renseignements que nous avons reçus confirment ceux de l'E. M. G. anglais et les opérations pourront se dérouler d'après le plan prévu. Il sera bon de les pousser vigoureusement. »

Dans l'intervalle entre la communication et la réponse, l'ordre d'offensive avait été lancé à la 4e armée, en même temps que l'ordre particulier n° 15 à la 5e armée et à l'armée britannique :

« Ordre particulier n° 16 à la 4e armée : Orientez dès aujour-

---

(¹) Il s'agit ici de l'ordre particulier n° 15, du 21 août, sept heures, visé plus haut.

d'hui vos colonnes sur le front général indiqué par mon ordre d'hier 20 août, 8 h. 30, en mesure de déboucher au nord de la Semoy. Demain, 22, le mouvement se poursuivra en direction sud-ouest, votre droite marchant par Rulles, Léglise, Ebby, Nives, route vous appartenant. La 3ᵉ armée marchera en échelon refusé à votre droite. *L'ennemi sera attaqué partout où on le rencontrera* ». (*G. Q. G., T.* 3407, *pièce* 257.)

Toutefois, et vraisemblablement à la suite de la communication du colonel Huguet, le général Joffre faisait téléphoner à 19 h. 30 et télégraphier à 20 heures l'ordre suivant au général Lanrezac, commandant la 5ᵉ armée (¹) :

« Je vous laisse absolument juge du moment où (effacé : vous devrez) il conviendra de commencer votre mouvement offensif. Ce soir la 4ᵉ armée doit atteindre le front Bièvre, Paliseul, Bertrix, Neufchâteau. (Effacé : Dès que ce me sera possible) je vous tiendrai chaque jour au courant du front atteint par la 4ᵉ armée » (*G. Q. G., T.* 3407, *pièce* 272.)

Et le 21 août, à 21 h. 30, cet ordre particulier nᵒ 17 était envoyé aux 3ᵉ et 4ᵉ armées (*T.* 3407, *pièce* 273, *nᵒ* 1660).

« La 4ᵉ armée continuera son mouvement vers le nord et attaquera toute troupe ennemie qui se rencontrera dans cette zone. Le but à poursuivre est d'acculer à la Meuse entre Dinant, Namur et l'Ourthe toutes les forces adverses qui se trouvent dans cette région. (²) »

« La 3ᵉ armée a toujours mission de couvrir le flanc droit de la 4ᵉ armée contre les forces qui peuvent encore se trouver dans la région du Luxembourg. Elle marchera en un dispositif éche-

---

(¹) Le général Lanrezac avait, dès le 20, signalé nettement au G. Q. G. la témérité qu'il y aurait à déclencher l'offensive de la 5ᵉ armée, avant que sa concentration et surtout celle de l'armée anglaise soient achevées.

(²) On a déjà fait remarquer que dans ce secteur se trouvait précisément la IIIᵉ armée allemande de von Hausen, dont le G. Q. G. ignorait la présence.

lonné un peu en arrière de la 4e armée et permettant de s'engager rapidement face à l'est, en tout ou en partie, contre tout élément important signalé. Le flanc extérieur sera soigneusement éclairé, aussi loin que possible, et il conviendra d'opérer des destructions sur les voies ferrées venant de l'est, en dehors de la zone même de l'armée. »

Le même jour, 21 août, le maréchal French recevait du gouvernement belge un message où il était dit (¹) :

« Le gouvernement belge tient à assurer les gouvernements britannique et français de l'appui sans réserve de l'armée belge à l'aile gauche des forces alliées, avec l'ensemble de toutes ses forces et toutes ses ressources disponibles, partout où ses lignes de communications avec la base d'Anvers, où sont réunis toutes les munitions et tous les vivres, ne seront pas en danger d'être coupées par une attaque ennemie.

...« Depuis le début des opérations l'armée de campagne a tenu la ligne Tirlemont-Jodoigne, Hammerville-Louvain, où elle est restée jusqu'au 10 août, espérant le concours actif des armées alliées.

« Le 18 août, il fut décidé que l'armée belge se retirerait sur la Dyle. Cette mesure fut prise parce que l'appui des alliés n'avait pas encore été effectif, et, en outre, parce que les forces belges étaient menacées par trois corps d'armée et trois divisions de cavalerie, qui cherchaient à couper leurs communications avec leurs bases.

... « L'idée générale est maintenant que l'armée de campagne en tout ou en partie, doit sortir du camp retranché d'Anvers, aussitôt que les circonstances sembleront favoriser un tel mouvement. Dans ce cas, l'armée tentera de faire coïncider ses mouvements avec ceux des alliés, selon les circonstances. »

(¹) Mémoires du maréchal French.

~

Tels furent les ordres donnés, les fluctuations du plan général de cette bataille des Ardennes. On a vu leur réaction sur le rôle de la 3e armée ; il reste à rechercher comment furent réalisés à cette 3e armée ces ordres du haut commandement.

C'est le 20 août, à 20 h. 30, que fut envoyé par le G. Q. G. à la 3e armée l'ordre de commencer, le 21, son mouvement offensif en direction générale d'Arlon, en portant les têtes des 4e et 5e corps sur Virton et Tellancourt, et le 6e corps, en échelon refusé, sa tête à Beuveille, avec la mission de contre-attaquer toutes forces ennemies qui menaceraient le flanc droit de la 4e armée et de se tenir prête à s'engager à l'est, s'il était nécessaire.

La situation de l'ennemi était, semble-t-il, jusque-là insoupçonnée. Le 19 août, les avions de la 3e armée n'avaient signalé dans la région de Malavillers (au nord de Briey et à l'ouest de Thionville) qu'une seule division de cavalerie, couverte par des avant-postes ; rien d'important dans la zone Longuyon, Virton, Tintigny, Arlon, Luxembourg : « devant le front nord de l'armée — rapportait le général Grossetti, chef d'état-major du général Ruffey, — les observateurs ont eu l'impression du vide ; par contre des mouvements s'effectuent du côté de la Moselle, entre Thionville et Remich vers Luxembourg » (3e *Armée, Entrées, Bulletin des renseignements* no 14).

Le 20 août les renseignements de la 3e armée étaient les suivants (3e *Armée,* 3e *Bureau, Entrées, Bulletin des renseignements* no 15) :

La région Virton, Arlon, Longuyon, Longwy paraît inoccupée. Cette indication notable : « *Nos patrouilles de cavalerie sont entrées à Longwy qui semble de moins en moins pressé par l'ennemi.* » Briey a été évacué et les troupes qui l'occupaient se sont portées sur Fontoy ; des troupes ennemies sont signalées dans la région nord-est de Thionville en marche vers le nord-ouest.

Mais les reconnaissances de la 4ᵉ armée avaient, on l'a vu (¹), donné d'autres résultats et, le 21, le général de Langle de Cary informait le général Ruffey que, le 20, le peloton de découverte du 3ᵉ dragons signalait une grande activité de cavalerie ennemie sur la ligne Athus, Musson, Saint-Pancré Blancourt et des forces de toutes armes à Clémency — soit tout autour de Longwy — qu'Ethe et Saint-Léger étaient occupés par l'ennemi, qu'à 18 heures Longwy tirait le canon vers le nord-est et qu'à 19 heures la canonnade allemande était dirigée sur Longwy.

Le général de Langle de Cary ajoutait que, le 21 à 5 heures, le gouverneur de Longwy l'avait informé que, dans la journée du 20, les troupes allemandes avaient passé au nord de Longwy venant du grand-duché de Luxembourg, se dirigeant de l'est à l'ouest, et que Longwy était attaqué par le nord et le nord-est (3ᵉ *Armée,* 3ᵉ *Bureau, Entrées*).

Le 11 août, à 2 heures, le général Ruffey lançait son ordre d'opérations pour cette journée du 21 et réglait la marche offensive de son armée (*G. Q. G.,* 3ᵉ *Armée, Sorties. Enregistrée au* 3ᵉ *Bureau du G. Q. G. sous le n° 27.655, avec l'heure d'arrivée,* 21 *août,* 14 *heures*).

L'action de la 3ᵉ armée est liée à celle du 2ᵉ corps de la 4ᵉ armée qui opère à sa gauche et qui se portera de Montmédy sur Tintigny. L'armée marchera en direction d'Arlon, mais sa droite se tiendra prête, d'après les ordres reçus, à refouler dans Metz toute attaque débouchant de cette place.

Dans cette journée du 21, le 4ᵉ corps portera ses avant-gardes sur la Basse-Vire à Virton et à La Tour, la queue de ses gros sur la Chiers ; le 5ᵉ corps portera ses avant-gardes sur le front Signeux, Gorcy, Cosnes, à l'est de Longwy, la queue de

---

(¹) Voir plus haut, page 110.

ses gros également établis sur la droite et se couvrant à l'est vers Ugny en liaison avec le 6e corps. Ce 6e corps, posé en échelon refusé, à angle droit, de Spincourt à Beuveille, soit face à Thionville, surveillera toute attaque pouvant déboucher du nord de Briey, en ayant soin de se tenir hors de portée du canon de la ligne avancée de l'ennemi organisée dans la région Briey-Moyeuvre et portera en fin de marche ses avant-gardes à Beuveille, Mercy-le-Bas ses gros à Arrancy Saint-Supplet, Xivry-Circourt, Spincourt.

La 40e division du 6e corps, ajoute l'ordre « maintenue tout d'abord en garde-flanc, face à Conflans-Briey, sera relevée par la 54e division de réserve et suivra le mouvement vers le nord.

Et le général Ruffey donnait en conséquence ces ordres au 3e groupe de division de réserve : la 54e division de réserve se tiendra prête à relever sur le front Eix, Gondrecourt, Mouaville, Saint-Jean-les-Buzy — soit à l'est d'Étain — la 40e division du 6e corps dès que celle-ci sera mise en marche vers le nord ; la 67e division de réserve viendra, à l'ouest d'Étain, sur le front est de Verdun, occuper, en arrière de la 54e, la zone de Damloup, Abaucourt Moulainville Eix, Hautainville ([1]).

En conséquence, et dès réception de cet ordre du général Ruffey, le général Paul Durand à 3 heures, enjoignait à la

---

([1]) Cet ordre était confirmé par le télégramme suivant, envoyé par le général Ruffey au général Paul Durand, entre 2 heures et 3 heures :

« Général commandant la 3e armée à Général commandant le 3e Groupe de Divisione de réserve.

« Donnez ordre à la 54e D. R. d'entrer en liaison avec le Général commandant la 40e Division *vers Mouaville* et de relever dès que possible cette division comme garde du flanc droit. »

Et cette note est ajoutée de la main du général Grossetti, chef d'État-major de la 3e armée :

« C'est la 40e Division et non la 42e Division qui occupe la position de garde flanc présente à Mouaville. » (3e *Armée. Sorties.* 3e *Bureau,* n° 151).

54e division de se porter sur Étain « pour y relever la 40e division du 6e corps ».

Et averti, d'autre part, par le gouverneur de Toul que la 2e armée avait été forcée de se replier, il faisait porter vers la Moselle la 73e division de réserve pour couvrir la gauche de la 2e armée, et appuyer cette 73e division par la 55e division de réserve qui étendait son champ d'action à Fey-en-Haye, à l'ouest de Pont-à-Mousson.

A 3 heures également, sur l'ordre verbal du chef du 3e bureau de la 3e armée, le général Paul Durand faisait avancer la 72e division de réserve jusqu'au centre de résistance Hennemont, Pintheville, entre Étain et Fresnes en Woevre (*Journal d'opérations du 3e groupe de divisions de réserve*).

A 6 heures, le 21, le général Paul Durand rendait compte au général Ruffey de la façon dont il avait exécuté ses ordres : il y est notamment spécifié que l'ordre a été donné à la 54e D. R. « d'être à 9 heures à hauteur d'Etain prête à relever la 40e division du 6e corps sur le front Aix, Gondrecourt, Mouaville, Saint-Jean-les-Buzy » et à la 72e D. R. de se tenir en liaison avec la 54e D. R. tout en restant jusqu'à nouvel ordre dans ses cantonnements (3e *Armée*, 3e *Bureau, Entrées, n°* 48/453).

La relève de la 40e division du 6e corps avait donc été nettement spécifiée. Le général Sarrail, commandant le 6e corps, en faisait ainsi état dans son ordre général n° 4 pour le 21 août : « La 40e division se portera par Saint-Jean-les-Buzy sur Mouaville où elle se rassemblera en se couvrant sur le front Gondrecourt, Olley, jusqu'à ce qu'elle soit relevée par la 54e division de réserve (3e *Armée*, 3e *Bureau, Entrées*).

Le même jour, 21, à 9 heures, le général Berthelot envoyait directement au général Paul Durand ce télégramme (*G. Q. G. T.* 3407 *pièce* 264) :

« N° 1590. — Divisions réserve 65 et 75 débarquent à Verdun. Prenez dispositions pour les cantonner environs de la place.

(Effacé : prêtes à marcher vers l'est, directio i Étain). Il convient de prépaier maintenant le remplacement du 6e corps par une position de réserve organisée entre Étain et Spincourt » (¹).

Et à 11 h. 30, le général en chef prévenait le général Paul Durand et le gouverneur de Toul que la place de Toul était désormais sous le commandement du général de Castelnau, (*G. Q. G.*, *T*, 3407, *pièce* 269).

Ces deux ordres pourtant importants n'ont pas é.é retrouvés dans les dossiers de la 3e armée, mis à ma disposition.

Cette suite d'ordres établ't péremptoirement qu'à cette date du 21 août, le général Maunoury n'avait pas le commandement effectif de l'armée de Lorraine, car les 65e et 75e divisions de réserve n'avaie it jamais fait partie de la subdivision Paul Durand : ces divisions et la place de Toul avaient été, par l'ordre constitutif de l'armée de Lorraine du 19 août, mises sous le commandement du général Maunoury, et le 21, le G. Q. G. donnait au général Paul Durand les ordres concernant cette armée.

La marche offensive de la 3e armée, le 21, se passa sans incidents et pour ainsi dire sans prendre le contact de l'ennemi. Le général Ruffey rendait ainsi compte, à 21 h. 30, au G. Q G :
« Dans le cours de l'après-midi, les corps de gauche de l'armée n'ont rien vu devant eux. Longwy a été fortement bombardé. Le corps de droite de l'armée (6e corps et 7e division de cavalerie) ont refoulé sans difficultés dans la direction d'Aumetz de faibles détachements qui tenaient la région de Landres. Les pertes non dénombrées sont insignifiantes ; la cavalerie aurait fait quelques prisonniers. Front tenu en fin de journée : la ligne Virton, La Tour, Signeulx, Cosne, Cutry, Beuville, Xivry-Circourt, Domprix » (*G. Q. G.*, 3e *Armée*, *Sorties*).

(¹) Le 21 août, à 14 heures, le général Paul Durand faisait cette réponse : « Occupation de la ligne Etain-Spincourt préparée ; elle sera occupée demain matin par la 72e D. R. ; 65e et 72e D. R. pas encore annoncées en gare de Verdun. » (3e armée, sorties).

Le 21 août, à 17 h. 30, le général Ruffey envoyait son instruction personnelle et secrète n° 6 pour la journée du 22 août (3e *Armée*, 3e *Bureau*, *Sorties*).

La mission de l'armée est toujours de couvrir la droite de la 4e armée qui marche vers le nord et de faire face à toute attaque venant du nord et de l'est.

La première partie de cette mission incombera au 4e corps qui poussera une division dans la région d'Etalle — à l'ouest d'Arlon — et son autre division dans la région de Saint-Léger, Châtillon, de façon à pouvoir contre-attaquer par Etalle et par Vance toutes forces ennemies qui déboucheraient d'Arlon.

Le 5e corps coopérera à cette mission en prenant position dans la région Meix-le-Tige, Rachecourt — au nord-ouest de Longwy — pour refouler ce qui sortirait d'Arlon et aider le 6e corps à déboucher vers Aubange et Athus (au nord-est de Longwy).

Au 6e corps incombera la mission de faire face à toutes attaques venant du nord et de l'est. Disposant à cet effet de l'artillerie lourde de l'armée, il masquera avec une de ses divisions la position de Differdange, à l'est de Longwy, et débordera de cette position par Longwy avec une autre division.

La 40e division restera en garde-flanc, mais, non plus comme la veille, face à Conflans-Briey ; remontée vers le nord elle s'établira dans la région Fillières, Mercy-le-Haut, prête à contre-attaquer tout ce qui déboucherait de Fontoy.

La 7e division de cavalerie éclairera dans la région Audun-le-Roman, Rochonvillers et cherchera ensuite à se porter sur Esch-sur-Alzette pour explorer sur Thionville et Luxembourg ; et, si le passage ne pouvait être ouvert, elle se replierait dans la région de Longwy pour passer ultérieurement au nord de cette place.

De la main du général Grossetti est ajouté sur la minute de l'ordre : « La place de Longwy coopérera à l'action du 6e corps d'armée. »

Et l'ordre se termine ainsi : « Un groupe de deux divisions de réserve viendra dans la région *Spincourt, Mouaville* couvrant le flanc droit du 6ᵉ corps et prêt à contre-attaquer tout ce qui déboucherait de Briey ([1]). »

Le général Paul Durand reçut ces ordres de la 3ᵉ armée le 22, à 19 heures, et à 20 h. 45, il envoyait l'ordre à la 54ᵉ division de réserve de se porter *entre Spincourt et Étain* et à la 67ᵉ division de réserve d'avancer jusqu'à Fromezey et Harmeville, soit en arrière d'Étain.

Ici un point doit retenir l'attention, car il expliquerait peut-être la carence de cette 54ᵉ pendant la journée du 22. Le général Ruffey avait prescrit de porter ces deux divisions de réserve de Spincourt à Mouaville ; Mouaville est à 10 kilomètres à l'est d'Étain dans la direction de Briey — et devaient se mettre là en position d'expectative offensive. On vient de voir que le 21, à 9 h. 30, le général Berthelot avait envoyé directement au général Paul Durand, l'ordre d'assurer le remplacement du 6ᵉ corps par une division sur position organisée entre Étain et Spincourt. Se référant vraisemblablement à l'ordre direct du G. Q. G. le général Paul Durand établit les positions de la 54ᵉ division de réserve sur la ligne Spincourt-Étain au lieu de Spincourt-Mouaville : la différence était sensible et devait avoir des conséquences d'autant plus sérieuses qu'il semble bien que la 40ᵉ division, avec laquelle la 54ᵉ division de réserve devait se lier, ne fut pas prévenue de la position exacte de la 54ᵉ division et n'eut avec elle aucune communication ([2]).

([1]) Dans un ordre général d'opérations nᵒ 17 pour la journée du 22 août (1ʳᵉ partie), signé Ruffey, on relève *in fine* cette injonction expresse : « Les deux divisions de réserve du 3ᵉ Groupe seront en place pour 8 heures. » (*T.* 4174. 3ᵉ *Armée. So ties.* 3ᵉ *Bureau. Opératione.*)

([2]) Journal d'opérations du 3ᵉ groupe de divisions de réserve.

Il faut noter à ce propos une particularité que nous mentionnons sans en vouloir tirer aucun commentaire.

Nous avons reproduit cette instruction nᵒ 6 du général Ruffey

L'ordre du général Paul Durand se trouve au dossier des entrées de la 3ᵉ armée, il donne bien à la 54ᵉ division de réserve la mission de couvrir le flanc droit du 6ᵉ corps et de contre-attaquer tout ce qui déboucherait de Briey, mais au lieu de l'établir sur la ligne Spincourt, Mouaville, comme l'avait prescrit le général Ruffey, il la concentre sur la ligne Spincourt, Étain *et en arrière de cette ligne.*

Et à la 67ᵉ division de réserve, à laquelle le général Ruffey a assigné la même mission, il lui donne celle « de dégager la vallée de la Meuse ».

Ces variantes transformaient en mission défensive la mission de ces deux divisions de réserve qui, dans le plan d'opérations du commandant de la 3ᵉ armée, était nettement offensive.

Et, fait grave, aucune indication n'était donnée du point où la 54ᵉ division de réserve devait se relier au 6ᵉ corps.

Pourtant le 21, à 2 heures, le général Ruffey avait bien prescrit au général Paul Durand de « donner l'ordre à la 54ᵉ division d'entrer en liaison avec le général commandant la 40ᵉ division vers Mouaville et de relever cette division dès que possible, comme garde du flanc droit » (¹).

---

d'après la minute même et une copie dactylographiée qui se trouvent dans le dossier de sorties de la 3ᵉ armée (3ᵉ bureau) ; sur l'une et l'autre il y a bien : « Un groupe de deux D. R. viendra dans la région Spincourt-Mouaville. »

Nous avons voulu vérifier si cette pièce se trouvait dans les dossiers du G. Q. G. : 3ᵉ armée, entrées. Nous l'y avons trouvée, en effet (dossier n° 2, pièce 3, numéro du répertoire 2906), mais avec une modification dont nous ne cherchons pas l'explication. Sur le document dactylographié, on a rayé le mot : « Un groupe de deux D. R. » et on a mis à l'encre : « Une D. R. » ; de même on a remplacé « Mouaville » par « Etain ».

(¹) 3ᵉ Armée, 3ᵉ Bureau, Sorties n° 150.

L'état-major de la 3ᵉ armée ne datait pas toujours avec précision ses ordres et il lui arrivait parfois d'omettre soit l'heure, soit même le jour. On ne peut alors identifier ces pièces que par le numéro d'enregistrement au 3ᵉ bureau. C'est le cas de cette pièce ; elle ne porte ni date, ni heure, mais seulement le n° 150 — or, la pièce n° 150 est du 21 août, 2 heures le, n° 152 du 21 août, 3 heures. Au surplus, une note de la main du général Grossetti y rectifie une erreur qui s'était glissée dans la rédaction de l'ordre n° 16 du général Ruffey, du 21 août, 2 heures et qui avait indiqué comme division de garde-flanc la 42e au lieu de la 40e division.

VII

Les 3e et 4e armées avaient été lancées à l'offensive sans indication précise sur l'ennemi et même sur des renseignements erronés du G. Q. G. qui se faisait, semble-t-il, les plus terribles illusions sur les forces ennemies qu'il avait devant lui.

Le 22 août, à 15 heures, le général Berthelot informait les généraux de Langle de Cary, Lanrezac et le maréchal French que la 3e armée n'avait devant elle au plus que trois corps d'armée : « La 3e armée est engagée de Virton à Audun-le-Roman contre ennemi comprenant XIIIe et XVIe corps et peut-être VIIIe corps » (*G. Q. G. T.* 3407 *pièce* 290 *n*o 1723).

Or la 3e armée, le 23 août, avisait le G. Q. G. qu'elle avait identifié des éléments appartenant à six corps d'armée qu'elle avait eus à combattre le 22, et que l'armée contre qui elle s'était mesurée était commandée par le kronprinz (*G. Q. G.* 3e *Armée*

Sorties, pièces 37 et 38, numéros d'enregistrement du 3e Bureau, 3229 *et* 3207).

Le 23, à 8 h. 30, le général Joffre prescrivant au commandaut de la 4e armée de reprendre l'offensive lui affirmait : « L'ensemble des renseignements reçus ne montre devant votre front que trois corps ennemis environ » (*G. Q. G., T.* 3407, *pièce* 291, *n*o 1801).

Or, la 4e armée avait devant elle toute l'armée du duc de Wurtemberg et, à sa gauche, sur la rive droite de la Meuse, la IIIe armée de von Hausen.

Et le 23 août, à 7 heures, le général en chef rendant compte au ministre de la Guerre de la journée du 22 manifestait à nouveau ces illusions sur la supériorité numérique qu'il croyait avoir (*G. Q. G. pièce* 300, *n*o 1788) :

« Nous avons, y est-il dit, pris depuis hier, l'offensive avec des forces considérables entre la région de Longwy et celle de Mézières. Dans la partie droite (front Longwy, Virton) l'action se poursuit, mais nous ne progressons que lentement, *malgré une supériorité numérique marquée*, et bien que notre artillerie ait presque partout fai. taire l'artillerie adverse. Dans la partie gauche (de Virton à la Meuse) se développe une action en terrain parfois difficile. *Ici encore nous avons une supériorité numérique considérable.* Notre progression rencontre pourtant de grosses difficultés (¹). Toutefois, l'ennemi, dont nous attaquons

---

(²) Ce rapport au ministre est du 23 août, 7 heures, et le même jour, à 7 h. 35, le général en chef envoyait aux commandants des 3e et 5e armées et au maréchal French cette communication (*G. Q. G., T.* 3407, *pièce* 299, *n*o 1787) :

« 4e armée est engagée depuis hier (ajouté : *dans de bonnes conditions*) sur front général Paliseul, Bertrix, Straimont, Tintigny, Meix devant Virton. — JOFFRE. »

La minute est entièrement de la main du général Berthelot, sauf la signature et l'addition qui sont de la main du général Joffre.

Or l'offensive de la 4e armée fut brisée net dans la matinée du 22 août.

F. ENGERAND   9

les colonnes en marche vers l'ouest, doit être de son côté dans une situation difficile. »

Et ce mémoire, écrit au matin même de Charleroi, se termine par cette conclusion (¹) :

« Dans l'ensemble, la manœuvre stratégique est, par conséquent, terminée. Elle a eu pour objet et pour résultat de mettre le gros de nos forces au point qui pourrait être pour l'ennemi le plus sensible et de nous assurer en ce point la supériorité numérique. *La parole est maintenant aux exécutants qui ont à tirer parti de cette supériorité.* La question est donc une question de valeur, valeur de commandement et valeur de troupe, et surtout une question de persévérance dans l'exécution. »

Une telle surprise peut sans doute trouver son excuse dans la concentration rapide des forces allemandes, mais la véritable raison n'est-elle pas dans l'insuffisance ou plus exactement dans l'inexistence de notre service de renseignements ? Il est de toute évidence que le plan de renseignements ne joua pas sur ce point de la frontière : répétons-le, nous expiâmes là cruellement la destruction de notre 2ᵉ bureau de l'état-major.

On peut dire que, le 22 au matin, ni le commandant de la 4ᵉ armée, ni le commandant de la 3ᵉ armée n'avaient reçu aucune indication précise au sujet de l'ennemi sur lequel ils allaient inopinément buter.

Nous ne pouvons envisager cette dure bataille livrée par la 3ᵉ armée, du 22 au 25 août, qu'en fonction de Briey et par suite de son aile droite, à laquelle incombait la mission spéciale de reconquérir le précieux terrain ainsi perdu.

____

(²) Voici le passage de ce compte rendu relatif à la situation dans la région de la Meuse :

« Au nord, nous tenons toujours la Meuse dans la région de Dinant. Par de violentes attaques, l'ennemi a pu déboucher de la Sambre entre Charleroi et Namur. Nous conservons de ce côté de fortes réserves qui ne sont pas encore engagées. Enfin, l'armée anglaise entre en action à notre gauche. »

Le plan de combat arrêté par le général Ruffey était, d'après son témoignage, le suivant :

Action de front menée par six divisions (4e et 5e corps et deux divisions du 6e) contre l'ennemi s'étendant de la route Virton-Etalle à Villers-la-Montagne ; la réserve générale (40e division et deux divisions de réserve), couverte du côté de Metz, Thionville par la 7e division de cavalerie, devait suivre le mouvement de l'aile droite en échelons, pour envelopper l'aile droite allemande au bon moment, tout en faisant face, avec quelques régiments et quelques escadrons, si c'était nécessaire, à une attaque débouchant de Metz. Dans cette dernière éventualité, elle serait soutenue par la réserve générale de Verdun et le nouveau groupe de divisions de réserve du général de Lamaze.

L'ennemi était établi sur les plateaux au sud-est et au sud-ouest de Longwy, sur le contour de droite à gauche Laix, Chenières, Cutry, forêt des Monts, Signeux, Bleid, lisière des bois au nord de Virton, Robelmont (*G. Q. G.*, 3e *Armée, Sorties, message téléphoné le 22 août, midi, par le colonel Leboucq*).

Nous étions presque au contact de l'ennemi, et pourtant sans qu'on en ait soupçon.

La 3e armée avait été assez faiblement dotée en cavalerie ; elle n'avait qu'une division, la 7e, qui, au témoignage du général Ruffey, manqua totalement de perçant. « Le 21, lit-on dans une note du général Ruffey au général en chef, la 7e division de cavalerie n'a envoyé aucun renseignement au commandant de l'armée depuis le lever du jour jusqu'à 18 heures ; à cette heure, le chef d'état-major de cette armée, venu en liaison au quartier général, n'a fourni que des renseignements tactiques n'intéressant que sa division. » (*G. Q. G.*, 3e *Armée, Sorties, pièce* 60.)

Le 21, à 23 heures, le général commandant le 4e corps, envoyant à la 3e armée son ordre général pour le 22 (¹), ne signa-

---

(¹) Voir aux *Procès-verbaux de la Commission de Briey*, tome II, Déposition du général Berthelot, page 130.

lait que «des mouvements sans importance d'infanterie en re Ethe et Arlon » ; or, le 4e corps était au contact de l'ennemi à Virton, sans s'en douter.

Cette absence de renseignements fit commettre des fautes ; le poste de commandement du 4e corps se trouvait à Virton même ; l'ennemi n'étant pas reconnu, le général commandant la 7e division marchait à la tête de son avant-garde et tombait dans une embuscade.

La liaison ne fut guère assurée avec le commandement de l'armée que par les officiers d'état-major que le commandant d'armée envoyait aux nouvelles. Mais par-dessus tout, et ce fut le grand malheur de cette journée du 22, aucune liaison n'avait été prévue entre le 4e et le 5e corps, de même qu'entre le 6e et les deux divisions de réserve, appelées à prolonger leur effort (1).

Le plan de la bataille du 22 août pour la 3e armée était à double effet : une action de front, vers le nord, en liaison avec la 4e armée ; une action de flanc qui, dans la pensée du commandant de la 3e armée, devait permettre l'enveloppement de l'aile gauche de l'armée ennemie, mais qui, dans la pensée du général en chef, ne devait que parer à toute tentative des forces de Metz en vue de la rupture du front des Hauts-de-Meuse.

Cette dualité d'intentions fut sans doute la cause principale des malentendus tragiques qui, pendant les trois journées où se déroula cette bataille sous Briey, contrarièrent les vues du commandant de la 3e armée et peut-être ravirent à la France le bénéfice d'une grande victoire...

L'action de front était impartie aux 4e et 5e corps.

Le 5e corps, par son haut commandement, pesa d'un poids particulièrement lourd sur les opérations de la 3e armée. Il avait ordre de s'élever d'abord par sa gauche sur Mussy-la-Ville pour

______

(1) Il y eut peut-être là une imprudence de l'État-major de la 3e armée : d'après nos renseignements il n'aurait pas, sur ses ordres, mis la liaison pour cette raison qu'elle était réglementaire.

se relier au 4ᵉ corps, puis de masquer Longwy en y gagnant du terrain vers l'est, en direction d'Hallanzy pour se souder à Gorcy à ses avant-postes.

Son chef, au contraire, s'hypnotisa sur Longwy et négligea de se lier au 4ᵉ corps, qu'il découvrit dangereusement et mit en péril d'enveloppement. Il lança vers l'est, sans préparation d'artillerie, trois attaques successives, qui se heurtèrent à de l'infanterie ennemie retranchée et appuyée par une nombreuse artillerie, et firent décimer trois de ses régiments. Démoralisé par cet insuccès, il prescrivit le repli. Avisé malheureusement trop tard, le général Ruffey envoya sur place son chef d'état-major, le général Grossetti, qui reconnut immédiatement la situation, prit sur-le-champ le commandement, put arrêter le recul et ramener sur leurs positions des troupes qui, au témoignage du commandant de la 3ᵉ armée, avaient montré un moral irréprochable.

Nonobstant, à 14 heures, le 5ᵉ corps n'était pas encore relié au 4ᵉ, et par cette grave négligence, celui-ci voyait annihilé l'effort victorieux de son aile droite (¹).

(¹) Le 23 août à 8 heures, le général Ruffey envoyait au général en chef ce rapport sur le commandant du 5ᵉ corps (G. Q. G., 3ᵉ armée, sorties, pièce 60) :

« N'a pas compris la situation. Au lieu de s'élever vers le nord et ensuite vers le nord-est, a commencé par attaquer vers l'est et cette attaque, mal engagée dans le brouillard, insuffisamment articulée en profondeur, s'est heurtée à de l'infanterie retranchée, appuyée par une nombreuse artillerie qui prenait cette attaque de front et de flanc. Les instructions que je lui envoyais à ce sujet sont arrivées malheureusement trop tard. La 9ᵉ division était déjà très éprouvée. Pendant le combat, la 9ᵉ division ayant été obligée de céder le terrain et de se replier dans la direction de Tellancourt, le général commandant le corps d'armée n'a pris aucune mesure pour organiser des replis et ne s'est occupé que tardivement de reconstituer les nombreux éléments qui, par la route de Longuyon, s'écoulaient *sans désordre*, mais sans dispositions tactiques. »

Voir également à ce sujet aux *Procès-verbaux de la Commission de Briey*, tome II, la seconde déposition du général Ruffey.

Comme le 5e corps, le 4e avait pour mission de contre-atta-attaquer tout mouvement de l'ennemi par l'ouest menaçant l'aile droite de la 4e armée ; à cet effet la 8e division devait se porter par Virton sur Etalle, et la 7e sur Ethe. Le G. Q. G. n'avait signalé que des mouvements ennemis « sans importance ». Aucune liaison n'avait été envisagée ; alors que le commandement du 5e corps ne regardait qu'à l'est, celui du 4e corps ne voyait que l'ouest, pensant sans doute que la liaison était assurée par le seul itinéraire du 5e corps. Or, la 9e division, qui devait couvrir ce parcours, en fut écartée, et tout l'effort du 5e corps concentré sur Longwy. Par cette grande faute, la 7e division du 4e corps se vit dans une position difficile et qui fût devenue désastreuse si son commandant, le général de Trentinian, n'avait pris la précaution de s'assurer à tout événement par le détachement d'un flanc-garde sur sa droite.

Car l'ennemi était à Ethe, sans qu'on s'en fût aperçu. Le 22, au petit jour, le 14e hussards l'en délogeait, mais sans le pouvoir rejeter hors des bois d'Etalle. L'avant-garde de la 7e division traverse Ethe, le dépasse sans s'assurer ce point d'appui. Le brouillard est impénétrable ; quand il se dissipe, des batteries ennemies se démasquent de flanc à quelques kilomètres et coupent toutes communications entre l'avant-garde et le gros de la division ; l'ennemi s'était glissé entre le 4e et le 5e corps. L'essentiel était de lui interdire l'occupation d'Ethe, le général de Trentinian s'y porte en personne avec les troupes qu'il a sous la main, fait le coup de feu avec ses troupiers et, malgré le déchaînement d'artillerie, conserve le village et y peut rallier son avant-garde.

Pendant ce temps, la 8e division se battait à Virton. Le 22, au matin, un brouillard intense enveloppait les débouchés de la ville. A 5 h. 30, la 8e division s'enroute ; son avant-garde, le 130e d'infanterie, part à la recherche de l'ennemi et tombe dessus aux portes mêmes de la ville, il était là organisé défensivement sans que les troupes cantonnées s'en fussent aperçu ! Le reste de la colonne ne peut déboucher. Le 130ᵉ se jette audacieusement sur cet ennemi doublement invisible — combat terrible dans le brouillard! — il tombe sous les coups des mitrailleuses, le reste de la division s'engage alors de chaque côté de Virton pour empêcher un débordement de l'ennemi. A 9 heures, le brouillard se dissipe, le combat se précise, l'artillerie lourde intervient. Virton doit être abandonné.

Le commandant du 4ᵉ corps établit alentour, avec l'artillerie de la 8ᵉ division, toute son artillerie de corps ; cette puissante batterie arrête net la progression ennemie et prépare l'attaque des fantassins. Les Allemands se voient bientôt dans une formidable tenaille d'artillerie et d'infanterie ; la protection efficace du 75 donne du cœur aux fantassins qui abordent résolument un ennemi sérieusement éprouvé ; à 17 heures, Virton est repris et une charge intrépide, tambours battants, du 117ᵉ d'infanterie, rejette l'ennemi dans ses bois. Du côté de la 7ᵉ division, le 101ᵉ est lancé sur Belmont et nos positions à Ethe sont maintenues, mais le repli du 5ᵉ corps ne permet pas au 4ᵉ corps d'exploiter son succès et la 7ᵉ division doit, sur ordre, se replier dans la soirée sur Villers-le-Rond (¹).

(¹) Le 22 août, à 20 heures, le commandant Bel, officier de liaison du G. Q. G. avec la 3ᵉ armée, rendait ainsi compte au général en chef, de cette bataille. (*G. Q. G., 3ᵉ Armée, Sorties.*)

« Le général Ruffey vient de rentrer de Marville à Verdun ; ce qu'il m'a exposé peut se résumer de la façon suivante : Dans son ensemble, l'armée occupe le front d'engagement de ce matin depuis Virton jusque vers Joppécourt. Ce résultat, en somme peu important, est dû à ce que, au début de l'engagement, deux divisions au centre du dispositif, 7ᵉ du 4ᵉ corps et 9ᵉ du 5ᵉ corps, ont essuyé des surprises et ont eu à subir des pertes sérieuses. La situation a pu être rétablie grâce à notre artillerie, qui a pris une supériorité marquée sur l'artillerie ennemie, et grâce aussi au calme et au coup d'œil du général Ruffey. En fin de journée, le 4ᵉ corps tient à peu près le front Virton, Allondrelles, le 5ᵉ corps la croupe 3 km. nord de la vallée de la Chiers et le 6ᵉ corps les croupes boisées en avant de Beuveilles. »

Notre attaque frontale avait trouvé un ennemi solidement calé sur la défensive ; la manœuvre allemande semble avoir été, Longwy masqué, de tenter d'envelopper l'aile droite de notre 3e armée, c'est-à-dire le 6e corps et la 7e division de cavalerie.

La mission du 6e corps était des plus délicates puisqu'il avait à la fois à coopérer à l'action offensive vers le nord et à parer à l'est aux possibilités d'attaques ennemies sorties de Metz ; sa position, en conséquence, était à angle droit, il prêtait le flanc des deux côtés.

Les 12e et 42e divisions marchaient face au nord ; elles devaient, d'un premier bond, se porter sur la ligne de la Chiers de Cons-la-Grand'ville au plateau de Chenières ; la 40e division était établie face à l'est de Fillières à Mercy-le-Haut, à l'ouest d'Audun-le-Roman.

La 12e division put progresser jusqu'aux points assignés, mais la 42e division, se heurtant à des forces considérables, ne put dépasser la ligne de Grand-Champ, Ville-au-Montois. Le recul du 5e corps découvrant sur sa gauche la 12e division, celle-ci dut suivre la fluctuation de cette division de droite du 5e corps, qu'elle sut même secourir malgré la supériorité de l'adversaire (1).

La 7e division de cavalerie avait l'ordre de couvrir la droite de l'armée pendant la progression du 6e corps.

Le général Ruffey, devant la Commission de Briey, a durement qualifié l'attitude, au cours de cette bataille du 22, du général qui commandait cette division ; il avait, dès le 23 août 1914, signalé en ces termes au général en chef cette défaillance (2) :

---

(1) Rapport du 6e corps sur la journée du 22 août. (3e *Armée En réts.*)

(2) *G. Q. G.*, 3e *Armée, Sorties.*

Les griefs articulés dans cette note par le général Ruffey visent

« Le 22, comme le 21, la 7e division de cavalerie a complètement manqué de perçant. D'ailleurs, d'après le rapport verbal
du chef d'état-major de cette division, elle n'aurait pas fait de
pertes. Elle m'a signalé, vers 10 heures, qu'une forte attaque
débouchait d'Audun-le-Roman, mais sans y apporter aucune
précision. Ce n'est qu'à 18 heures que le chef d'état-major précisait ce renseignement dans un rapport à mon quartier général
même. La division s'est bornée à se replier devant cette attaque
à la droite du 6e corps, dont elle ignorait l'emplacement, attendu
qu'elle n'était pas en liaison avec la 40e division. A 13 heures,
le chef d'état-major était au quartier général de l'armée et il
demandait les cantonnements alors qu'on se battait encore ».

Dans le compte rendu qu'il adressa sur cette journée à la
3e armée, le chef d'état-major de la 7e division de cavalerie
relate que cette division, soutenue par un bataillon de chasseurs,
se heurta, vers 10 heures, à Audun-le-Roman, à un bataillon
d'infanterie, soutenu par trois groupes d'artillerie ennemis.

L'artillerie ennemie, peu nombreuse, prit d'abord la supériorité du feu et réduisit au silence les trois batteries de la division ;
celles-ci parvinrent à repérer l'emplacement des batteries adverses et engagèrent la lutte, mais durent ensuite se replier.

« Vers 14 heures, ajoute le rapport (¹), le général commandant
la 7e division de cavalerie, sachant que la région d'Aumetz était
fortement tenue par l'ennemi et renonçant à percer par Audun-
le-Roman, prit la direction de Mercy-le-Haut dans l'intention
de gagner si possible par Fillières la région Morfontaine, Bre-

-----

exclusivement le général commandant la 7e division de cavalerie et
non la division elle-même. L'appréciation du général Ruffey a été
également confirmée en ces termes par le général Tanant : « La
7e D. C., lamentablement commandée par un chef incapable, le
général Gillain, avait failli déjà à son devoir le 22 août. Le 25 août,
elle a manqué une des plus belles occasions qui aient pu être offertes
à notre cavalerie au cours de la guerre. » (*Procès-verbaux de la Commission de Briey*, tome II, p. 13)

(¹) 3e *Armée, Entrées,* 3e *Bureau, no* 1522.

hain-la-Ville. De l'infanterie amie occupait Joppécourt et Mercy-le-Haut ([1]) ; mais, vers 16 heures, elle battait en retraite sous la pression de l'ennemi, dont l'artillerie battait très efficacement les hauteurs à l'ouest de Mercy-le-Haut. Des projectiles de 105 atteignaient déjà la croupe à l'ouest de la route de Mercy-leHaut, Murville. Le général commandant la 7e division de cavalerie dirigea vers 17 heures la division vers Réchicourt. Des liaisons avaient été établies avec l'armée et le 6e corps. » ([2])

Le général Ruffey a qualifié de défection cette conduite de la 7e division de cavalerie, et les plus dures sanctions furent demandées contre son chef. Cédant à la première poussée de l'ennemi, elle facilita le mouvement tournant que celui-ci dut déclencher vers midi. Le XVIe corps allemand tout entier, à trois divisions, débouchant par la région d'Audun-le-Roman, prit de flanc la seule 40e division, dont la droite se trouvait découverte par le départ de la 7e division de cavalerie.

On a vu que, d'après les ordres du général Ruffey, la 54e division de réserve aurait dû se trouver entre Spincourt et Mouaville ; le général Paul Durand, qui la commandait, l'avait établie entre Spincourt et Étain. Le journal de marche de la 54e division de réserve n'a pas été rédigé pour cette période du 20 au 28 août ; on ne peut se référer, pour ces journées, qu'à quelques notes prises par l'état-major de la division et annexées au journal de marche. Pour cette journée du 23, on y relève cette seule mention que la 54e division de réserve se borna à occuper Ornel et qu'elle n'arriva qu'à 23 heures à un kilomètre de Spincourt, où elle vit repartir la 40e division. Autrement dit, elle ne bougea pas.

([1]) La 40e division, alors aux prises avec l'ennemi.

([2]) Cette affirmation est nettement contredite par le commandant du 6e corps qui, le 22, de Beuveilles, à 16 h. 25, en pleine bataille, écrivait au commandant de la 3e Armée : « La 7e D. C. aurait eu, ce matin, un engagement. Pas de nouvelles depuis. » (3e *Armée, Entrées, 3e Bureau, page* 169).

Le journal de marche de la 67e division de réserve expose que,
dans la matinée du 22, elle porta ses cantonnements aux points
indiqués par le général commandant le 3e groupe de divisions
de réserve, et que, dans l'après-midi, se conformant à l'ordre
particulier nº 15 de « l'armée de Lorraine », 13 h. 30, elle se porta
dans la région Senon-Amel pour s'y assembler en rassemblement articulé, face à l'est, en échelon à droite de la 54e division
de réserve, dont elle devait couvrir le flanc, et qu'elle n'arriva
sur ces emplacements que dans la nuit du 22 au 23 août.

Ces indications établissent donc que, contrairement à l'attente et aux instructions du commandant de la 3e armée, ces
deux divisions ne remplirent pas, dans cette journée, le rôle qui
leur avait été dévolu de couvrir la droite de la 3e armée.

Le général Ruffey, devant votre Commission, a violemment
reproché cette carence qui, si elle ne ravit pas la victoire à
son armée, aurait au moins empêché de laisser écraser la 40e division et maintenu l'équilibre et les positions de l'aile droite de
la 3e armée. Il en a fait un vif grief au général Maunoury et au
G. Q. G. qui aurait, affirma-t-il, donné au général Maunoury
l'ordre de ne pas le soutenir.

L'étude des pièces, mises à ma disposition, m'ont fait reconnaître dans les faits incriminés non pas un complot, — qui dans
l'espèce eût été plus qu'odieux, puisqu'il n'atteignait pas qu'un
commandant d'armée, mais l'existence même de la France —
ma s l'effet d'un désordre sans nom, causé par les conditions
invraisemblables dans lesquelles fut improvisée cette armée de
Lorraine.

Il est acquis que cette armée de Lorraine, forte de sept à huit
divisions (car il est encore impossible de savoir au juste l'état
exact de ses forces) ne bougea pas et resta inerte pendant que,
devant elle, la 3e armée supportait le choc le plus terrible.

Le général Ruffey affirme que le général Maunoury à ses demandes de renfort aurait répondu qu'il avait l'ordre de ne pas
le secourir.

Le journal d'opérations du 3ᵉ groupe de divisions de réserve porte « qu'à la date du 22 août (soit en pleine bataille de la 3ᵉ armée) il est constitué un nouveau groupe de forces, l'armée de Lorraine (général Maunoury) (ordre général nº 13) comprenant le 3ᵉ groupe de divisions de réserve (54ᵉ, 55ᵉ, 56ᵉ D. R.) sous les ordres du général Paul Durand, les 65ᵉ, 67ᵉ, 72ᵉ, 75ᵉ D. R. (mais, en fait, le général Paul Durand continue à envoyer des ordres à ces quatre dernières divisions). »

Cette seule indication montre l'extrême confusion qui existait dans cette armée, au point de vue du commandement, de ses limites et de ses responsabilités (¹).

Lorsqu'il eut connaissance de l'attaque qui se produisait sur sa droite et de la menace ennemie contre la 40ᵉ division, le général Ruffey adressa au « général commandant l'armée de Lorraine » à Verdun — c'est-à-dire au général Maunoury et non au général Paul Durand — le message téléphoné suivant :

« Afin d'assurer la couverture de la droite de la 3ᵉ armée, qui se trouve initialement dans la région Filières, Mercy-le-Haut, je vous demande de porter à Spincourt un détachement de toutes armes aussi fort que possible prêt à contre-attaquer les forces qui tenteraient d'envelopper mon aile droite. » (²)

(¹) Le général Maunoury prenait ainsi le commandement de cette armée, en pleine bataille, sans état-major, sans avoir été avisé de ce que faisaient les 3ᵉ et 2ᵈ armées, entre lesquelles se trouvait son armée, sans connaître ses troupes, sans avoir été reconnu par elles, pas même par tous ses généraux divisionnaires (témoignage du général Le Guay, commandant la 56ᵉ D. R., qui ne sut jamais avoir été sous les ordres du général Maunoury. *Procès-verbaux de la Commission de Briey,* tome II).

(²) 3ᵉ *Armée,* 3ᵉ *Bureau, Sorties.*
La pièce ne porte que la date du 22 août, sans heure (une telle omission n'est pas exceptionnelle dans les documents de la 3ᵉ armée), le numéro d'enregistrement par le 3ᵉ bureau est 156 ; la pièce enregistrée sous le nº 157 est du 23 août, à 0 h. 30. Le départ est du G. Q. G. de Verdun ; il est ajouté : « Communication verbale au lieutenant-colonel Diebold par le lieutenant-colonel Leboucq. » (Le lieutenant-

Cette demande du général Ruffey dut trouver le général Maunoury et le général Paul Durand à Verdun, au cercle des officiers. A la suite de cette conférence, à 13 h. 30, l'ordre particulier n° 25 suivant était pris par le général Maunoury et porté par le capitaine Thomas, de l'état-major du général Paul Durand, aux 54e et 67e divisions de réserve.

La 3e armée, y est-il dit, est sérieusement engagée sur le front Virton (4e corps), Signeulx, Cosne (5e corps), Ugny, grand bois de Doncourt (6e corps) : de plus, la 7e division de cavalerie est attaquée fortement, vers Audun-le-Roman, par l'ennemi débouchant de l'est. Ordre en conséquence est donné à la 54e D. R. de faire « tenir *immédiatement* » les hauteurs Ollières-Domprix pour s'opposer à tout mouvement débordant la droite du 6e corps, et à la 67e D. R. de se porter « *immédiatement* » dans la région Senon-Amel, où elle s'établira en rassemblement articulé face à l'est, couvrant la droite de la 54e D. R. Le poste d'armée était porté à Ornel et le poste du général Paul Durand maintenu à Verdun.

L'ordre fut aussitôt transmis à ces deux divisions ; on a vu plus haut qu'il ne put être exécuté que dans la nuit du 22 au 23, après la bataille. Pour quelles raisons ? Il m'a été impossible de le savoir.

Du fait de ce retard plus que regrettable, la 40e division supporta seule le choc de tout le XVIe corps allemand ; elle y fut admirable et sa résistance constitue un des plus beaux faits d'armes de cette guerre. Son chef, le général Hache, sut manier habilement toutes les armes et les lier dès le début du combat ;

---

colonel Diebold était le chef d'état-major du général Paul Durand.)

Le journal d'opérations du 3e groupe de divisions de réserve permet de fixer l'heure exacte du départ ; on lit, en effet, dans le compte rendu du 22 : « 13 h. 30. A la suite d'une communication verbale faite par le chef d'état-major de la 3e armée, le général Paul Durand donne l'ordre particulier n° 25 aux 54e et 67e D. R... »

On peut donc fixer à 12 heures l'heure du départ de cette demande.

nos 75 prirent en flanc les attaques massives des Allemands et leur infligèrent des pertes effroyables. Mais, seule contre trois, abandonnée par la 7e division de cavalerie, ne recevant pas le secours des divisions de réserve annoncées, la 40e division ne pouvait indéfiniment tenir un tel coup.

A 15 heures, de son poste de Marville, le général Ruffey téléphonait de porter secours à la 40e division :

« Demander au groupe des divisions de réserve et au général commandant l'armée de Lorraine de porter au moins une division vers Spincourt, Xivry-Circourt pour appuyer la 40e division et la rendre disponible ; l'action est très fortement engagée. » (3e *Armée*, 3e *Bureau*, *Entrées*, *n*o 1502.)

Le mouvement des divisions de réserve ne fut pas pressé. A 17 h. 25, le général Sarrail exposait de Beuveilles au général Ruffey la gravité de la situation :

« La 40e division a été vivement attaquée à Fillières : à 16 heures elle se maintient à Mercy-le-Haut, Joppécourt, Ville-au-Monthois... La 42e division a une brigade aux prises avec l'ennemi au bois de Grandchamp. Le 8e bataillon de chasseurs que j'ai pu saisir a été lancé dans le secteur de la 12e division, dont une partie se repliait... La 12e division tient le bois de Tape et se relie avec la 10e division qui, d'après mes renseignements, serait sur la Chiers. La 7e division de cavalerie aurait eu ce matin un engagement ; pas de nouvelles depuis. J'ai donné des ordres depuis longtemps pour l'engagement général d'artillerie lourde ; j'attends l'ouverture de son feu... »

Et après avoir exposé que, d'après les dires de blessés alsaciens il aurait devant lui le XVIe corps allemand, appuyé de formations de réserve, le général Sarrail ajoutait *in fine* :

« *Aucune nouvelle de la division de réserve signalée comme devant se porter de Spincourt, Xivry-Circourt* ; où liaison? Verdun ou Marville ? » (3e *Armée*, 3e *Bureau*, *Entrées*).

Jusqu'à 18 heures, la 40e division put se maintenir à Joppécourt et Mercy-le-Haut (*Rapport du 6e corps sur la journée du 22 août, 3e Armée, Entrées*).

A 18 heures, le général Paul Durand avisait le général Ruffey que la 54e division de réserve rendait compte par son officier de liaison que l'une de ses brigades et un groupe d'artillerie ne pourraient occuper que dans la nuit, entre 23 et 24 heures, leur point de rassemblement à Gouraincourt, et que l'autre brigade et deux groupes d'artillerie, qui tenaient la ligne Spincourt, Domrémy ne pourraient partir que le 23, à 1 heure, pour occuper le front Ollières, Domprix, distant pourtant de 4 kilomètres (*3e Armée, 3e Bureau, Entrées, nº* 1516).

L'infortunée 40e division, pressée par des forces considérables, dut rompre le combat pour se rallier dans la nuit vers le bois de Rachoux, Nouillon Pont, Spincourt (*Compte rendu Sarrail*).

La 54e division de réserve ne vit la 40e division que dans son mouvement de retraite, et le général commandant cette 54e division télégraphiait alors de Spincourt à la 3e armée : (*3e Armée, 3e Bureau, Entrées*).

« La 40e division est en retraite direction Étain ([1]). Je voudrais me relier au 6e corps d'armée, j'ai besoin de savoir où est son quartier général, voulez-vous me le dire. »

Telle fut cette journée du 22 pour la 3e armée.

Je ne puis qu'exposer les faits d'après les documents qu'il m'a été permis de connaître ; il serait difficile dans leur confusion, qui n'est pas encore complètement dissipée, de formuler un jugement.

Toutefois, il n'est pas excessif d'avancer que le concours dans cette bataille des deux divisions de réserve et l'action plus énergique de la 7e division de cavalerie eussent pu changer la face

---

([1]) Dans sa déposition devant la Commission le général Sarrail a expliqué qu'il y avait eu là une méprise, qu'il avait donné comme direction de repli l'Othain (rivière) et qu'on avait entendu Étain.

des choses, et que ce jour-là, 22 août, nous sommes peut-être passés à côté d'une victoire qui aurait pu avoir sur tout le reste du front de grandes conséquences : l'ennemi, en effet, très éprouvé, resta 24 heures sans réagir...

Plus difficile encore est-il d'établir à qui incombe la responsabilité de cette carence des divisions de réserve. J'ai, je le répète, le sentiment que la vraie cause est due aux conditions invraisemblables où fut constituée l'armée de Lorraine, à son inorganisation au moment même où se livrait cette bataille du 22, à l'imprécision de sa mission, au partage encore mal défini du commandement.

Il y eut là une confusion sans égale ni exemple, qui ne permit pas au commandement de s'exercer.

VIII

DANS cette journée du 22 août, une grande occasion fut manquée ; une intervention de cette armée de Lorraine, enveloppant l'aile gauche de l'armée du Kronprinz et peut-être la coupant de Metz, à tout le moins soulageant l'aile droite de la 3ᵉ armée, eût sans doute permis à celle-ci de s'élever par le nord et d'ébranler le dispositif allemand établi en Belgique : « Si l'armée de Lorraine avait marché le 22, s'est écrié le général Ruffey, les destinées de Briey eussent été changées. »

Mais il eût fallu pour cela que cette armée de Lorraine n'ait pas été improvisée comme elle le fut, que le chef glorieux, à qui on en remettait le commandement, ait eu temps de la prendre en mains, surtout que l'unité de commandement y ait été réalisée

et que le général Maunoury ne fut pas lié par des consignes trop
étroites. Les déclarations faites à cet égard par le général Maunoury sont très significatives. Il avait reçu du G. Q. G. l'ordre
rigoureux d'empêcher l'ennemi de marcher sur Verdun sans
avoir été averti qu'il n'y avait dans la place de Metz que deux
divisions : « J'aurais su — a-t-il affirmé avec force — qu'il n'y
avait que deux divisions que peut-être j'aurais gardé avec moins
de fermeté la ligne devant Metz pour empêcher des sorties ;
mais ce renseignement je suis sûr de ne pas l'avoir eu. Mes relations
avec les divisions de réserve, a-t-il ajouté, étaient, le 22, encore
bien précaires, j'arrivais. » Et, de fait, ses divisionnaires, on l'a
vu, ne savaient même pas tous qu'ils étaient sous ses ordres.

Quoi qu'il en soit, malgré des pertes assurément sévères et
qui eussent été évitées avec une meilleure tactique et si les
ordres du commandant d'armée avaient été écoutés et obéis, la
3e armée, le 22 au soir, restait sur ses positions qu'elle avait
même avancées ; ayant lutté à sept divisions contre dix, elle
avait infligé à l'ennemi des pertes très sérieuses qui ne le met-
taient guère en état de réagir.

La situation de la 4e armée était bien différente. Ayant dû
prendre l'offensive dans cette région impossible de l'Ardenne,
de tout temps considérée comme le massif forestier le plus impénétrable de l'Europe — et cela sans le moindre renseignement
sur l'adversaire — elle s'était trouvée subitement devant un
ennemi nombreux et terriblement retranché. L'application absolue de la tactique du « bourrage », le manque de liaison entre
les corps d'armée, la vigueur de la riposte avaient causé à cette
4e armée les pertes les plus cruelles — le corps colonial fut
presque anéanti, — et le soir du 22, la 4e armée avait été contrainte de reculer : M. Hanotaux a même avancé que l'ordre de
retraite fut donné. Les intentions du commandement de rompre
le centre ennemi, dont l'exécution avait été confiée à cette
4e armée, se trouvaient donc renversées ; la partie était plus

que compromise. Un dernier espoir résidait dans la 5ᵉ armée et les armées britannique et belge, mais combien fragile !

Comme on l'a vu, la pensée du haut commandement était de conjuguer l'offensive de la 5ᵉ armée avec celles de la 4ᵉ et de la 3ᵉ pour enfoncer le centre ennemi.

Mais la 5ᵉ armée s'était trouvée dans la plus périlleuse des situations.

L'ordre trop tardif donné le 15 août à cette armée de remonter sur la Sambre avait considérablement étiré le front français ; et de ce fait cette 5ᵉ armée se trouvait isolée, sans liaison avec la 4ᵉ armée, qui opérait à sa droite. La Meuse de Namur à Mézières, soit sur un développement de près de 100 kilomètres, était gardée par le seul 1ᵉʳ corps d'armée, et, le 23, elle l'allait être par une seule division de réserve (¹).

Le 20, en arrivant sur les emplacements assignés, cette 5ᵉ armée, réduite à deux corps — car le 18ᵉ n'arriva que le 21 à midi, et le groupe de divisions de réserve du général Valabrègue ne pouvait se mouvoir qu'après le 18ᵉ corps — apprend que l'armée belge à laquelle elle doit se relier, et sur la coopération de laquelle le général en chef a basé en partie ses opérations dans le nord de la Belgique, est repliée depuis le 18 sur Anvers (²). L'armée anglaise ne sera prête que le 23 au soir. Déjà, la IIᵉ armée de von Bülow, à cinq corps, tient presque toute la rive gauche de la Sambre, de Namur à Charleroi, et, sur la rive droite de la Meuse, la IIIᵉ armée de von Hausen, à trois corps, est sur le flanc droit de la 5ᵉ armée et n'a qu'à franchir la Meuse pour l'envelopper... Le commandement anglais a signalé qu'une autre armée prolonge par le nord le mouvement de l'armée de von Bülow et menace d'envelopper l'aile

---

(¹) C'est cette redoutable solution de continuité entre la 5ᵉ et la 4ᵉ armée qui rendit si difficile et si longue la retraite préparatoire à la victoire de la Marne.

(²) *Rapport du commandant de l'armée belge*, page 25.

gauche des armées alliées, ainsi détachées du dispositif français. C'est là que va se jouer le sort de la guerre et peut-être de la France...

Seule, la 3e armée aurait chance de renverser le plan ennemi, si elle arrivait à couper de Metz l'armée du kronprinz...

Le 22, la 5e armée est déjà entrée en action... et déjà elle s'est vu affaiblie par des folles offensives du 3e corps, lancées dans les fonds de la Sambre, contrairement aux ordres donnés par le général Lanrezac... Le 23, c'est la bataille de Charleroi.

~

L'intention du général Ruffey, au soir du 22 août, était de préparer une nouvelle reprise d'offensive et d'essayer de rompre l'ennemi qu'il sentait ébranlé par le choc de cette dure journée.

Donc le 23, à 0 h. 30 ([1]), il rédigeait un ordre général d'opérations n° 18 pour la journée du 23 août.

Le mouvement envisagé est une offensive par les deux ailes, le 5e corps servant de pivot, et solidement établi sur la rive droite de la Chiers avec des positions de deuxième ligne préparées sur l'autre rive, du bois de la Grange à Longuyon.

Sa gauche couverte par le 2e corps dépendant de la 4e armée et qui vient de repousser l'ennemi vers Virton, le 4e corps solidement calé sur la ligne Mont-Quintin, Lemorteau, Charency, avec des positions de deuxième ligne préparées sur la rive gauche de la Chiers, se tiendra prêt à reprendre l'offensive par sa gauche en liaison avec le 2e corps.

L'offensive sera prise d'abord par le 6e corps, établi sur la Crusne, sa droite vers Mercy-le-Bas et en liaison avec la 7e division de cavalerie dans la région de Xivry-Circourt, Marville, et le mouvement sera déclenché « dès que les 54e et 67e divisions

---

([1]) *G. Q. G.*, 3e *Armée, Sorties n°* 157. Sur l'ordre, on trouve la date du 22, mais c'est un *lapsus calami* évident.

de réserve seront établies en repli derrière son aile droite. »

L'ordre ajoute *in fine* que « la 54e division de réserve est venue tenir, en arrière du 6e corps, les hauteurs Ollières, Domprix, qu'elle va s'y retrancher de manière à libérer la droite du 6e corps et que la 67e division de réserve est rassemblée disponible dans la région Senon-Ornel.

Le général Ruffey, en donnant cet ordre, était allé au-devant des intentions du général en chef, car, à 2 h. 45, le commandant Bel téléphonait que « le général Berthelot désire beaucoup que la 3e armée reprenne son attaque aujourd'hui dans l'intérêt de l'ensemble des opérations » (¹).

Cette offensive du 23 semble avoir été comme une suprême manœuvre et, pour en accentuer encore la force, le général en chef donnait à ses commandants d'armée des indications d'un optimisme que les faits avaient déjà démentis.

A 7 h. 35, aux commandants de la 3e armée, de la 5e armée et de l'armée anglaise, il mandait :

« 4e armée est engagée depuis hier. (ajouté : dans de bonnes conditions) sur front général Paliseul, Bertrix, Straimont, Tintigny, Meix devant Virton (²). »

Le G. Q. G. n'avait-il donc pas encore été prévenu de l'insuccès de l'offensive de la 4e armée ?

A 8 h. 30, au commandant de cette 4e armée, il télégraphiait :

______

(¹) 3e *Armée*, 3e *Bureau, Entrées.*
Le message téléphoné ajoute : « Le général commandant en chef répondra aujourd'hui avant 6 heures aux propositions concernant le 5e corps et la 7e division de cavalerie. Pour les deux chefs d'état-major visés il (le général Ruffey) peut faire les mutations qu'il voudra. Le général Berthelot croit qu'il y a intérêt à maintenir le général Gillain personnellement auprès du commandant de l'armée pour la journée d'aujourd'hui 23 et de donner le commandement de la division de cavalerie au général de brigade le plus ancien. »
(²) *T.* 3407, *G. Q. G., pièce n*° 299, *n*° 1797. La minute est de la main du général Berthelot, sauf l'addition qui semble de la main du général Joffre.

« L'ensemble des renseignements reçus ne montre devant votre front que trois corps ennemis environ ; par suite, il vous faut reprendre l'offensive le plus tôt possible. » (*T.* 4307, *G. Q. G.*, *pièce* 297, *n*° 1801.)

Or, la 4e armée, comme nous l'avons déjà dit, était en présence, non de trois corps d'armée, mais de deux armées ; la IVe armée du duc de Wurtemberg, la IIIe armée de von Hausen.

Et à la même heure, le général en chef envoyait au général commandant la 4e armée ce second télégramme :

« Je suis surpris de ce que vous me dites dans votre télégramme chiffré ([1]). Il doit y avoir des défaillances que je vous prie de me signaler immédiatement en me donnant les arguments suffisants pour les sanctions nécessaires. »

Le 23, à 8 h. 30, le général Ruffey répondait à l'invitation d'offensive du G. Q. G. par un exposé de la situation générale de son armée :

« La 40e division vivement pressée s'est retirée sur Nouillon-Pont et quelques-uns de ses éléments ont gagné Étain ; je prends des mesures pour la reconstituer aujourd'hui. Le 4e corps est en bonne position : général Trentinian est à la tête de sa division dont deux régiments fortement éprouvés. (Effacé : sont réduits à la valeur d'un bataillon) ont déjà reconstitué un bataillon. — A 5 h. 30. Aucune attaque sur le front des 4e et 5e corps. Renseignements non encore parvenus pour le 6e corps dont le gros était fortement établi sur la Crusne entre Longuyon et Han-Pierrepont. »

Et le général Ruffey terminait ainsi :

« Lorsque je serai exactement renseigné, ferai reprendre l'offensive par les 4e et 5e corps dans la direction de l'est-nord-est en liaison avec la 2e armée ; le 6e corps couvrant d'abord notre flanc droit avec le concours de la cavalerie et de deux divisions

---

([1]) *G. Q. G.*, *T.* 3407, *pièce* n° 301. Nous n'avons pas retrouvé le télégramme auquel il est fait allusion.

de réserve (54e et 67e) qui se retranchent sur le front Ollières-Avillers, Bouligny (1).

A 8 heures, le général Sarrail avait envoyé au général Ruffey un nouveau rapport sur l'état du 6e corps à la suite de la journée du 22, rapport qui imposait la prudence. Le commandant du 6e corps, en effet, annonçait le rude choc supporté par la 40e division et son repli consécutif ; il ne savait de cette 40e division que son artillerie avait été complètement réapprovisionnée et ajoutait que quand il connaîtrait exactement sa situation et son état moral, il verrait à reporter en avant la 42e division. (3e *Armée, 3e Bureau, Entrées.*)

Peu après, l'aviation signalait un gros rassemblement de toutes armes vers Anderny, au sud-ouest d'Audun-le-Roman, et le commissaire spécial de Conflans téléphonait qu'une colonne de toutes armes était entrée dans Conflans pendant la nuit et paraissait se diriger de l'est vers l'ouest. (3e *Armée, 3e Bureau, Sorties, no* 169.)

C'était le présage d'un mouvement ennemi sur le flanc droit de la 3e armée et vraisemblablement en vue de l'investissement de Verdun.

Aussi, en même temps qu'il avisait de cette situation le général Maunoury, le général Ruffey prescrivait-il de faire replier les 54e et 67e divisions de réserve sur la ligne Nouillon-Pont, Spincourt, Gouraincourt, Eton et de les organiser défensivement, avec mission de surveiller les routes de Rouvres vers Aix et Briey (2).

---

(1) 3e *Armée, 3e Bureau, Sorties, no* 163.

A trois heures, le général Sarrail avait mandé à la 3e armée que le 5e corps ne pouvait plus tenir même contre une attaque légère, que les hommes étaient éreintés et ne touchaient pas aux vivres, qu'on ne pouvait même les faire lever. (3e *Armée, 3e bureau, Entrées.*)

Et à 7 heures, la 10e division du 5e corps avait été fortement attaquée. (3e *Armée, 3e Bureau, Sorties.*)

(2) 3e *Armée, 3e Bureau, Entrées,* général Ruffey à lieutenant-colonel Leboucq.

Et à 9 h. 25, le général Ruffey faisait téléphoner de Damvillers au G. Q. G. que « la situation de l'armée ne permettait pas de reprendre l'offensive aujourd'hui » ; qu'il ne procéderait à cette reprise que quand les unités seront reconstituées. (3e *Armée, 3e Bureau, Entrées et Sorties.*)

A 13 heures, le commandant Tanant, chef du 3e bureau de la 3e armée, rendait ainsi compte au G. Q. G. de la situation :

« Le 4e corps peu pressé tient sur la ligne de Velosnes, Villers-le-Rond, la 8e division à gauche assez bien reconstituée, la 7e à droite fort éprouvée par les combats précédents ; le 5e corps sur la ligne de l'Othain de Marville à Saint-Laurent ; la plupart des corps sont très éprouvés. Le 6e corps de Sorbey à Rouvrois et Nouillon-Pont, très éprouvé aussi, se prépare à reprendre l'offensive ; les débris de la 40e division en réserve à Pillon prêts à contre-attaquer ; la 54e division de réserve appuie la droite du 6e corps ; la contre-attaque des 67e, 73e et 75e divisions de réserve se prépare dans de bonnes conditions. » (1)

Cet ordre, d'ailleurs, répondait aux dispositions prévues par le général Paul Durand pour la journée du 23, dans son ordre général d'opérations no 28.

Dans cet ordre il est indiqué, notamment, que « le général Paul Durand a reçu l'ordre de prendre le commandement du groupe constitué par les 54e, 67e et 72e divisions de réserve et de réaliser les intentions du général Maunoury qui sont d'organiser ces trois divisions de façon à lui permettre, soit de résister aux pressions de l'ennemi, soit de se porter avant. » Aussi les 54e et 67e divisions de réserve avaient-elles reçu l'ordre de « se tenir sur la ligne (Effacé : Rechicourt, Bouligny) Ollières, Domprix, tant qu'elles n'auront pas devant elles des forces supérieures et dans le cas où elles ne croiraient pas pouvoir tenir, et sans se laisser accrocher de façon à conserver leur liberté de manœuvre pour un mouvement de repli, de prendre pour position de repli la 54e D. R. la ligne Loison, Bellevue et la 67e la ligne Bellevue, Eton, côte d'Eton. ». (3e *Armée, 3e Bureau, Entrées,* no 153.)

A 10 h. 40 cet ordre était agréé et confirmé au 3e groupe de divisions de réserve par le général Maunoury. (*Journal d'opérations du 3e gr. de D. R.*).

(1) Comme on peut le constater, les trois corps de la 3e armée occu-

Et à la fin de ce compte rendu, ce post-scriptum, à la main :
« A 13 h. 30, on téléphone que les débris du 5ᵉ corps se replient
sur la Loison entre Witarville et Villers-les-Mangiennes. » (Le
recul était important.) « L'artillerie est en bon état ; l'infanterie
ne tient plus guère, en raison des pertes et de la fatigue. L'ennemi ne poursuit pas vigoureusement. » (3ᵉ *Armée*, 3ᵉ *Bureau*,
Sorties, *pièce* 48, nᵒ 3423.)

La situation ainsi présentée n'était pas très encourageante ;
aussi, à 15 heures, le général Joffre, par la main du général Berthelot, donnait-il au général Maunoury l'ordre suivant :

« Nᵒ 1845 : « Dans la situation actuelle, votre mission est
d'empêcher l'ennemi de passer entre Toul et Verdun. Prenez
toutes dispositions nécessaires en vue d'atteindre ce but. Vous
laisse juge de déterminer s'il convient de n'accepter la bataille
que sur la position fortement organisée des Hauts-de-Meuse. »
Et cet *addendum* de la main du général Joffre : « Tenez-vous en
relations avec Toul pour savoir ce qui se passe sur la rive droite
de la Moselle (¹). »

Cet ordre était envoyé à l'heure où l'offensive de la 5ᵉ armée
à Charleroi était nettement brisée et où la Iʳᵉ armée allemande
de von Kluck était presque au contact de l'armée anglaise.

A 16 h. 40, le général en chef envoyait au général Lanrezac la
communication suivante :

---

paient les positions de deuxième ligne qui leur avaient été indiquées
par l'ordre général, nᵒ 18.

(¹) T. 3407, *G. Q. G.*, *pièce* 306.

La pensée du commandement se trouve peut-être précisée dans
ce projet d'ordre de la main du général Berthelot que l'on trouve à la
suite de cette pièce et qui fut rayé :

« Commandant en chef à général Maunoury, commandant armée
de Lorraine, Verdun.

« Il paraît utile en ce moment que les divisions de réserve placées
entre Verdun et Toul soient ramenées sur les positions organisées des
Hauts-de-Meuse, de manière à pouvoir arrêter toute offensive débouchant de Pont-à-Mousson. »

« N° 1857. — Je vous prie de me faire connaître votre opinion sur la situation et ce que vous comptez faire. Vous êtes d'autre part en relation avec le maréchal French. Comment appréciez-vous la situation et quel appui est-il en mesure de vous donner ? » (*T. 3407, G. Q. G., pièce n° 307.*)

Or, dans son rapport du 7 septembre 1914 (rapport dont la publication au cours de la guerre fut interdite par la censure française), le maréchal French déclare qu'à 17 heures, il recevait du général Joffre, par télégraphe, « un message fort inattendu, m'informant qu'au moins trois corps allemands, à savoir un corps de réserve et les IVe et les IXe corps actifs, s'avançaient vers le front de ma position, pendant que le IIe corps était engagé dans un mouvement enveloppant dans la direction de Tournai ; il m'avisait également que les deux divisions de réserve et la 5e armée placés sur ma droite se retiraient, les Allemands ayant réussi, la veille, à s'emparer des passages de la Sambre entre Charleroi et Namur (²) ».

Comme on le voit, une contradiction absolue existe entre le télégramme au général Lanrezac et ce message au maréchal French : c'est là un point obscur que l'histoire aura à élucider.

Entre 17 heures et 19 heures, la retraite de la 4e armée était résolue, si l'on se réfère à une note du G. Q. G. informant que le quartier général de l'armée de Stenay (4e) fonctionnera au Chesne à partir du 24 août 1 heure (*T. 3407, 3e Bureau, n° 1863*). Un contre-ordre, d'ailleurs, fut envoyé quelques instants après, et le 23, à 19 heures, le général Joffre adressait au ministre de la Guerre le télégramme suivant :

« N° 1867. — Notre offensive entre Longwy et la Meuse se trouve momentanément arrêtée. Cause première en est dans plusieurs défaillances individuelles qui ont nécessité sanction. Trois divisions mal engagées ont particulièrement souffert. Je

---

(¹) *Rapports du maréchal French,* traduits par M. Théodore Reinach (Lib. Berger-Levrault).

m'efforce de faire reprendre offensive. Sur la Sambre, le combat n'a pas repris ce matin. » (*G. Q. G., T.* 3407, *pièce* 314.)

C'est encore là un nouveau point obscur : la 5ᵉ armée et l'armée anglaise avaient précisément livré depuis le matin les terribles batailles de Charleroi et de Mons...

A 17 heures, le général Ruffey informait en ces termes le G. Q. G. (qui, quelques instants auparavant, venait de donner au général Maunoury l'ordre de replier son armée sur les Hauts-de-Meuse) de son intention de reprendre l'offensive :

« Front à 17 heures au contact : Saint-Mard Vilesse, Longuyon, Arrancy, Spincourt, Eton. Nos pertes sont sérieuses au 6ᵉ corps. J'ai l'intention de reprendre l'offensive à droite avec concours armée Lorraine qui est nécessaire. » (*G. Q. G.,* 3ᵉ *Armée, Sorties, pièce* 43.)

A 20 h. 45, le général Ruffey donnait en conséquence ses instructions en vue d'une reprise d'offensive pour le lendemain.

Après avoir marqué les positions de son armée et celle de l'ennemi, il ajoutait : —

« Demain 24 août, les corps d'armée se maintiendront à tout prix, au commencement de la journée, sur leurs positions actuelles. Dès que l'offensive sera possible, le mouvement commencera par le 5ᵉ corps dans la direction de la ferme Bouillon, près de Tellencourt. Le mouvement sera appuyé à gauche par le 4ᵉ corps dans la direction générale Allondrelles, la Malmaison. — Le 6ᵉ corps se portera en avant par sa droite dans la direction générale Nouillon-Pont, Saint-Pierrevilliers, dès qu'il sera appuyé par l'offensive des divisions de réserve. La 7ᵉ division de cavalerie restera tout d'abord en arrière de Muzeray. » (3ᵉ *Armée,* 3ᵉ *Bureau, n*ᵒ 3424, *pièce* 45.)

A 23 heures, le général Maunoury, de son côté, adressait au général Paul Durand l'ordre particulier nᵒ 7 lui enjoignant de coopérer à l'offensive de la 3ᵉ armée, mais toutefois en établissant les limites de cette coopération :

« Afin de permettre la reprise de l'offensive de la 3ᵉ armée, les 54e, 67e et 72e divisions de réserve restent pour la journée de demain lundi 24, sous le commandement du général Paul Durand qui aura pour mission, dès que l'action du 6e corps se fera sentir, d'appuyer son attaque. Le général commandant le 3e groupe de divisions de réserve se maintiendra en liaison constante avec le commandant de la 3e armée de manière à coopérer intimement avec lui.

« L'offensive des divisions de réserve ne devra pas dépasser la Crusnes ; en outre, elles auront à se couvrir contre une attaque éventuelle débouchant de Briey, Conflans, où des rassemblements ont été signalés dans la journée (une brigade et demie avec artillerie dans chacune de ces localités).

« Les 55e et 56e divisions de réserve resteront sur place. La 75e division de réserve reçoit l'ordre de se porter sur la ligne Warcq, Fresnes-en-Woevre pour remplacer la 72e division de réserve. » (3e *Armée, Entrées, 3e Bureau, n°* 1584.)

Le général Maunoury, comme on le voit, interprétait largement les ordres défensifs qu'il venait, dans la matinée, de recevoir du G. Q. G.

Le 23 août, la 5e armée et l'armée anglaise s'étaient trouvées au contact d'un ennemi très supérieur en nombre et en qualité, car les Allemands, ayant concentré à leur aile droite tout leur effort offensif, y avaient mis les meilleures de leurs unités : « Nos renseignements — rapporte le maréchal French — ne laissaient aucun doute sur la direction de l'attaque allemande, mais rien ne pouvait nous amener à prévoir la supériorité écrasante des forces que nous allions rencontrer le 23 août. » Devant cette aile droite, élite de l'armée allemande, l'aile gauche française, improvisée, disparate, sans unité de commandement et dans une position impossible : l'inévitable se produisit.

La bataille dite de Charleroi était perdue avant que d'être engagée ; le grand mérite du chef de la 5e armée fut d'avoir osé empêcher qu'elle ne tournât à la catastrophe et d'avoir pris sur lui de rompre le combat à temps pour empêcher l'enveloppement de toute l'aile gauche alliée.

A 16 heures, la bataille était nettement perdue ; à 21 heures, le général Lanrezac, de sa seule autorité, prescrivait la retraite sur la ligne Givet, Philippeville, Beaumont, Maubeuge (¹) ; le 24, à o h. 45, sa détermination était confirmée par le G. Q. G.

Les ordres successifs de retraite, d'après les documents mis à ma disposition, ne vinrent qu'un peu plus tard.

Le premier fut adressé le 24, à 8 h. 5, au général Maunoury : « No 1894. — En présence de la situation qui est faite à notre aile gauche, il convient de s'en tenir à la défense des Hauts-de-Meuse sur les positions organisées au nord de Verdun et au sud de cette place jusqu'à Toul. Répartissez les forces dont vous disposez en vue d'assurer sur ces positions un solide barrage. Assurez liaison 3e armée dans la région d'Azannes. » (*G. Q. G.*, *T.* 3407, *pièce* 317.)

A 8 h. 30, c'était l'ordre de retraite à la 3e armée : « No 1893. — En présence de la situation faite à la 4e armée, à votre droite, je décide que vos forces seront ramenées sur les positions organisées sur le front général Montmédy, Damvillers Azannes. A votre gauche, la 4e armée tiendra entre Meuse et Chiers les hauteurs de la rive droite de la Meuse de Mouzon à Stenay. A votre droite, l'armé de Lorraine occupera les Hauts-de-Meuse au nord et au sud de Verdun. » Et de la main même du général Joffre : « Restez en liaison avec le général Maunoury. » (*G. Q. G.*, *T.* 3407) (¹).

(¹) *Journal de marche du* 18e *corps*, ordre no 240/3, reçu par le 18e corps à 23 heures.

(²) Cet ordre ne se trouve pas dans les dossiers d'entrées de la 3e ar-

L'ordre à la 4ᵉ armée est de 9 heures :

« Nᵒ 1892. — La 4ᵉ armée reportera ses forces sur la rive gauche de la Meuse en avant de Mouzon et sur les hauteurs de la rive droite entre Mouzon et Stenay. Elle organisera ses positions et disposera ses forces en mesure de récupérer à gauche, s'il est possible, pour se relier dans la région Rimoigne, le Châtelet avec la 5ᵉ armée. Sa cavalerie sera, dès à présent, chargée d'assurer cette liaison. Vous serez juge du moment où les corps d'armée pourront se porter vers Rimoigne. La 5ᵉ armée est aujourd'hui sur le front Givet, Beaumont, Maubeuge, quartier général à Chimay. Entendez-vous avec elle pour assurer la liaison dont il s'agit. Je donne l'ordre à la 3ᵉ armée de replier sa gauche sur les positions organisées autour de Montmédy. » (G. Q. G., T. 3407, pièce 322.)

A 9 h. 35, c'est l'ordre à la 5ᵉ armée et à l'armée anglaise :

« Nᵒ 2004. — La 5ᵉ armée manœuvrera en retraite en prenant appui sur la place de Maubeuge et en appuyant sa droite au massif boisé des Ardennes. Tenez-vous en liaison avec la 4ᵉ armée, qui replie sa gauche en arrière de la Meuse et cherche à se relier avec vous par sa cavalerie sur Rocroi et Rimagne. Soyez toujours en liaison avec l'armée W. (anglaise). »

« Nᵒ 2605. — L'armée W (anglaise) pourrait retarder la marche des forces ennemies entre Valenciennes et la place de Maubeuge. En présence des forces supérieures, ses lignes de repli pourront être en direction générale de Cambrai, appuyant sa gauche à la ligne d'eau Bouchain, Arleux, sa droite sur Le Cateau. Deux divisions de réserve seront amenées dans la nuit d'Arras. Elles seront employées comme réserve en arrière du barrage établi entre Arras et Valenciennes. » (G. Q. G., T. 3407, pièces 318 et 319.)

Enfin, à 9 h. 35 également, le général Joffre rendait ainsi compte au ministre de la Guerre de l'échec :

------

mée, que détenait la Section historique, au moment où j'ai fait ce travail.

« Les craintes que les journées précédentes m'avaient inspi-
rées sur l'aptitude offensive de nos troupes en rase campagne
ont été confirmées par la journée d'hier, qui a définitivement
enrayé en Belgique notre offensive générale. »

Après avoir enregistré les résultats dans les régions des Vosges
et de Nancy, le général en chef ajoute, pour ce qui est de la
Belgique :

« Dans la région comprise entre Longwy et la Meuse, notre
offensive générale est enrayée définitivement. Nous avons progressé sur certains points, mais notre recul sur d'autres a en-
traîné le résultat d'ensemble. Au nord, notre armée opérant
entre Sambre-et-Meuse et l'armée anglaise a dû subir des échecs
dont je ne connais pas encore la portée, mais qui l'ont contrainte
à reculer sur la ligne Givet, Maubeuge, Valenciennes. Enfin, plus
au nord, le mouvement enveloppant des Allemands a paru
s'accentuer encore dans la journée d'hier. »

Et le général Joffre concluait :

« Force est de se rendre à l'évidence. Nos corps d'armée,
malgré la supériorité numérique qui leur avait été assurée, n'ont
pas montré en rase campagne les qualités offensives que nous
avaient fait espérer les succès partiels du début (succès obtenus
surtout dans des opérations de montagnes). Nous sommes donc
condamnés à une défensive appuyée sur nos places fortes et sur
les grands obstacles du terrain (et, ajouté de la main même du
général Joffre : en cédant le moins possible de territoire). Notre
but doit être de durer le plus longtemps possible en nous efforçant d'user l'ennemi et de reprendre l'offensive le moment
venu. » (*G. Q. G., T.* 3407, *pièce* 323, 3e *Bureau, n*o 1890.)

Or, à 6 h. 45, le général Ruffey avait demandé au général en
chef que l'ordre soit donné à l'armée de Lorraine de prendre
l'offensive [1] :

____

[1] Déjà cette demande avait été faite le même jour, 24, à 6 h. 20 en
ces termes :

« Le général commandant la 3e armée demande instamment que l'ordre soit donné à l'armée de Lorraine d'employer toutes les forces dont elle peut disposer à produire une action offensive à la droite de la 3e armée sur la gauche de l'ennemi. » (3e *Armée,* 3e *Bureau, Sorties, n*o 169.)

On vient de voir qu'à l'encontre de ce désir, à 8 h. 5, le général en chef avait donné au général Maunoury l'ordre de replier ses forces sur les Hauts-de-Meuse et d'y assurer un solide barrage, et à 8 h. 45, au général Ruffey, l'ordre de ramener ses forces sur le front général Montmédy, Damvillers, Azannes.

Mais un fait nouveau devait changer sur ce point les dispositions du haut commandement en procurant aux armées de Verdun une des plus extraordinaires chances que l'histoire de cette guerre ait eues à enregistrer.

Le 24 août, vers 6 heures du matin, une reconnaissance du 3e hussards, conduite par le maréchal-des-logis Ronchon, arrêtait une voiture automobile sur la route de Dompierre à Puxe, dans la traversée du bois de Bouzonville. Précipitamment, ses voyageurs, deux officiers et le conducteur, se sauvent dans les bois. On s'empare des papiers et cartes et l'on y trouve l'ordre de mouvement, pour la journée du 24, de la XXXIIIe division d'infanterie allemande : pendant que le XVIe corps allemand attaquera sur l'Othain vers Nouillon-Pont, cette XXXIIIe division d'infanterie, venant de Metz, se rendra en deux colonnes sur le front Mouaville, Bechamp, Lanhères ; la tête du gros se trouvera à 9 heures à Dompierre.

C'était l'indice que le commandement allemand ignorait les positions de l'armée de Lorraine et peut être même ne soupçon-

---

« Rien de nouveau. Le 4e Corps est obligé de prendre précautions en raison situation de la droite de la 4e armée. Général Ruffey demande instamment que l'ordre soit donné à l'Armée de Lorraine d'employer toutes les forces dont elle peut disposer à produire une action offensive à la droite de l'Armée de Verdun sur la gauche de l'ennemi. »(3e *Armée. Sorties.* 3e *Bureau,* no 3333, folio 44).

nait pas son existence. Dans sa hâte à se porter sur Verdun, il a
négligé — première manifestation de cette stratégie à œillères
tant de fois renouvelée au cours de cette guerre — de s'éclairer
sur son flanc gauche, et sur ce flanc gauche, à son insu se trouvent établies trois divisions de réserve, les 75e, 56e et 55e.

Les documents saisis sont remis aussitôt au général de Dartein qui commande la 56e division de réserve et qui, à 7 h. 30,
signale au général Paul Durand cette prise importante ; le renseignement est retéléphoné, à 8 h. 15, par le 3e groupe de divisions de réserve à la 3e armée, où il est reçu par le chef du 3e bureau, le commandant Tanant (¹).

Le commandant, depuis général Tanant, a fait à la Commission de Briey l'impressionnant récit de cette affaire :

« A la lecture de cet ordre, il m'est apparu que la XXXIIIe division de réserve allemande avait son point d'attaque sur Étain
et que le kronprinz semblait croire que nous n'avions plus aucune espèce de forces dans la Woevre. La manœuvre allemande
consistait à tourner notre droite. J'ai étudié la manœuvre possible de notre côté : nous avions à notre disposition les 54e 55e,
56e, 67e et 75e divisions de réserve, la 65e venait de débarquer ;
enfin, la 72e division de Verdun et les trois régiments actifs de
Verdun qui brûlaient du désir de se battre, car c'étaient des
forces très importantes.

« Je me suis rendu auprès du général Ruffey pour lui exposer
la situation. A ce moment, le général Ruffey était un peu, comment dirai-je ? touché, énervé après trois jours de bataille sans
succès, et il ne voulait guère entendre parler d'une nouvelle
offensive. Je m'écriai : « Comment vous, ancien professeur à
« l'École de guerre, vous n'admettriez pas que, disposant de

(¹) 3e *Armée*, 3e *Bureau, Entrées* n° 1596.

Il s'est produit sur cet incident une opposition de souvenirs entre
le général Ruffey et le général Maunoury. La version exacte semble
avoir été donnée par le général Tanant, d'après les documents consultés.

« forces comme celles qui sont à notre disposition, nous ne les
« jetions pas toutes et immédiatement dans la bataille, surtout
« quand l'ennemi ignore la présence de ces troupes ; c'est le
« moment de faire l'effort et de taper avec le tout. »

« Rapidement convaincu, le général Ruffey fait venir le général Maunoury. C'est là, d'ailleurs, la seule discussion que nous
ayons eue dans le cabinet du général Ruffey ; il y avait là les
généraux Ruffey, Maunoury, Grossetti et moi. Après que j'eus
exposé la situation, le général Maunoury prit la parole pour dire :
« Vous avez raison, mais j'ai des instructions qui s'opposent à
« ce que je fasse cette manœuvre. » « Ces instructions, quelles
sont-elles ? » m'écriai-je. Il me répondit : « Investir Metz »... Je
fis remarquer qu'il ne s'agissait pas d'investir Metz et que, si
nous ne profitions pas des circonstances pour « flanquer la pile
aux Boches », demain ce n'est pas nous qui irions investir Metz,
mais ce serait le Boche qui investirait Verdun, puisque l'investissement était, d'ailleurs, virtuellement commencé. Le général
Maunoury me répliqua : « Je suis lié par mes instructions » (¹).
« Si je fais réformer vos instructions, lui dis-je, et si vous en
recevez de nouvelles, êtes-vous disposé à marcher ? » — « Oui »,
fut la réponse.

« J'appellai aussitôt au téléphone le commandant Bel, et lui
exposai rapidement la situation. Je lui dis que nous devions
monter notre manœuvre le jour même pour le lendemain et qu'il
était de toute nécessité de faire réformer les instructions du
général Maunoury. Au bout de quelques minutes, le commandant Bel me dit : « Je ne puis vous donner de réponse tout de
« suite parce que le général Berthelot est occupé. » Je répliquai
qu'il fallait une réponse immédiate, qu'il n'y avait pas une minute à perdre, l'attaque devant avoir lieu le lendemain matin.

(²) On a vu qu'à 8 h. 5 le G. Q. G. avait envoyé au général Maunoury l'ordre de replier l'armée de Lorraine au nord et au sud de
Verdun.

« Quelque temps après, je reçus un message dont je ne me rappelle pas les termes exacts, mais dont le contexte est certainement le suivant : étant données les circonstances, le général Ruffey et le général Maunoury, qui sont sur place, prendront toutes les dispositions pour agir au mieux. Le message était signé : Belin. C'était donc la liberté absolue donnée par le général en chef. C'est moi-même qui reçus cet ordre, et le tenant à la main, j'entrai triomphalement dans le cabinet du général Ruffey. »

Ce récit est confirmé par les documents mêmes de la 3ᵉ armée.

A 8 h. 45 ce télégramme était envoyé par la 3ᵉ armée au général en chef : « Ordre des opérations des Allemands pour le 24 pris ce matin : XVIᵉ corps attaquera sur le front Nouillon-Pont, Spincourt, Gouraincourt ; ce corps est flanqué à gauche par brigade landwehr attaquant à Gondrecourt ; plus à gauche, sur l'axe Conflans, Étain, VIᵉ division cavalerie marche sur Verdun et derrière elle la XXXIIIᵉ division de réserve de Conflans sur Jeandelize. Demande à commandant en chef coopération général Maunoury. Gros engagement du côté de Longuyon sur le front du 5ᵉ corps. »

Il fut répondu à 9 heures : « Ordres envoyés par télégramme chiffré à 8 heures. » (3ᵉ *Armée, Sorties, 3ᵉ Bureau*, 3364.) Or, ce télégramme, comme nous l'avons déjà rapporté, prescrivait le repli de l'armée de Lorraine sur les positions organisées de Toul à Verdun.

A 9 h. 20, nouveau message téléphoné du « commandant de l'armée de Verdun » au général en chef : « En présence situation sur front 3ᵉ armée, très attaquée vers sa droite, général Ruffey, d'accord avec général Maunoury, demande que, pour le dégager, contre-attaque des divisions de réserve du général Durand sur flanc gauche ennemi soit autorisée. » (3ᵉ *Armée, Sorties, page* 41.)

Ce message fut reçu par le commandant Bel, et, à 9 h. 50,

cette réponse était téléphonée du G. Q. G. par le commandant Bel, au général Ruffey : « N° 2017 : « Vous êtes sur place. Je vous laisse le soin de prendre, d'accord avec le général Maunoury, mesures qui conviennent le mieux à la situation. — BELIN. »

Et à la suite cet *addendum* :

« Dispositions confirmées au général Maunoury qui avait appelé le général Belin au téléphone. Le général Maunoury a fait connaître qu'il prenait la responsabilité de faire intervenir des divisions de réserve sur la droite de la 3ᵉ armée sans perdre de vue la mission qu'il a, d'autre part, de conserver à tout prix les Hauts-de-Meuse. — BELIN. » (*G. Q. G., T.* 3407, *pièce* 326) (¹).

Cette dernière phrase indique qu'indépendamment de la communication téléphonique du commandant Tanant au commandant Bel, le général Maunoury aurait, de son côté, mis le général Belin au courant de la situation.

En conformité de l'ordre de repli à lui adressé par le G. Q. G. à 8 heures, le général Maunoury avait rédigé et expédié à 9 h. 15 un ordre général d'opérations pour la journée du 24 août.

Rappelant que l'armée de Lorraine avait pour mission d'empêcher le passage des armées allemandes entre Verdun et Toul et signalant qu'une forte colonne ennemie de toutes armes (probablement la XXXIIIᵉ division de réserve) semblait se porter de Conflans sur Jeandelize avec un flanc garde à gauche marchant de Jarny sur Allamont », il prescrivait aux 54ᵉ, 57ᵉ et 72ᵉ D. R. de se conformer au mouvement de la 3ᵉ armée et de tenir éventuellement les Côtes-de-Meuse de Bezonvaux à Ronvaux inclus, — à la 75ᵉ D. R. de résister sur place si elle est attaquée mais sans se laisser accrocher de façon à conserver la liberté entière de manœuvre, pour se replier éventuellement sur

---

(¹) La pièce débutait ainsi : « Autorise emploi des divisions de re... », ces mots furent effacés et remplacés par l'ordre ci-dessus.

les Côtes-de-Meuse, de Haudiomont à Combres et d'en assurer sans délai l'organisation défensive, — à la 56e D. R. et à la 55e D. R. d'opérer de même avec repli éventuel sur le front Herbeuville, Viéville-sous-les-Côtes et Hattonchâtel, Buxières, — enfin à la 65e D. R. de se porter en réserve dans la région Ambly-sur-Meuse, Troyon-sur-Meuse et d'organiser une position de repli sur la rive gauche de la Meuse, ainsi que des têtes de pont sur la rive droite. » (3e *Armée*, 3e *Bureau, Entrées, n*o 1810.)

Mais, dès réception du message de 9 h. 50 lui rendant sa liberté d'action, le général Maunoury remplaçait cet ordre par l'ordre général d'opérations no 10, daté du 24 août, 11 heures, et débutant ainsi : « A la suite d'une communication téléphonique du G. Q. G., le commandant de l'armée de Lorraine est autorisé à appuyer le mouvement offensif qu'entreprend la 3e armée au nord de Nouillon-Pont. »

En conséquence, il prescrivait au groupe du général Paul Durand (54e, 67e, et 72e D. R.) d'appuyer l'attaque de la 3e armée « dans les conditions fixées par l'ordre particulier no 7 du 23 août ». La 75e D. R. était également mise provisoirement sous les ordres du général Paul Durand « pour appuyer son attaque » La 56e D. R., en échelon, en arrière, aurait à assurer l'inviolabilité du flanc droit des divisions placées sous les ordres du général Durand ; la 55e D. R. restera sur ses emplacements pour assurer la couverture sur le front Chambly, Pont-à-Mousson, et la 65e D. R. restera en réserve dans la région de Troyon (¹).

(¹) Dossier de l'armée de Lorraine, 3e *Armée*, 3e *bureau*, no 1620.

L'ordre particulier no 7, visé dans cet ordre du général Maunoury se bornait simplement à mettre les 54e, 67e et 72e D. R. sous le commandement du général Paul Durand avec pour mission « dès que l'action du 6e corps se fera sentir d'appuyer son attaque ». Le général Paul Durand avait en conséquence établi défensivement les 54e, et 67e D. R. sur le front Spincourt, Gouraincourt et la 72e D. R. au nord de Fromezay et sur la ligne Etain, Warcq, Goussainville. (*Journal d'opérations du commandement du 3e groupe de divisions de réserve*).

Le commandement de l'armée de Lorraine se trouvait donc pour la bataille projetée partagé entre le général Paul Durand et le général Maunoury : l'ordre n° 10 spécifiait, en effet, que « seules les 55e, 56e et 65e D. R. sont placées directement et provisoirement sous les ordres du général commandant l'armée de Lorraine ».

~

Le journal d'opérations du commandement du 3e groupe de réserve rapporte que le 24, à midi, le général Paul Durand fut seulement avisé de la prise de l'ordre de bataille allemand, en même temps qu'il recevait du général Maunoury l'ordre d'appuyer l'offensive de la 3e armée au nord de Nouillon-Pont. Il donna en conséquence aux 54e et 67e D. R. l'ordre d'attaquer sur le front Rechicourt-Bouligny, à la 75e D. R. celui de les appuyer à droite en attaquant par Boinville et Buzy dans la direction générale de Gondrecourt et à la 56e D. R. « l'invitation d'assurer la sûreté du mouvement sur le flanc droit » (¹).

L'armée de Lorraine avait six divisions de réserve, trois régi-

---

(¹) Voici exactement l'ordre qui fut communiqué téléphoniquement le 24 à 12 h. 15 par le 3e groupe de D. R. à la 3e armée. « 1° Le commandant Duthilleul a trouvé ce matin le général commandant la 75e D. R. ; 2° la 75e D. R. est prête à déboucher à midi au front Warcq-Buzy ; 3° d'après les renseignements reçus une brigade de la 56e D. R. serait prête à la même heure à déboucher du front Saint-Jean-les-Buzy, Olley ; 4° d'autre part, le général Durand vient de recevoir l'avis que le 6e corps attaquait ; en conséquence, il prend la décision de prendre l'offensive avec les divisions de réserve, mises à sa disposition par le dernier ordre du général Maunoury, ordre daté de Verdun, 11 heures ; 5° d'après ces dispositions, la 75e D. R. attaquera sur le front Gondrecourt-Fléville ; la 56e D. R. reçoit l'invitation d'assurer la sûreté du mouvement sur le flanc droit ; 6° le commandant Duthilleul se met à la disposition du général Durand » P. c. c. l'officier de service Ehrmann (3e *Armée*, 3e *Bureau*, *Entrées*).

ments actifs, la 7e division de cavalerie et, en cas de besoin, l'artillerie lourde de Verdun ; les forces ennemies qui s'avançaient contre elle se composaient de la XXXIIIe division de réserve allemande et de trois brigades de landwehr, le XVIe corps allemand étant occupé par notre 6e corps. Sa supériorité numérique était donc très marquée.

Mais la disposition en cordon, qui résultait de la mission défensive qui lui avait été assignée, l'obligeait, au lieu de combattre d'un seul bloc, d'agir par efforts successifs, et on voit que dans son plan de bataille, pour le 24, le général Paul Durand ne met en jeu que trois de ces divisions ; les autres, déployées à l'avance, forment barrage.

Ainsi donc, le 24, la mission de l'armée de Lorraine était d'appuyer l'offensive de la 3e armée. Une série de contre-temps et de fautes, jointe à l'épuisement des troupes de la 3e armée après ces durs combats, contrarièrent le développement de cette offensive.

Le commandant du 5e corps, le général Brochin, qui avait si gravement compromis le sort de la bataille du 22, garda, malgré la demande instante du général Ruffey, son commandement jusqu'au 24 après-midi, où il fut remplacé par le général Micheler. Au rapport du général Ruffey, le général Brochin dans la matinée du 24, quoique n'ayant devant lui qu'une force insignifiante, mais se croyant débordé sur sa droite, se replia, sans opposer grande résistance, sur la ligne de l'Othain (¹) sans prévenir la 12e division du 6e corps à sa droite. Repris en main par son nouveau chef, le 5e corps tint résolument tête à l'adversaire sur les hauteurs entre la Chiers et l'Othain, grâce à son artillerie et au concours que lui prêta le 6e corps.

A 10 heures, le 4e corps, qui était à l'aile gauche de l'armée,

---

(¹) « 24 août, 11 h. 20, le général commandant le 5e corps annonce 5e corps débordé sur sa droite et occupe la ligne de l'Othain » (3e *Armée, 3e Bureau, Entrées, pièce* 339).

ayant fait savoir qu'il n'était pas attaqué, le général Ruffey lui donna l'ordre de faire contre-attaquer par la 7e division le VIIe corps allemand aux prises avec le 5e corps, mais l'ordre, s'il fut transmis, ne parvint que trop tardivement à destination. A 14 heures, avisé par son agent de liaison avec le 4e corps que le 4e corps continuait à n'être pas attaqué et que le 5e corps avait reculé vers l'Othain, le général Ruffey redonnait l'ordre au 4e corps d'aider le 5e corps, et à 15 heures, au 5e corps, celui de résister à tout prix sur ses positions, l'informant que le 4e corps contre-attaquait à sa gauche pour le dégager tandis qu'à sa droite le 6e corps et cinq divisions de réserve lui apportaient pareille assistance. (3e *Armée*, 3e *Bureau*, *Entrées*, *pièces* 348-351.)

De son côté, le général Sarrail mandait à la 3e armée : « L'ennemi venant de Longuyon est entré après vif engagement dans le Haut-Bois et le bois de Rafour ; ordre est donné à la 12e division, dès que l'ennemi apparaîtra sur les lisières sud, d'attaquer ; elle est fortement appuyée par l'artillerie de corps et l'artillerie lourde. Arrancy, attaqué par l'est, tient bon. Fais avancer en réserve à Pillon les troupes disponibles de la 40e division et son artillerie. Donne ordre à la 42e division de se porter à l'ouest de Saint-Pierrevillers pour intervenir à la droite de la 12e division (direction Han devant Pierrepont). » Le commandant du 6e corps terminait ainsi : « Il serait indispensable que la 54e division de réserve de Spincourt pût agir à la hauteur de Rechicourt (¹). »

L'ordre de bataille des divisions de réserve était de la gauche à la droite, 54e, 67e, 75e, 56e, 55e ; la 54e assurait la liaison avec le 6e corps, mais ce ne fut pas cette division, mais la 67e qui fut engagée la première. Cette dernière se heurta aux bois de Saulx à un ennemi largement pourvu d'artillerie et qui lui infligea des pertes considérables — plus du tiers de son effectif et tous

---

(¹) 3e *Armée*, 3e *Bureau*, *Entrées*, *pièce* 139, la pièce ne porte ni jour, ni heure, mais il n'est pas douteux que sa date est le 24.

ses capitaines ([1]). Après une résistance acharnée et malgré l'appui du 164e régiment d'active, à 19 heures, la 67e division dut se replier sur Amel, découvrant ainsi le flanc droit de la 54e division qui, pour soutenir l'offensive du 6e corps sur Pierrevillers, était, à 18 heures, malgré le feu intense de l'artillerie de gros calibre ennemie, parvenue à mi-chemin de Rechicourt.

A 17 heures, l'état-major du général Maunoury mandait à la 3e armée :

« La 54e D. R. tient bien sous les obus, elle a l'air de se porter en avant. L'attaque monte sur Étain, la 75e en tête, la 56e à droite sur Olley. La 72e, une brigade vers Étain en réserve, une autre brigade (illisible). L'attaque a l'air de progresser. Le feu de l'artillerie ennemie diminue et la ligne ennemie, vers Rozières (?), semble reculer. » (3e *Armée*, 3e *Bureau, Entrées, n°* 351.)

Malheureusement, le recul forcé de la 67e division permit à l'ennemi de progresser sur le plateau de Rouvres, d'où il tenait sous le canon les villages de Warq et d'Étain, occupés par la 72e. Ayant son flanc droit découvert, la 54e arrêta sa progression ; ordre verbal lui fut transmis à 20 h. 20 d'occuper Spincourt et Haudelincourt, mais aux notes qui figurent au journal de marche de cette 54e division de réserve on peut lire :

« La position étant intenable (canonnades des villages à 11 heures soir) le général donne l'ordre de se replier sur Loison, puis sur Billy-sous-Mangiennes. »

Au rapport du journal d'opérations du 3e groupe de divisions de réserve, les 75e et 56e divisions de réserve atteignaient vers 18 heures la vallée de l'Orne à Boinville, Buzy, Olley, Puxe ; cette indication est contredite par le journal de marche de la 56e division de réserve, dont son chef, le général de Dartein,

---

([1]) « Les capitaines de l'active, qui commandaient les compagnies, ont donné l'exemple pour entraîner leurs hommes, ils se sont tous fait hacher ; sur 48, il ne m'en est resté qu'un. J'ai également perdu beaucoup d'officiers de réserve qui se sont très bien conduits. » (Déposition du général Marabail).

affirme que ses brigades ne dépassèrent pas Harville et Moulotte (¹).

Le général Le Guay a déclaré devant la Commission de Briey que, ce jour-là, sa division, la 55ᵉ, n'avait pas bougé de ses positions, au sud de la Woëvre, où elle était sans nouvelles et sans même connaître l'armée dont elle faisait partie.

A 20 heures, le général Paul Durand arrêtait le combat et donnait aux troupes l'ordre de coucher sur leurs positions. Voici la substance de cet ordre de stationnement en fin de combat :

Le 6ᵉ corps a pris l'offensive contre la droite de l'ennemi ; celui-ci, maintenu de front par les 54ᵉ et 67ᵉ D. R. a été vigoureusement attaqué sur son flanc gauche par les 72ᵉ, 75ᵉ et 56ᵉ D. R. qui l'ont forcé à fléchir. Les troupes bivouaqueront sur place et maintiendront l'occupation des positions conquises. « Mon intention est de reprendre demain, dès l'aube, l'offensive sur toute la ligne dans les directions générales déjà indiquées. La 56ᵉ D. R., mise demain sous mes ordres, continuera toujours son rôle de flanc-garde. Le général commandant l'armée de Lorraine a prescrit à la 7ᵉ division de cavalerie d'opérer à l'aile droite de l'ensemble et d'éclairer, dès le petit jour, dans les directions de Metz, Briey, Norroy-le-Sec (²).

(¹) Voir sur cette bataille, indépendamment de sa déposition, le livre du général DE DARTEIN, *La 56ᵉ division au feu* (Paris, Berger-Levrault).

(²) 3ᵉ *Armée*, nᵒ 1640. On n'a pas été sans relever la contradiction entre le rôle que le général Paul Durand attribue, ce jour-là, à ses divisions, et celui qu'il eut d'après le journal des opérations du 3ᵉ groupe des D. R. Cette contradiction s'explique assurément par le moment où fut donné cet ordre ; le général Durand voulait exalter le moral de ses troupes en leur déclarant qu'elles marchaient vers la victoire.

Une contradiction de plus sérieuse conséquence se relève au sujet de la 7ᵉ division de cavalerie. Le général Maunoury lui assigne une mission à l'aile droite des divisions de réserve ; or, le même jour, et à la même heure, à 16 h. 35, le général Sarrail, croyant cette division de cavalerie à sa disposition, lui avait prescrit de se porter avec toutes

A 21 h. 55, le général Paul Durand informait le général Ruffey que le 25, à 4 heures, il attaquerait sur tout le front Étain, Olley, en direction générale nord-est : « La 54e D. R., ajoutait-il, se trouvant momentanément séparée de mon groupement de divisions, je vous demande de vouloir bien lui donner des ordres pour lui permettre de coopérer à votre action et assurer son ravitaillement en munitions et en armes. » (3e *Armée, 3e Bureau, Entrées, pièce* 361) (¹).

A 20 h. 35, le général Ruffey envoyait au G. Q. G. ce rapport succinct : « No 135. Engagement général depuis matin. Vers midi, 4e et 5e corps tenaient Othain. 6e corps était sur le front Pillon, Maizeray. A 14 heures, armée Lorraine attaque en liaison avec le 6e corps, puis 5e et 4e corps reprennent offensive. Fin journée attaque progressait. » (3e *Armée, 3e Bureau, Sorties,* 3503.)

Peu après, à 22 h. 30, le général Maunoury rendait lui aussi compte au G. Q. G. de la situation à l'armée de Lorraine :

« No 3516. — Cinq divisions de réserve, appuyant à droite l'action de la 3e armée, ont attaqué dès aujourd'hui de front et de flanc la gauche ennemie. La situation paraît excellente ; les divisions de réserve ont fait preuve de solidité. L'attaque interrompue à la nuit sera reprise demain dès l'aube, et, d'après les résultats obtenus aujourd'hui, on peut espérer un succès. L'ennemi donne des signes de fatigue. Replis laissés sur Hauts-de-Meuse. » (*Dossier de l'armée de Lorraine.*)

---

ses forces sur Ollières à la gauche des divisions de réserve et d'entrer immédiatement en action. (3e *Armée, Entrées,* no 363).

(¹) La 54e D. R. fut, dans la nuit du 24 au 25, rattachée au 6e corps : « Elle a — lit-on dans un télégramme du commandant du 6e corps, 25 août, 4 h. 15 — reçu l'ordre d'attaquer dans la direction Xivry-Circourt. Tous les éléments disponibles de la cavalerie de corps (plusieurs escadrons) lui ont été donnés pour se relier à la 67e D. R. attaquée à 4 heures. » (3e *Armée, Entrées,* no 364).

~

Au matin du 25 août, la retraite est générale pour les 5ᵉ et 4ᵉ armées, de même que pour l'armée anglaise ; seule, la 3ᵉ armée est restée sur ses positions. L'ennemi par le nord marche sur Paris et sa progression dépasse toute prévision. Il trouve la voie presque libre ; Paris était sans garde.

C'est qu'en effet, le 23 août, le général Joffre avait demandé au ministre de la Guerre « de diriger sur le Nord les deux divisions de réserve de defense mobile de Paris ». Le télégramme ajoutait : « Commandant Dumont qui rentre cette nuit Paris vous fournira toutes explications à ce sujet. » (*T.* 3407, *G. Q. G. pièce* 311, *n*º 1878).

Le 24 août, à 9 h. 35, le général Berthelot envoyait au général d'Amade ce télégramme qui prouve que la demande avait reçu satisfaction et que Paris, par suite, se trouvait privé de ses troupes de défense mobile : « Recevrez dans la nuit et la matinée de demain deux divisions de réserve venant de Paris. Vous les emploierez comme réserve en arrière du barrage entre Arras et Valenciennes. » (*T.* 3407, *G. Q. G.*, *pièce* 320, *n*º 2006).

Et, ce même jour, 23 heures, le général Berthelot donnait l'ordre au général d'Amade « d'employer ces deux divisions de réserve au mieux pour agir à la gauche des Anglais. » (*T.* 3407. *G. Q. G.*, *pièce* 339, *n*º 2072).

Dans la nuit du 24 au 25 août, le ministre de la Guerre, M. Messimy et le général Galliéni, qui est à ses côtés, connaissent le désastre de Charleroi ; ils voient le danger, il faut y parer.

A 7 heures, le colonel Magnien part en automobile porter au général Joffre cet ordre, dont M. Messimy a, pour la première fois, révélé l'existence à la Commission de Briey :

« Ordre au général commandant les armées du Nord-Est.

« Si la victoire ne couronne pas le succès de nos armes et si

les armées sont réduites à la retraite, une armée de trois corps
actifs au minimum devra être dirigée sur le camp retranché de
Paris pour en assurer la garde. Il sera rendu compte de la réception de cet ordre. — MESSIMY ». ([1])

La 3e armée, qui depuis trois jours s'était battue sans discon-
tinuer, était à bout de souffle et de forces et hors d'état de reprendre l'offensive même la plus modérée ; l'ennemi de son
côté, montrait moins de mordant ([2]). Le seul espoir était dans
l'offensive des divisions de réserve, et l on peut dire que le
25 août fut leur journée.

Le 4e corps, dans le plus terrible état, se vit, vers 12 heures,
dans la nécessité de se replier sur Jametz-Louppy.

« Le général de Trentinian, d'accord avec le général de Lar-
tigue, — exposait le général Boelle, commandant le 4e corps
d'armée — estime que les troupes ont donné tout ce qu'on pouvait attendre d'elles ; après les avoir vues aujourd hui dans les
cantonnements et sur les routes, j'ai le vif regret d'être obligé
de partager l'avis de ces officiers généraux. A peine remise du
combat du 22 août qui lui avait fait perdre plus d'un tiers de son
effectif, la 7e division a livré un combat violent à Marville à la
suite duquel elle a subi des pertes très sérieuses. Bien que la
8e division ait été à peine engagée aujourd hui, les hommes bi-
vouaqués paraissent exténués, ce qui diminue la valeur de ces
troupes dont le moral redeviendrait vite excellent si elles pouvaient se reprendre en se reposant et en dormant. Les régiments
comptent à peine une vingtaine d officiers dont quelques-uns
appartiennent à la réserve. Le repos des troupes ne dépendant
évidemment que des attaques de l'ennemi, il ne m'appartient

([1]) *Procès-verbaux de la Commission de Briey*, déposition Messimy,
tome I, p. 262.

([2]) Ainsi une communication de Bevaux d'un escadron de découverte, reçue le 25 à 8 h. 55, apportait cette impression que l'ennemi
aurait déployé tout son monde hier et qu'il n'aurait rien en arrière.
(3e *Armée*, 3e *Bureau*, *Entrées*, n° 1644).

pas de vous proposer les mesures qui nous semblent nécessaires et que je laisse à votre haute autorité le soin d'apprécier. »
(3e *Armée, Entrées, n° 397.*)

Dans un tel état, le 4e corps ne put se maintenir à Marville,
que l'ennemi bombardait à grande distance ; il avait tenu jusqu'à l'extrême limite des forces humaine ; il dut se replier.

Le 5e corps, sur la rive gauche de l'Othain, eut moins à subir
la pression de l'ennemi.

Le 6e corps montrait plus de résistance ; la 54e division de
réserve lui avait été adjointe, mais il ne semble pas que son aide
ait été très efficace :

A 4 h. 15, on téléphonait du 6e corps à la 3e armée : « La
54e D. R. a été rattachée cette nuit au 6e corps. Elle a reçu
l'ordre d'attaquer dans la division de Xivry-Circourt. Tous les
éléments disponibles de la cavalerie de corps (plusieurs escadrons) lui ont été donnés pour se relier à la 67e D. R. Attaque
à 4 heures. »

Et à 5 heures, ce nouveau message téléphoné rendait compte
du résultat de l'attaque : « Le 6e corps demande qu'on lui dise
où sont les divisions de réserve. La 54e D. R. a reçu l'ordre
d'attaquer ; elle n'est pas brillante. » (3e *Armée, Entrées, n°* 364
et 377).

A 7 heures on mandait du 6e corps à la 3e armée :

« Depuis ce matin, fusillade nourrie dans la direction du
nord. On ne doute pas ici de tenir le coup. On désire être fixé
aussitôt que possible sur la marche des divisions de réserve. »
(3e *Armée,* 3e *Bureau, Entrées, pièce* 358.)

A 8 h. 50, ce compte rendu était transmis du 6e corps à la
3e armée : « La canonnade a cessé du côté du 5e corps. Sur le
front du 6e corps rien de changé du côté de Pillon. Mangiennes
toujours tenu comme repli. A ma droite, les Allemands s'avan-
cent vers Billy-sous-Mangiennes qui est encore tenu par quelques fractions du 150e. Je donne l'ordre à cinq batteries d'artillerie lourde d'ouvrir le feu dans cette direction. Ordre com-

mence à être exécuté. La 54e division de réserve, malgré plusieurs ordres, ne s'est pas portée en avant. » (¹)

Cette réponse fut faite à 8 h. 55 : « Le 6e corps va commencer
son mouvement de retraite et se reporter sur les positions de
repli assignées. »

Au moment où la partie était ainsi perdue pour la 3e armée,
l'armée de Lorraine saisissait la victoire.

Au point du jour, l'attaque des divisions de réserve, sous le
commandement du général Paul Durand, avait repris sur toute
la ligne.

La 72e division, prise d'abord à partie par une artillerie lourde
très supérieure, ne put déboucher de la région Étain-Fromeix
et dut se replier sur le front Fromezey-Hermeville (²). Mais, vers
10 heures, l'intervention des 166e et 165e régiments actifs de
Verdun changea totalement la situation ; Étain fut repris et
l'ennemi, qui s'y était signalé la veille par des atrocités sans
nom, fut passé au fil de l'épée. La 72e passa donc à une offensive que rien n'arrêta plus.

(¹) 3e *Armée, Entrées*, n° 385.
Les quelques notes sur la journée du 25 août, qui se trouvent au
Journal de marche de la 54e division de réserve, doivent être trans-
crites ici : « Reçu l'ordre du 6e corps de reprendre l'offensive. Envoi
de l'ordre Y. — Nouvel ordre du 6e corps, mort du colonel Josset. —
Renseignements de la cavalerie. — Reprise de l'offensive. Déploiement de six compagnies vers la droite. — Le 6e corps se replie sans
nous prévenir, découvrant notre gauche. — Défilé des convois, destruction de la route, ravitaillement par le premier échelon S. M. A.
venu à Azannes. — Vers 13 heures, les éléments avancés de la division se replient en bon ordre sur la route d'Azannes sous la protection de six compagnies de flanc droit. — 15 h. 15, compte rendu du
général 107e brigade. — Reconstitution des unités à Azannes. Cantonnements à Gremilly, Ornes. »
(²) Message téléphonique du 6e Corps à la 3e Armée : « 7 h. 20. L'officier de liaison du 3e Gr. D. R. fait savoir que la 72e D. R. est débordée
par l'ennemi vers Ornel, qu'elle se replie sur Fromezey-Alancourt,
que le général Durand ordonne qu'un régiment de la brigade active
(165e-166e) prenne position vers le bois Devaux pour contre-attaquer
éventuellement. » (3e *Armée. Entrées*, n° 375).

A sa droite, la 75ᵉ division de réserve ne put que difficilement déboucher ; ses régiments de première ligne furent accueillis, à la sortie de Boinville, Darmont, Buzy, par un feu violent de mitrailleuses et une véritable pluie de projectiles de gros calibres ; ses pertes furent sérieuses et, à l'exception du 42ᵉ colonial, qui garda le contact avec la 56ᵉ division, ses autres régiments durent se replier au sud de l'Orne.

Cette 56ᵉ division de réserve, sous l'habile commandement du général de Dartein, fut le facteur décisif de la victoire.

Dès 8 heures, elle avait assuré ses débouchés au delà de l'Orne, par l'occupation du bois Saint-Jean et d'Olley, et pris sa direction sur ses premiers objectifs d'attaque, les Bois Communaux, la ferme Neuvron et Thuméréville. Son artillerie appuyait de très près son infanterie et faisait de très grands ravages chez l'ennemi.

Le recul de la 75ᵉ D. R., en découvrant sa gauche, ralentit un peu son mouvement, mais ses progrès étaient suffisants pour qu'à 12 heures, le général Paul Durand pût envoyer à la 3ᵉ armée la communication suivante :

« Offensive allemande n'existe plus. La 56ᵉ D. R. a franchi l'Orne à Olley et prend pour direction attaque Mouaville sans être beaucoup inquiétée. Elle prend à revers les troupes allemandes et, à en juger par le rapport des aviateurs, les convois de toutes ces troupes allemandes se dirigent en éventail, les unes vers le nord-ouest, les autres vers l'est. Je crois savoir que la 7ᵉ division de cavalerie, à qui j'ai communiqué ces renseignements, va pouvoir passer l'Orne aux environs de Conflans et se rabattre sur tout l'arrière de ces transports et convois. A midi, grande accalmie ; j'attends la soirée pour soumettre au général Maunoury telles propositions que me suggérera la situation. » (3ᵉ *Armée, Entrées, pièce* 392 *bis.*)

A 14 heures, la 55ᵉ division arrivait à la hauteur de la 56ᵉ, prête à appuyer son mouvement, mais la 7ᵉ division de cavalerie, qui pouvait être le facteur décisif de la victoire, soll..

par le général de Dartein d'agir sur l'ennemi vers Conflans et de remonter vers Gondrecourt et Eix pour lui couper la retraite, se laissa arrêter à Conflans par l'artillerie ennemie et ne réalisa pas le mouvement attendu.

A 15 heures, le général Paul Durand ordonnait l'offensive générale au nord de l'Orne, sur le front Rouvres, Bechamps, Mouaville, pour couper la retraite à l'ennemi vers l'est.

Le mouvement fut couronné de succès : à 18 heures, la 72ᵉ division atteignait presque Rouvres ; au centre, le 42ᵉ colonial et d'autres fractions de la 75ᵉ division prenaient Aucourt, tandis qu'à droite la 56ᵉ division, appuyée par toute son artillerie, avec un ordre et un entrain remarquables, s'emparait de Bechamps et Mouaville et progressait sur la route d'Étain à Fléville, jusqu'à la ferme Marjolaine.

Partout, l'ennemi se retirait en désordre, laissant entre nos mains des armes et des prisonniers — la 56ᵉ division en fit à elle seule 400. Un rapport ennemi indique que la XXXIIIᵉ division allemande se repliait en déroute sur Fontoy ([1]).

C'était la victoire... Mais, à 19 heures, le général Paul Durand était touché par un ordre de l'armée de Lorraine lui prescrivant de se replier au sud de l'Orne pour de là gagner en une ou deux étapes les positions défensives des Hauts-de-Meuse.

Le G. Q. G., assurément, au reçu de l'ordre du ministre de la Guerre d'envoyer trois corps d'armée à la garde de Paris, avait prescrit au général Maunoury de rompre le combat et de lui expédier deux de ses divisions.

A midi, en effet, le 3ᵉ bureau de la 3ᵉ armée recevait du G. Q. G. ce message du commandant Bel : « La 3ᵉ armée se porte sur la position qui lui a été assignée sur les côtes de Meuse. Le général Maunoury, qui avait progressé par sa droite, vient de donner l'ordre d'occuper les Hauts-de-Meuse ; deux divi-

---

([1]) Voir sur ces divers points le livre du général DE DARTEIN, *La 56ᵉ division au feu.*

F. ENGERAND 12

sions intactes sont orientées vers Dugny et Saint-Mihiel. »
(3e *Armée*, 3e *Bureau, Sorties, no 3596, folio 50.*)

Il semble que le général Maunoury ait retardé le plus qu'il
ait pu l'expédition de cet ordre pour ne pas ravir à son armée
l'occasion d'une victoire. Il n'envoya l'ordre de repli qu'à
20 heures quand l'ennemi retraitait.

A 20 h. 8, il adressait, de Verdun, au général en chef ce télégramme : « No 79. — Malgré 67e division de réserve très éprouvée, et en grand désordre hier soir, l'opération entreprise hier a
continué aujourd'hui à partir de 4 heures dans de bonnes conditions. A 14 heures, trois divisions de réserve, soutenues par une
quatrième en flanc garde poursuivaient avec succès attaque
contre extrême gauche allemande. Renseignements reçus établissent que l'ennemi retraitait sur région Metz-Thionville et
vers le nord. Par suite de la retraite de la 3e armée et pour rendre
disponibles trois divisions de réserve à transporter sur autre
théâtre d'opérations, ai dû rompre.» (*Dossier Armée de Lorraine*)

En même temps, le général Maunoury avisait le G. Q. G.
qu'il avait désigné pour être embarquées les 55e et 56e divisions
de réserve « comme étant celles qui se sont le mieux comportées
aujourd'hui et qui ont subi moins de pertes ». Et ces divisions
quittaient le champ de bataille de Briey et se retiraient vers
l'ouest pendant que l'ennemi poursuivait sa retraite vers l'est.
Cet ennemi, elles allaient le retrouver sur l'Ourcq avec leur
chef, le général Maunoury...

Si l'armée de Lorraine avait été engagée plus tôt, il se pourrait, comme l'a affirmé le général Ruffey, que les destinées du
bassin de Briey eussent été changées. Cette décision-là consom-
soit sa perte :

BRIEY ÉTAIT LA RANÇON DE PARIS.

ANNEXES

PIÈCES JUSTIFICATIVES

Le lecteur comprendra qu'il est matériellement impossible de reproduire ici tous les documents officiels, que j'ai eus à connaître et dont j'ai du prendre personnellement copie pour débrouiller cette énigme de Briey et établir les bases de ce livre.

La publication de ces pièces serait beaucoup plus considérable que le livre lui-même : aussi bien le plus grand nombre et les principales furent-elles utilisées et reproduites, au cours du récit, en totalité ou en partie. Je me suis borné à reproduire ici les documents essentiels, l'historique du plan 17, les ordres qui marquent l'évolution du plan d'opérations et ceux relatifs à la 3ᵉ armée et à l'armée de Lorraine, qui opérèrent devant Briey.

ANNEXE I

**ORDRE DE DESTRUCTION DES DOCUMENTS DU CONSEIL SUPÉRIEUR
DE LA GUERRE ET DES ANCIENS PLANS DE CONCENTRATION**

[T. 3408. G. Q. G. pièce 592.]

Message téléphoné.

Commandant en chef à État-major de l'armée à Paris.

« N° 3166. Par ordre du général Joffre, détruire ce qu'il y a
dans les coffres des membres du Conseil. Au 3ᵉ bureau, emporter les registres des délibérations du Conseil supérieur de la
Défense nationale, du Conseil supérieur de la Guerre, les dossiers du Conseil supérieur de la Défense nationale, les dossiers
du Conseil supérieur de la Guerre à partir de 1900, les derniers
comptes rendus du plan, mais laisser les derniers anciens plans,
qui peuvent être détruits. Emporter les dossiers inventions anglaises et pièces de principe. Tout le reste peut être détruit. Dans
le coffre du lieutenant-colonel Pont, prendre les dossiers du
personnel. »

Signé : BELIN.

(Téléphoné par commandant de Pastoureaux à capitaine
Ochmichen).

*Lettre de M. le président du Conseil, ministre de la Guerre
à M. Fernand Engerand, député, rapporteur de la question
de Briey.*

MINISTÈRE DE LA GUERRE
Cabinet du ministre   Paris, le 30 juillet 1919.

Monsieur le rapporteur,

Vous avez bien voulu appeler l'attention de M. le président
du Conseil, ministre de la Guerre, sur l'ordre qui aurait été
donné de procéder à la destruction de certains documents relatifs à la couverture de la région de Briey et principalement des
plans 16, 16 *bis* et 16 *ter*.

J'ai l'honneur de vous faire connaître qu'il est exact que les
documents contenus dans les coffre-forts des membres du
Conseil supérieur de la Guerre ont été incinérés en exécution
d'un message téléphoné du général commandant en chef les
armées du Nord et du Nord-Est, en date du 1er septembre 1914,
à 8 heures du matin.

Aucun inventaire des documents ainsi détruits n'a été retrouvé. Il est même probable, qu'en raison de l'urgence imposée
par les événements eux-mêmes, il n'a pu en être établi.

Quant aux anciens plans de mobilisation détenus par le 3e Bureau de l'État-Major de l'armée, ils ont pu être conservés, et,
s'il ne vous a pas été possible de retrouver les instructions de
couverture relatives aux plans 16 et 16 *bis*, c'est que les archives,
qui ont subi plusieurs déménagements depuis 1914, n'avaient
pas encore pu être remises en ordre. Cette opération est actuellement en cours et permettra, vraisemblablement sous peu, de
retrouver, sans doute, les documents nécessaires.

Veuillez agréer, Monsieur le rapporteur, l'assurance de ma
haute considération.

Le sous-chef du Cabinet civil du ministre de la Guerre

(Illisible).

PLANS DE CONCENTRATION

Plans 16, 16 *bis*, 16 *ter* (¹).

PLAN 16

Le plan 16 fut rédigé sur la demande du général de Lacroix.

Le plan antérieur datait d'avril 1898 ; depuis lors on s'était contenté de remanier à différentes reprises le rassemblement des armées de l'Est et de modifier suivant les besoins du moment quelques parties de la mobilisation, telles que la mobilisation côtière et celle des troupes du Sud-Est.

Les bases du plan 16, après avoir été présentées au Conseil supérieur de la Guerre, dans sa séance du 15 février 1908, ont été approuvées par le ministre le 25 du même mois.

Les plans 15 et 15 *bis* ne sanctionnaient que des remaniements au rassemblement des armées du Nord-Est prévu dans le plan 14.

Le général de Lacroix estima que les modifications profondes introduites dans notre état militaire par la mise en vigueur de la loi du 21 mars 1905, le changement apporté dans nos relations avec l'Angleterre exigeaient une revision complète de l'organisation et du groupement des forces militaires du pays.

La préoccupation déjà sensible dans le plan précédent d'une

(¹) Ce n'est là qu'un simple résumé du document, connu sous le nom d' « Historique du plan », et conservé au 3e bureau de l'État-major de l'Armée, résumé établi seulement à titre documentaire et explicatif du plan 17.

violation de la neutralité belge par les armées allemandes, n'a fait que s'accentuer. Par suite, le centre de gravité de nos forces, maintenu dans tous les plans précédents au sud de la ligne Paris-Metz en vue de couvrir le cœur du pays, et de permettre une action offensive sur la gauche de l'envahisseur, a-t-il été reporté sensiblement au nord pour parer au nouveau danger prévu et permettre le cas échéant, une action offensive sur la droite des armées ennemies.

La répartition initiale des armées a eu pour but de préparer plusieurs concentrations répondant aux intentions du général en chef, suivant les diverses éventualités qui peuvent se présenter, mais sans en réaliser aucune d'avance.

Voici quelle était cette répartition :

FRONT

1re Armée (20e, 8e, 12e, 13e, 17e corps, 2e et 6e divisions de cavalerie, dans le quadrilatère Chaumont, Langres, Toul, Epinal, face au nord-est.

2e Armée (4e, 11e corps), dans la région Saint-Dizier Forceville, Gondrecourt, Ligny-en-Barrois, face au nord-est.

3e Armée (6e et 5e corps, corps colonial, 7e division de cavalerie) dans la région Bar-le-Duc, Pierrefitte, Revigny, Heitz-les- Maurupt.

AILES

4e Armée (7e et 16e corps, 8e division de cavalerie) dans les Vosges.

5e Armée (1er, 2e corps, 4e division de cavalerie) derrière l'Argonne, dans la région de Ville-sur-Tourbe, Monthois, Vouziers, face à l'est.

1er groupe de la 3e division de cavalerie à Rethel.

RÉSERVES

6e Armée (3e et 10e corps au camp de Châlons).
11e corps à Orléans.

21ᵉ corps dans la région sud-est de Paris.

14ᵉ et 15ᵉ corps à Dôle.

DIVISIONS DE RÉSERVE

1ᵉʳ groupe de division de réserve (58ᵉ, 63ᵉ, 66ᵉ) au sud de la ligne Dôle-Dijon.

2ᵉ groupe de divisions de réserve (53ᵉ, 69ᵉ, 67ᵉ) autour de Troyes.

3ᵉ groupe de divisions de réserve (54ᵉ, 60ᵉ, 62ᵉ) région Soissons, Oulchy, Villers-Cotterets.

4ᵉ groupe de divisions de réserve (51ᵉ, 52ᵉ, 53ᵉ) aux environs de Laon, La Fère.

Deux divisions territoriales aux camps d'Auvours et de la Braconne.

PLAN 16 *bis*

Une variante n° 1 au plan 16 fut introduite en septembre 1911.

Après la mise en vigueur du plan 16, les idées sur la concentration se modifièrent un peu.

On en arriva, d'une part, à considérer de plus en plus comme probable la violation, par les Allemands, de la neutralité belge. D'autre part, les études et les travaux sur la carte poursuivis depuis 1907 avaient apporté quelques précisions dans la façon d'envisager les mouvements des armées et les groupements possibles au début d'une guerre franco-allemande.

Enfin l'entente avec l'Angleterre paraissait plus ferme que jamais, et, du côté de la Triple-Alliance, l'Italie avait une grande partie de ses forces de terre et de mer occupées à la conquête de la Tripolitaine et à la guerre avec la Turquie.

Le chef d'État-Major Général décida, en conséquence, au mois de septembre 1911, de profiter de la souplesse de nos transports, pour apporter à notre concentration, les améliorations désirables sans refaire le plan. Ces modifications intéressèrent la couverture, la composition et la zone de concentration de certaines armées, la constitution et la zone de concentration des groupes de divisions de réserve.

COUVERTURE

La 1re division, transportée hâtivement à Busancy en soutien de couverture, est remplacée par la 4e, transportée dans la région de Stenay.

Le 20e bataillon de chasseurs à pied n'est plus adjoint à la 14e division d'infanterie, mais à la 8e division de cavalerie.

ARMÉES

La 6ᵉ Armée reportée plus au nord et sa concentration prévue dans la région Reims, Châlons, Sainte-Menehould.

Les 4ᵉ et 11ᵉ corps passent à la 6ᵉ Armée ; les 9ᵉ et 18ᵉ corps constituent, par contre, la 2ᵉ Armée ; le transport du 21ᵉ corps est prévu jusqu'à Meaux pour, éventuellement, rejoindre la 6ᵉ Armée.

La 5ᵉ Armée est concentrée entre Amagne et Mézières : elle peut éventuellement être renforcée par le 19ᵉ corps dont le transport est prévu ferme sur Laon, mais elle perd la 4ᵉ division de cavalerie.

La 4ᵉ Armée est renforcée par le 14ᵉ corps, rassemblé dans la région de Lure, par le 15ᵉ corps dans la région de Belfort, et par la 7ᵉ artillerie lourde, enlevée à l'armée de Lyon. Le 15ᵉ corps forme, avec la 14ᵉ division et la 8ᵉ division de cavalerie un détachement d'armée dépendant de la 4ᵉ Armée.

La 1ʳᵉ Armée est renforcée par la 3ᵉ artillerie lourde prise à la 6ᵉ Armée.

La 3ᵉ Armée est renforcée par la 4ᵉ division de cavalerie enlevée à la 5ᵉ.

Enfin les 1ᵉʳ, 3ᵉ et 5ᵉ divisions de cavalerie sont réunies dans la région de Mézières.

GROUPE DE DIVISIONS DE RÉSERVE

1ᵉʳ groupe, région de Vesoul.
2ᵉ groupe, région de Toul.
3ᵉ groupe, région de Sainte-Menehould-Bar-le-Duc.
4ᵉ groupe, région de Mézières.

PLAN 16 *ter*

Une nouvelle variante fut introduite en avril 1913.

Les modifications apportées avaient eu pour objet :

1º De reporter vers l'est la tête des cantonnements des corps les plus avancés de la 6e Armée en vue de faciliter et de hâter les mouvements de cette armée au delà de la Meuse au nord de Verdun,

soit dans la direction de l'est en franchissant la Meuse entre Verdun et Stenay ;

soit dans la direction du nord-est en abordant la Meuse entre Sedan et Dun.

2º de concentrer au nord et au sud de Verdun le 3e groupe de divisions de réserve en vue de l'occupation éventuelle des Hauts-de-Meuse entre Damvillers et Hattonchâtel.

6e *Armée*. — Sa concentration a été portée dans la direction de l'est jusque sur le front Grand Pré, Varennes, Clermont, en- Argonne, les 3e et 4e corps ayant déjà de nombreux éléments au delà de la forêt de l'Argonne, les 10e et 11e corps dans la plaine de Champagne.

3e *Groupe de divisions de réserve* (52e, 53e, 54e D. R.) est concentré :

52e D. R. sur la Meuse de Stenay à Dun.

53e D. R. dans la région Varennes, Montfaucon.

54e D. R. sur la Meuse de Dieue à Troyon.

ANNEXE III

PLAN 17

E. M. A.
Plan 17

Groupe des Armées
du N. E.

(Note). Chaque Commandant d'armée a reçu l'exemplaire qui le concernait, à la date du 7 février 1914 ; il en a accusé réception sur un bordereau unique détenu par le 3e Bureau de l'E. M.

BELIN.

DIRECTIVES POUR LA CONCENTRATION

Situation générale. — Des renseignements recueillis et des études comparatives auxquelles il a été procédé, il résulte qu'une grande partie des forces allemandes seront vraisemblablement concentrées sur la frontière commune. Il est possible qu'elles aient franchi cette frontière sur certains points avant que puisse se produire notre intervention générale.

Intentions du général commandant en chef. — En tout état de cause, se porter, toutes forces réunies, à l'attaque des armées allemandes.

L'intervention des armées françaises se manifestera sous la forme de deux actions principales se développant :

l'une à droite, dans les terrains entre les massifs forestiers des Vosges et de la Moselle, en aval de Toul ;

l'autre, à gauche, au nord de la ligne Verdun, Metz.

Les deux actions seront étroitement soudées par des forces agissant sur les Hauts-de-Meuse et en Woëvre.

Répartition générale des forces sur le théâtre des opérations. — Les 1re et 2e Armées opéreront initialement entre le Rhin et le cours de la Moselle, en aval de Toul, prolongé à l'ouest de cette place par le canal de la Marne au Rhin, et la ligne Vaucouleurs, Gondrecourt.

La 5e Armée et le corps de cavalerie agiront au nord de la ligne Verdun, Metz.

La 3e Armée servira de liaison entre ces deux actions.

La 4e Armée sera provisoirement disposée en seconde ligne, en état de s'engager, soit au sud, soit au nord de la 3e (une variante est prévue, en conséquence, dans les débarquements d'une partie de cette 4e Armée et éventuellement dans la composition des autres armées).

Les deux groupes de divisions de réserve, à la disposition du commandant en chef, sont, initialement, placés derrière les ailes du dispositif général.

1re ARMÉE

5 corps (7e, 8e, 13e, 14e, 21e). 2 divisions de cavalerie (6e, 8e).

5 régiments d'artillerie lourde (6 batteries de 120 B., 6 batteries de 155 C. T. R.) 2 groupes Epinal.

Mission. — Attaquer dans la direction générale : Baccarat, Sarrebourg, Sarreguemines, la droite du gros de ses forces suivant la crête des Vosges, son extrême droite dans les plaines d'Alsace, pour appuyer au Rhin le dispositif général.

Par son mouvement en avant, elle coopérera à l'offensive de la 2e Armée, qui doit se porter dans la direction de Château-Salins.

Elle pourra être appelée à déboucher de la Meurthe avec ses gros, le 12e jour de la mobilisation.

Pour préparer cette action, la 1re Armée devra se mettre, le plus tôt possible, en état de refouler l'ennemi sur le versant oriental des Vosges, dans la région au nord de la Schlucht, mais en évitant, de ce côté, d'engager des forces importantes dans la plaine d'Alsace.

Une fraction de cette armée pénétrera dès que possible et sur l'ordre du général en chef, dans la Haute-Alsace par la trouée de

Belfort, le col de la Schlucht et les passages intermédiaires, en direction générale de Colmar.

Mission spéciale du groupement engagé en Alsace. — L'ordre de pénétrer en Alsace pourra être donné par le général commandant en chef, dès le 4e jour de la mobilisation.

La fraction de la 1re Armée affectée à cette opération comprendra le 7e corps et la 8e division de cavalerie.

Sa mission particulière est de retenir en Alsace, en les attaquant, les forces adverses qui tenteraient de déboucher sur le versant occidental des Vosges, au nord de la Schlucht, et de favoriser le soulèvement des populations alsaciennes restées fidèles à la cause française...

2e ARMÉE

5 corps (9e, 15e, 16e, 18e, 20e) 2 divisions de cavalerie (2e et 10e).

Une artillerie lourde (3e Régiment : 6 batteries de 120 B. ; 7 batteries de 155 C. T. R., 1 groupe de 4 batteries de 120 L. (du 4e Régiment).

2e Groupe de divisions de réserve (59e, 65e, 70e).

Quartier Général : Neufchâteau.

Mission. — Se tenir prête à attaquer en direction générale Château-Salins, Sarrebruck. Elle se servira, à cet effet, de la tête de pont de Nancy dont elle devra assurer la possession. Elle prendra ses dispositions pour se présenter initialement sur le front Lunéville, Grand-Couronné de Nancy, d'où elle pourra être appelée à déboucher le 12e jour de la mobilisation

Le 2e groupe de divisions de réserve devra pouvoir être dirigé, au fur et à mesure de ses débarquements, vers la région au nord de Nancy pour s'opposer à toute intervention des forces allemandes pouvant déboucher de Metz, et assurer la couverture de la 2e Armée sur son flanc gauche

3ᵉ Armée

3 corps (4ᵉ, 5ᵉ, 6ᵉ) ; 1 division de cavalerie (7ᵉ).

1 artillerie lourde (moitié du 2ᵉ Régiment : 3 batteries de 120 L. ;

3 batteries de 155 C. T. R. ; 3 groupes de 4 batteries de 120 L. (du 4ᵉ Régiment).

3ᵉ groupe de divisions de réserve (54ᵉ, 55ᵉ, 56ᵉ).

Quartier Général : Verdun.

Zone d'action. — Au sud, par la ligne Lerouville (inclus), Hauts-de-Meuse.

Au sud-est, de Girauvoisin, place de Toul (inclus) et la Moselle en aval de Toul.

Au nord, par la ligne incluse : Villosne-sur-Meuse, Haraucourt, Ecurey, Damvillers, Romagne-sur-les-Côtes.

Missions. — La 3ᵉ Armée constituant la liaison entre les actions principales projetées sur la rive droite de la Moselle d'une part, au nord de la ligne Verdun-Metz d'autre part, doit se tenir prête. :

soit à rejeter sur Metz et Thionville les forces ennemies qui en auraient débouché,

soit à préparer un premier investissement de la place de Metz.

Elle prendra appui sur les Hauts-de-Meuse dont elle assurera la possession. Elle utilisera à cet effet le groupe de divisions de réserve et l'artillerie de gros calibre qui lui sont affectés pour y tenir les positions dont l'occupation est prévue.

Ultérieurement, ces mêmes éléments sont destinés à lui permettre d'organiser, comme il est dit ci-dessus, l'investissement de Metz.

Elle sera prête à passer à l'offensive générale et à déboucher de la ligne Domèvre-en-Haye, Vigneulles-les-Hattonchatel, Ornes dès le 12ᵉ jour de la mobilisation : elle coordonnera initialement ses actions à droite avec la 2ᵉ Armée, à gauche avec la 5ᵉ Armée.

Elle s'efforcera, en conséquence, de garder constamment

disponibles des forces importantes pour prolonger, suivant les circonstances, l'action de la 2ᵉ Armée sur la rive droite de la Moselle, ou celle de la 5ᵉ en Woëvre septentrionale.

NOTE ANNEXE AUX DIRECTIVES DES 3ᵉ ET 5ᵉ ARMÉES

1º Le 2ᵉ corps sera chargé d'organiser le front sud-est, c'est-à-dire les hauteurs d'Ire-le-Sec, entre la Loison (région de Jametz) et l'Othain (région de Marville).

2º L'organisation des Hauts-de-Meuse depuis Ornes jusqu'à Damvillers, en passant par les côtes de Romagne et de Morimont, incombera à la 3ᵉ Armée Elle sera assurée par les éléments disponibles du 4ᵉ corps, relevés le plus tôt possible par le 54ᵉ division de réserve.

3º La 4ᵉ division d'infanterie, qui assure la couverture dans le secteur de Woëvre septentrionale aura un détachement (6 compagnies du 120ᵉ I.) dans la région d'Azannes — pour assurer la liaison avec la place de Verdun, jusqu'à l'arrivée du 4ᵉ corps.

Dans le cas où le groupe de couverture de Spincourt (18ᵉ bataillon de chasseurs à pied) serait obligé de se replier avant l'arrivée de cette brigade, il se retirerait sur le détachement d'Azannes pour coopérer avec ce dernier à maintenir l'occupation de la côte de Romagne.

4º A partir du moment où la brigade du 4ᵉ corps sera arrivée dans la région d'Azannes, les Hauts-de-Meuse jusqu'à Damvillers (inclus) se trouveront dans la zone d'action de la 3ᵉ Armée.

La limite des zones d'action des 3ᵉ et 5ᵉ Armées pourra d'ailleurs être modifiée avant le moment (12ᵉ jour) où le gros de la 5ᵉ Armée abordera la Meuse et suivant la situation que les événements des premiers jours auront créée dans la partie nord du théâtre d'opérations.

Nota. — Les travaux à exécuter pour réaliser les organisations défensives prévues seront étudiés dès le temps de paix. En cequi concerne les positions au nord-ouest et sud-est de Montmédy, les études ont été entreprises par les soins du 2ᵉ corps,

En ce qui concerne les Hauts-de-Meuse, d'Ornes à Damvillers, les études ont été faites par les soins du 6e corps. Le dossier en sera adressé au 4e corps.

4e Armée

3 corps (12e, 17e, colonial) ; 9e division de cavalerie.
Artillerie lourde : 3 batteries de 155 C. T. R. du 2e Régiment.

Quartier Général : Saint-Dizier.

Mission. — Initialement et temporairement en seconde ligne doit se tenir prête à partir du　　jour de la mobilisation,

soit à déboucher en Woëvre méridionale, entre les 2e et 3e Armées, pour coopérer ultérieurement à l'action de la 2e Armée,

soit à se porter vers le nord par la région à l'ouest de la Meuse, pour s'engager à la gauche de la 3e Armée, en direction d'Arlon.

5e Armée

5 corps (1e, 2e, 3e, 10e, 11e), une division de cavalerie.
Une artillerie lourde : 1 Régiment, (6 batteries de 120 L. 7 batteries 155 C. T. R.,) 1 groupe 4 batteries 120 L. (du 4e Régiment).
2 divisions de réserve.

Quartier Général : Rethel.

Zone d'action. — De la forêt d'Argonne à Vervins, Hirson.

11e corps. Q. G. : Ville-sur-Tourbe.
10e corps. Q. G. : Vouziers.
3e corps. Q. G. : Amagne.
1e corps. Q. G. : Aubenton.
2e corps. Q. G. : en couverture à Stenay.

Divisions de réserve : 53e Neufchâteau ; 69e Sissone ; 51e Vervins.

Au nord la limite de la zone d'action de la 5e Armée variera suivant les événements et ne peut être fixée initialement.

Mission. — Agir contre l'aile droite des forces ennemies, soit
que le théâtre des opérations se limite, au début, aux territoires
des deux belligérants ;

soit qu'il déborde immédiatement en territoire neutre (Luxembourg et particulièrement Belgique).

Dans le 1er cas, elle se trouvera opérer immédiatement au nord,
la 3e Armée débouchant des Hauts-de-Meuse et de la tête de
pont de Montmédy, elle s'engagera en direction générale de
Thionville et de Luxembourg, s'efforçant de rejeter vers le nord
les forces adverses qu'elle aura devant elle. Elle devra réserver
une partie de ses forces (constituées éventuellement en subdivision d'armée) en arrière de son aile gauche pour se couvrir
contre toute action enveloppante que tenterait l'ennemi en violant le territoire belge, au voisinage immédiat de la frontière.
Elle devra également envisager l'attaque de vive force de Thionville avec ses corps actifs, ou l'investissement ultérieur de cette
place à l'aide des divisions de réserve dont elle dispose.

Le corps de cavalerie, initialement rassemblé au sud-est de
Mézières, marchera sur Montmédy pour appuyer le 2e corps
d'armée et coopérer ensuite à l'action de la gauche de la
5e Armée.

Dans le second cas, mais seulement sur l'ordre du général commandant en chef, la 5e Armée s'élèvera vers le nord-est pour
déboucher en Luxembourg belge par la région de Neufchâteau
et de Florenville, également protégée par un échelon sur sa
gauche.

Dans cette dernière hypothèse, il est à prévoir que la 4e Armée, remontant vers le nord par la rive gauche de la Meuse,
viendrait se disposer à la droite de la 5e et s'engagerait entre elle
et la 3e Armée en direction d'Arlon.

Enfin, le corps de cavalerie constituerait la gauche de cette
masse de manœuvre.

En conséquence, la 5e Armée devra être initialement articulée
et disposée en profondeur, de manière à se trouver en mesure
de marcher soit vers l'est, soit vers le nord-est, et de franchir la
ligne de la Meuse, le   jour de la mobilisation.

En tout état de cause, elle assurera la possession des Hauts-de-Meuse (au nord de Verdun, région Azannes ; Damvillers) aussi bien que la tête de pont de Montmédy et utilisera à cet effet ses divisions de réserve.

1er GROUPE DE DIVISIONS DE RESERVE (58e, 63e, 66e D R.).

Quartier Général : Vesoul.

Mission. — 1º S'engager face à l'est, en cas de violation du territoire suisse.

2º Se diriger vers le nord-est comme appui ou complément éventuel de la 1re Armée, dans le but, notamment, de couvrir à droite le mouvement de cette dernière, en concourant à l'investissement des places de Neuf-Brissach et Strasbourg.

4e GROUPE DE DIVISIONS DE RESERVE (51e, 53e, 69e D. R.).

Quartier Général : Sissonne.

Mission. — S'engager :
soit vers l'est ou le sud-est.
soit vers le nord-est, comme soutien des 3e, 4e, et 5e Armées, ou comme complément de la masse de manœuvre de l'aile gauche [1].

CORPS DE CAVALERIE

1re, 3e, et 5e divisions de cavalerie.
Quartier Général : Charleville, Aubenton, Poix-Terron.

Mission. — A la disposition du général en chef, comme supérieur de la couverture.

---

[1] Aucune zone d'action n'était indiqué à ce 4e groupe de divisions de réserve ; il était, comme le 1er groupe de divisions de réserve, à la disposition du général en chef pour parer à l'imprévu. Sur la carte sa zone de cantonnement était marquée en arrière de la 5e armée, de Bourgogne inclus à Vervins inclus, avec Sissonne comme quartier général.

Au cas où le commandant du corps de cavalerie, apprendrait soit le franchissement de la frontière franco-allemande dans le secteur de la Woëvre septentrionale — soit la violation par l'adversaire de la neutralité de la Belgique ou du Grand-Duché de Luxembourg, il réunirait aussitôt ses 3 divisions de cavalerie à l'est de Mézières.

Il les tiendrait prêtes, dans le 1er cas, à marcher sur Montmédy pour appuyer le 2e corps ; dans le 2e cas, à pénétrer en territoire belge.

« Le mouvement ne s'exécutera que sur l'ordre du commandant en chef, mais dans l'une ou l'autre hypothèse, aucun élément ne devra pénétrer en territoire neutre avant l'autorisation expresse du commandant en chef.

« Dans la deuxième éventualité, il aurait à préparer des dispositions lui permettant de se porter, au premier ordre, à la rencontre des colonnes ennemies, plus spécialement de celles qui s'annonceraient par le Luxembourg belge, au sud de la région *difficile* (sic) Houffalize-Saint-Hubert. Sa mission consisterait à reconnaître ces colonnes et à retarder leur mouvement. Il pourrait utiliser comme soutien tout ou partie du 145e régiment d'infanterie.

« Le 148e régiment d'infanterie qui passerait également sous ses ordres, aurait à se porter le plus rapidement possible sur Dinant, pour occuper [les ponts de la Meuse, entre la place de Namur et la frontière, dans le cas où le Gouvernement belge n'aurait pas pris l'initiative de cette occupation. »

ANNEXE IV

Au G. Q. G., Vitry-le-François, 8 août, 7 heures.

(NOTA. — Cette instruction est strictement personnelle aux généraux commandants d'armée et à leurs chefs d'État-Major.

Les instructions des commandants en chef ne doivent figurer au complet sur aucun ordre ou instruction. Les autorités subordonnées ne doivent en connaître que ce qui est nécessaire pour la partie d'exécution qui leur incombe, c'est-à-dire ce qui concerne leur mission propre et le rôle des unités voisines.)

1º Devant les 1re et 2e Armées les forces ennemies ne paraissent pas dépasser la valeur de 6 corps d'armée environ.

Autour de Metz, devant Thionville et dans le Luxembourg semble devoir être le groupe principal des armées allemandes, établi pour déboucher vers l'ouest, mais également en situation de converser vers le sud, en s'appuyant sur la place de Metz.

Au nord, une armée allemande où l'on trouve les éléments de cinq corps d'armée, a pénétré en Belgique, et est engagée en partie contre les forces belges.

2º L'intention du général commandant en chef est de rechercher la bataille, toutes forces réunies, en appuyant au Rhin la droite de son dispositif général.

Il reporterait au besoin en arrière la gauche de ce dispositif pour éviter un engagement qui pourrait être décisif pour l'une des armées, avant le moment où les autres seraient en mesure de l'appuyer.

Mais il est aussi possible que nous ayons le temps de porter notre aile gauche en avant, dans l'hypothèse où la droite allemande serait retardée devant Liège ou se rabattrait vers le sud.

Initialement le rassemblement des armées et le mouvement offensif général sont à prévoir dans les conditions suivantes :

3° La 1re Armée prendra pour objectif l'armée allemande de (Sarrebourg, le Donon, Vallée de la Bruche) et cherchera à la mettre hors de cause en la rejetant sur Strasbourg et la Basse Alsace.

La zone d'action de la 1re Armée sera limitée au nord par la ligne incluse Charmes, Saint-Germain, Borville, Moriviller, Gerbeviller, Fraimbois, Marainviller, Emberménil, Moussey, Diane-Capelle, Fenestrange.

Le 7e corps facilitera l'attaque du gros de l'armée en gagnant rapidement sur Colmar et Schlestadt ; il assurera la sécurité sur la droite en détruisant les ponts du Rhin et en masquant Neuf-Brisach. La 8e division de cavalerie lui restera adjointe.

Ultérieurement et successivement, le 1er groupe de divisions de réserve, renforcé par les divisions de réserve des Alpes, sera chargé de la surveillance de Neuf-Brisach, de l'investissement de Strasbourg et de la protection de la Haute-Alsace.

4° La 2e Armée, se couvrant face à Metz, agira offensivement en direction générale de Sarrebruck sur le front Dieuze, Château-Salins, Delme, en se reliant à la 1re Armée par la région des Etangs.

Elle réservera, à la disposition du commandant en chef, ses deux corps d'armée de gauche dans la région Bernécourt, Rosières-en-Haye, prêts à s'engager face au nord.

5° La 3e Armée s'établira sur le front Flabas, Ornes, Vigneulles, Saint-Baussant, prête à agir dans la direction du nord, l'aile gauche marchant sur Damvillers, ou à contre-attaquer toutes les forces qui déboucheraient de Metz.

Dans le premier cas les deux corps de gauche de la 2e Armée pourront être rattachés à la 3e Armée pour la bataille.

6° La 4e Armée, réunie entre Servon, Aubréville et Souilly,

se tiendra prête à attaquer, entre Meuse et Argonne, les forces adverses qui auraient franchi la Meuse au nord de Vilosnes, ou à passer elle-même la Meuse au nord de Verdun.

Le 2e corps est dès maintenant rattaché à la 4e Armée. Ce dernier corps évitera de se laisser accrocher par des forces supérieures, et il viendrait, s'il était menacé, s'appuyer à la place de Verdun, en conservant la plus grosse partie de ses forces sur la rive droite de la Meuse, entre Sivry-sur-Meuse et Flabas.

7º La 5e Armée resserrera son dispositif entre Vouziers et Aubenton, de manière à pouvoir monter une attaque en forces sur tout ce qui déboucherait entre Mouzon et Mézières (inclusivement), ou, le cas échéant, franchir elle-même la Meuse entre ces deux points.

8º Les zones d'action entre les 3e, 4e, et 5e Armées sont limitées : par la route Bar-le-Duc, Vavincourt, Chaumont-sur-Aire, Souilly, Verdun, Vacheronville, Flabas,
et par la route Souhain, Tahure, Séchault, Senuc, Grand-Pré, Briquenay, Harricourt, Sommanthe,
ces deux routes à la 4e Armée.

Le 4e corps devra se resserrer dans la zone de son armée pour faire place au 2e corps.

9º Le corps de cavalerie couvrira dès le début le front de la 5e Armée. Dans le cas où ce corps serait dans l'obligation de repasser la Meuse, il se tiendrait à la gauche de la 5e Armée (région de Mariembourg-Chimay) pour protéger la réunion de l'armée anglaise et du 4e groupe de divisions de réserve.

La 4e division de cavalerie sera remise aux ordres du commandant de la 5e Armée dès que le corps de cavalerie commencera à découvrir le front de cette armée.

10º Le 4e groupe de divisions de réserve organisera une position autour de Vervins de manière à assurer un débouché, soit face au nord, soit face à l'est. Il sera porté dans cette région au fur et à mesure des débarquements, et les travaux seront entrepris immédiatement.

11º Les commandants d'armée prépareront dès maintenant

leurs ordres en vue de l'exécution de l'offensive générale visée
ci-dessus, de manière qu'ils puissent être envoyés dès réception du télégramme d'exécution. Ils prescriront aussi dès maintenant les mouvements préparatoires de nature à faciliter l'offensive et à la rendre foudroyante.

Le général commandant en chef,

JOFFRE.

ANNEXE V

INSTRUCTION PARTICULIÈRE N° 6 AUX COMMANDANTS
DES 3ᵉ, 4ᵉ ET 5ᵉ ARMÉES

13 août.

La situation, actuellement connue, de l'ennemi, donne à penser que nous n'aurons peut-être pas le temps de chercher la bataille au delà de la Semoy et de la Chiers dans de bonnes conditions.

En conséquence les dispositions ci-après seront prises dès le 14 août en vue de la bataille qui pourrait être engagée le 15 ou le 16.

La 3ᵉ Armée, occupant par ses divisions de réserve les positions organisées au nord et au sud de Verdun, disposera ses forces de manière à pouvoir contre-attaquer toutes les forces qui déboucheraient de Metz avec ses deux corps de droite (action à laquelle coopérerait le 18ᵉ corps, sur l'ordre du commandant en chef) ou à participer à l'attaque de la 4ᵉ Armée, avec les 4ᵉ et 5ᵉ corps, dans la direction du Nord (en se tenant à l'ouest de la zone boisée de Gremilly, Billy-sous-Mangiennes).

La 4ᵉ Armée poussera la tête de ses gros le 14 août sur le front Sommanthe, Dun-sur-Meuse.

Le 2ᵉ corps se conformera aux dispositions de l'Instruction générale n° 1 qui le concernait, mais en limitant son repli à la ligne des Hauts-de-Meuse, d'Ecurey à Brandeville (s'il était pressé par des forces supérieures).

La 5e Armée aura la tête de ses gros à 8 ou 10 kilomètres en arrière de la Meuse devant Mézières et en amont. Elle attendra pour attaquer que l'ennemi ait engagé une bonne partie de ses forces sur la rive gauche. L'attaque devra être montée, et dès qu'elle sera déclenchée, être menée à bonne allure.

En aval de Mézières et jusqu'à Givet les passages même de la Meuse devront être énergiquement défendus et rompus au besoin.

Le 1er corps couvrira la gauche de la 5e Armée et donnera appui au corps de cavalerie.

Le corps de cavalerie se tiendra à la gauche de la 5e Armée en conservant sa mission primitive, mais il ne passera sur la rive gauche de la Meuse que s'il ne peut plus rester sur la rive droite.

Dans le cas où l'ennemi serait encore loin, toutes dispositions devront être prises dès le 15 août, dans les 4e et 5e Armées pour pouvoir se porter rapidement, au premier ordre, sur le front Beauraing, Gedinne, Paliseul, Fays-les-Venurs, Cugnon (5e Armée), Tetaigne, Margut, Quincy (4e Armée).

ANNEXE VI

INSTRUCTION PARTICULIÈRE N° 10 (15 AOUT 1914)

ET

NOTE POUR LE COMMANDANT EN CHEF DES FORCES ANGLAISES

INSTRUCTION PARTICULIERE N° 10

G. Q. G., 15 août, 10 heures.

1° L'ennemi semble porter son principal effort par son aile droite au nord de Givet. Un autre groupe de forces paraît marcher sur le front Sedan-Montmédy-Damvillers.

2° La 5ᵉ Armée laissant son corps de droite dans la région sud-ouest de Sedan et ses divisions de réserve à la défense de la ligne de la Meuse, et laissant la 4ᵉ division de cavalerie à la disposition de la 4ᵉ Armée, portera tout le reste de ses forces dans la région de Mariembourg ou Philippeville, de concert avec l'armée anglaise et les forces belges, contre les forces adverses du nord.

Le corps de cavalerie passe sous les ordres du commandant de la 5ᵉ Armée.

Le groupe des divisions de réserve de Vervins est également aux ordres du commandant de la 5ᵉ Armée.

3° La 4ᵉ Armée, à laquelle sont rattachés jusqu'à nouvel ordre le 11ᵉ corps et les 52ᵉ et 60ᵉ divisions de réserve s'établira

face au nord-est de manière à pouvoir déboucher du front
Sedan, Montmédy, en direction générale de Neufchâteau.

La 4ᵉ division de cavalerie passe aux ordres du commandant
de la 4ᵉ Armée.

4º (Effacé sur le manuscrit) :

La 3ᵉ Armée laissant face à Metz son groupe de divisions
de réserve qui sera renforcé par d'autres divisions, s'établira
sur le front Jametz, Etain, prête à déboucher en direction générale de Longwy avec ses 4ᵉ et 5ᵉ corps et deux divisions
du 6ᵉ.

Les divisions de réserve seront étayées : à leur droite par
le 18ᵉ corps, à leur gauche par une division du 6ᵉ corps.

JOFFRE.

NOTE POUR LE COMMANDANT EN CHEF DES FORCES ANGLAISES

G. Q. G., 16 août, 14 h. 25.

L'ennemi semble devoir porter son effort principal sur son
aile droite et son centre ; d'une part, au nord de Givet ; d'autre
part, sur le front Sedan, Montmédy, Damvillers. Au sud de
Metz, il paraît garder une attitude défensive.

Le général Lanrezac, commandant la 5ᵉ Armée, a pour mission d'agir contre le groupe de forces ennemies du nord, de
concert avec l'armée anglaise et les forces belges.

Le général Lanrezac dispose à cet effet :

de la 5ᵉ Armée dont un corps sur la Meuse face à Dinant ;
deux corps plus deux divisions d'Afrique sont en marche sur
Philippeville et dont le dernier corps débarquera vers Maubeuge et sera prêt le 20 août au soir vers Beaumont,

du corps de cavalerie (5 divisions) du général Sordet.

du groupe de divisions de réserve (3 divisions autour de Vervins) du général Valabrègue.

La place de Maubeuge est sous les ordres du général Lanrezac

Il n'est pas possible de fixer encore la forme de la manœuvre
d'une manière précise — en raison des événements qui peuvent

se produire d'ici le 21 août — mais, d'une manière générale, l'idée de cette manœuvre serait la suivante pour l'armée anglaise en particulier :

Dès que ses éléments combattants seraient au complet, c'est-à-dire vers le 21 août au matin, l'armée anglaise se porterait au nord de la Sambre, dans la région Rouveroy, Harmignies, en mesure de marcher dans la direction générale de Nivelles,

soit à la gauche de la 5ᵉ Armée, si l'ensemble des forces est amené à se déplacer vers le nord,

soit en échelon, en arrière à gauche de cette 5ᵉ Armée, si l'orientation de sa marche s'infléchit plus à l'est,

De toutes manières, le corps de cavalerie couvrira, au nord de la Sambre, le mouvement de l'armée anglaise, dont la division de cavalerie pourrait coopérer à l'action de ce corps de cavalerie.

Au contact de l'ennemi, le corps de cavalerie dégagerait le front pour se tenir à la gauche de l'armée anglaise.

En ce qui concerne la coopération de l'armée belge, il conviendrait de lui demander, tout en couvrant Bruxelles et Anvers, d'agir en toutes circonstances sur le flanc extérieur des forces allemandes et à revers au besoin

JOFFRE

ANNEXE VII

INSTRUCTION PARTICULIÈRE Nº 13

16 août, 8 heures.

1º Les 3ᵉ, 4ᵉ, 5ᵉ armées françaises, agissant de concert avec les armées anglaise et belge, ont pour objectif les forces allemandes réunies autour de Thionville, dans le Luxembourg et en Belgique.

Ces dernières paraissent comprendre au total de treize à quinze corps. Il semble qu'elles sont formées en deux groupements principaux :

au nord le groupement d'aile droite ennemi paraît comprendre sept ou huit corps et quatre divisions de cavalerie ; plus au sud, le groupement central, entre Bastogne et Thionville peut comprendre six à sept corps et deux ou trois divisions de cavalerie.

2º Les 3ᵉ et 4ᵉ armées françaises ont déjà reçu leurs missions éventuelles et leurs directions initiales d'offensive.

3º En ce qui concerne la 5ᵉ Armée, l'armée anglaise et l'armée belge, deux éventualités principales peuvent être envisagées :

Le groupement ennemi du nord, marchant par les deux rives de la Meuse, peut chercher à passer entre Givet et Bruxelles, et même accentuer encore davantage son mouvement vers le nord.

Dans cette éventualité, la 5ᵉ Armée et le corps de cavalerie qui lui est rattaché, opérant en complète liaison avec les armées anglaise et belge, s'opposeraient directement à ce mouvement, en cherchant à déborder l'ennemi par le nord. L'armée belge et le corps de cavalerie seraient tout placés pour cette action débordante.

Pendant ce temps, nos armées du Centre (3ᵉ et 4ᵉ) attaqueraient tout d'abord le groupement central ennemi pour le mettre hors de cause. Ce résultat obtenu, la majeure partie de la 4ᵉ Armée marcherait immédiatement sur le flanc gauche du groupement ennemi du nord.

4° L'ennemi peut n'engager au nord de la Meuse qu'une fraction de son groupement d'aile droite.

Pendant que son groupement central s'engagerait de front contre nos 3ᵉ et 4ᵉ Armées, l'autre partie de son groupement nord, laissée au sud de la Meuse, pourrait chercher à attaquer le flanc gauche de notre 4ᵉ Armée.

Dans cette deuxième hypothèse, la 5ᵉ Armée, laissant aux armées anglaise et belge la mission de combattre les forces allemandes au nord de la Sambre et de la Meuse, se rabattrait par Namur et Givet dans la direction générale de Marche ou Saint-Hubert.

En vue de cette deuxième éventualité, il conviendrait d'organiser une forte tête de pont à l'est de Givet sur une ligne qui pourrait être marquée par Falmagne, Finnevaux, Beauraing, Bois-de-Sevry.

Le groupe de divisions de réserve de la 5ᵉ Armée pourrait en totalité ou en partie agir avec l'armée anglaise au nord de la Meuse.

JOFFRE.

ANNEXE VIII

CONSTITUTION DE L'ARMÉE DE LORRAINE

1°

INSTRUCTION PARTICULIERE N° 9 AU COMMANDANT DE LA 3ᵉ ARMÉE
A VERDUN

G. Q. G., 15 août 1914, 15 h. 20.

Il y aurait intérêt à rapprocher de Metz une organisation fortifiée qui servirait d'embryon à l'investissement de la place·

Des centres de résistance pour les divisions de réserve pourraient être créés

1° autour de Régneville-en-Haye, Mamey, Limey.

2° autour de Dampvitoux, Charrey, Xannes.

3° autour de Harville, Jarville, Woel, Saint-Hilaire.

Il convient de profiter de la nuit pour l'exécution des premiers travaux, ouvrages et tranchées du front, etc. Améliorer le tout dans les journées suivantes, de manière à mettre ces organisations en état de résister à toute attaque.

Il est nécessaire, au début tout au moins, de couvrir l'exécution des travaux par les groupes de couverture.

Il n'y a probablement sur le front sud-ouest de Metz que la 8ᵉ brigade bavaroise avec des troupes de réserve et de landwehr, le XVIᵉ corps serait groupé dans la région Briey, Auboué.

JOFFRE.

Général aide-major : BERTHELOT.

2°

[ORDRE PARTICULIER N° II

16 août, 14 h. 25.

En vue de permettre au général commandant la 3ᵉ Armée de concentrer plus particulièrement son attention sur les opérations offensives de son armée, les éléments ayant une mission d'ordre défensif seront, à partir du 17 aout midi, placés sous le commandement de M. le général Paul Durand qui continuera, d'ailleurs, à relever du général commandant la 3ᵉ Armée.

Le groupement de forces placé sous le commandement de M. le général Paul Durand comprendra, en outre du 3ᵉ groupe de divisions de réserve, la 67ᵉ D. R. qui, venant du camp de Châlons par voie de terre, atteindra le 18 août en fin de marche la région Nixeville-Dombasle (Q. G.) où le général Durand lui fera parvenir ses ordres.

Les places de Toul et de Verdun seront, à partir du 17 août midi, sous l'autorité du général Durand, dans les conditions indiquées par l'article 144 du décret sur la conduite des grandes unités. Le général Durand jouira à cet égard des droits d'un commandant d'armée.

La mission du groupement des forces du général Durand sera de commencer l'investissement du front sud-ouest de Metz d'une manière très progressive et d'arrêter sur les positions arrêtées entre Toul et Verdun toute tentative de l'ennemi visant la rupture de ce front.

Le 18ᵉ corps sera dans la journée remplacé sur les points qu'il occupe actuellement par la division de réserve de Toul.

L'instruction particulière n° 9 en date du 15 août 15 h. 30ᶜ sera communiquée par la 3ᵉ Armée au général Durand pour exécution.

Signé : JOFFRE.

3°

INSTRUCTION PARTICULIÈRE N° 12 AU GÉNÉRAL COMMANDANT
3ᵉ ARMÉE (²)

La 3ᵉ Armée laissant face à Metz le groupement de forces
aux ordres de M. le général Paul Durand, s'établira sur le front
Jametz-Etain prête à déboucher en direction générale de Longwy
avec ses 4ᵉ et 5ᵉ corps et 2ᵉ divisions du 6ᵉ corps.

Provisoirement une division du 6ᵉ corps sera maintenue en
garde-flanc à droite, face à Conflans et à Briey.

En attendant l'ordre de passer à l'offensive, ces forces s'organiseront sur le front général indiqué.

JOFFRE.

4°

Q. Q. G., Verdun, le 17 août 1914.

SUBDIVISION DE LA 3ᵉ ARMÉE
    DANS LA WOEVRE
    État-major
    3ᵉ Bureau

Ordre général n° 10

Par ordre du général commandant en chef les armées de l'Est,
le général Paul Durand, tout en continuant à relever du commandant de la 3ᵉ Armée, prend à partir du 17 août, midi, avec
les droits de commandant d'armée, le commandement d'un
nouveau groupe de forces comprenant :

(¹) Cette instruction ne porte pas de date ; il résulte de la déposition du maréchal Joffre devant la Commission de Briey qu'elle fut
envoyée le 15 août.

1° 3e groupe de divisions de réserve (54e, 55e, 56e D R)·
2° La 67e division de réserve

En outre, les places de Toul et de Verdun ainsi que les divisions de réserve qui y sont rattachées sont à la même date placées sous son autorité dans les conditions fixées par l'article 144 sur la conduite des grandes unités.

Son Q. G. est à Verdun jusqu'à nouvel ordre.

Le général commandant la subdivision de la 3e Armée dans la Woëvre,

Général DURAND.

Adressé à la 3e Armée, 54e, 55e, 56e, 67e D. R., gouverneurs Toul et Verdun.

5°

INSTRUCTION PARTICULIÈRE, PERSONNELLE ET SECRÈTE N° 4 AU GÉNÉRAL COMMANDANT LA SUDBIVISION D'ARMÉE ([1])

Verdun, 17 août 1914, 15 heures.

1° La 3e Armée a pour mission de déboucher du front Jametz-Etain en direction générale de Longwy, en laissant face à Metz le groupement de forces aux ordres de M. le général Durand.

Ce groupement de forces est chargé de commencer progressivement l'investissement du front sud-ouest de Metz et d'arrêter sur les positions organisées entre Toul et Verdun toute tentation de l'ennemi visant la rupture de ce front.

2° Le débouché offensif de l'Armée exécuté avec les 4e, 5e corps, 2 divisions du 6e corps et la 7e division de cavalerie sera protégé initialement par la 3e division du 6e corps maintenue en garde flanc à droite, face à Conflans-Briey, en arrière du front Saint-Jean-les-Buzy, Mouaville, Gondrecourt.

_____

([1]) Le manuscrit de cette instruction est de la main du général Grossetti, chef d'état-major de la 3e armée.

Dès que l'ensemble de ce dispositif aura progressé vers le nord-est la couverture aux ordres du général Durand devra s'étendre, elle aussi, vers le nord-est prolongeant l'encerclement de Metz, prête à toute contre-attaque débouchant dans le flanc de l'armée entre Metz et Thionville.

3° L'exécution des dispositions prescrites aux 55e et 56e divisions de réserve qui tiennent déjà le front Xannes, Beney, bois de Dampvitoux, Dampvitoux, Daucourt-aux-Templiers, l'envoi à Domvre-en-Haye de la division de réserve de Toul par ordre du général commandant en chef, le repli constitué par la division de réserve de Verdun sur le front Herrivemont, Gussainville, Warcq, permettent au général commandant la subdivision d'armée de s'acquitter de sa mission en ce qui concerne l'investissement progressif de Metz et la défense de la place de Verdun, Toul.

4° Pour assurer la couverture du flanc droit de la masse offensive de la 3e Armée, la 54e division de réserve devra être tenue prête à relever la division garde-flanc du 6e corps dès que celle-ci se portera en avant.

Cette division établie entre la route Etain, Conflans et le chemin de fer de Longuyon, Conflans sur le front Saint-Jean-de-Buzy, Mouaville, bois communal, Gondrecourt, Aix, se tiendra prête à s'engager face à l'est ou face au nord-est à l'appui du gros de l'armée.

Dès que la 67e division de réserve sera disponible, cette division sera tenue prête également à prolonger la 54e et à s'établir en arrière du front Fléville, Mainville, Landres, prête à s'engager également à l'est ou face au nord-est.

Les troupes devront s'organiser (effacé : défensivement), très solidement sur les positions occupées. Je me propose de laisser à votre disposition toute l'artillerie de 120 sur plateforme de la 3e Armée (effacé : pour renforcer la défense de ces positions dès que) ; les batteries pourront être utilement portées sur les lignes de défense ainsi organisées dès que l'état d'avancement des travaux permettra d'en assurer la sécurité.

E. RUFFEY.

6°

ORDRE PARTICULIER NO 14.

19 août 1914, sans heure.

I. — Les troupes destinées à masquer tout d'abord la place de Metz à l'ouest et au sud, puis à poursuivre progressivement l'investissement du camp retranché sont placées sous les ordres de M. le général Maunoury. Elles constitueront l'Armée de Lorraine.

II. — Le général Maunoury disposera :

a) *Immédiatement* :

Du 3ᵉ Groupe de divisions de réserve primitivement affecté à la 3ᵉ Armée, de la 67ᵉ division de réserve qui vient d'arriver à Verdun, des places de Toul et de Verdun, sur laquelle le général Maunoury aura le droit d'un commandant d'armée.

(NOTA. — L'ordre particulier n° 11 en date du 16 août est annulé et la 3ᵉ Armée n'aura plus à s'occuper des éléments ci-dessus que pour assurer par sa Direction des Etapes et Services les ravitaillements et évacuations),

des 65ᵉ et 75ᵉ divisions de réserve qui débarqueront du 21 au 23 août dans la région Sorcy, Voix.

b) *Ultérieurement* :

du 2ᵉ groupe de divisions de réserve actuellement rattaché à la 2ᵉ Armée,

. des 64ᵉ et 74ᵉ divisions de réserve qui débarqueront du 21 au 23 août dans la région Lunéville, Bayon, Dombasle.

Ces deux divisions et le 2ᵉ Groupe de divisions de réserve seront maintenus à la disposition du commandant de la 2ᵉ Armée jusqu'à ce que l'action engagée par cette armée dans la région Dieuze, Château-Salins ait reçu une solution.

III. — La mission confiée aux troupes placées sous les ordres du général Maunoury consiste à préparer progressivement l'investissement du camp retranché de Metz, d'après les indications données respectivement aux commandants des 3e et 2e Armées par l'instruction particulière n° 9 du 15 août et par le télégramme en date du 18 août.

Toutefois pendant l'exécution des travaux, de fortes réserves devront être maintenues sur les organisations défensives effectuées à l'est de Nancy et sur les Hauts-de-Meuse, de façon à garantir en tout état de cause l'inviolabilité des fronts organisés dans ces deux régions.

IV. — Jusqu'à nouvel ordre le ravitaillement des unités placées à l'ouest de la Moselle sera assuré par la direction des Etapes et Services de la 3e Armée, celui des autres unités à l'est de la Moselle par la direction des Etapes et Services de la 2e Armée.

(*Note de départ mise à la main* : Lettre envoyée au général Maunoury, armées de Nancy, de Verdun, général Durand, gouverneurs de Toul et Verdun, direction arrière, 1er Bureau, Chancellerie, Minute.)

ANNEXE IX

DÉCLENCHEMENT DE L'OFFENSIVE DES 3ᵉ ET 4ᵉ ARMÉES

1°

20 août, 15 heures.

Commandant en chef à commandant 4ᵉ Armée

Les mouvements signalés par aviateurs ne permettent pas de conclure que l'ennemi a déclenché son offensive...

Pas de mouvements importants dans la région Givet, Ciney, Huy ; sur les ponts de la Meuse en aval de Namur il ne paraît pas qu'il soit passé ce matin autre chose que des convois de corps d'armée allemande qui marchent contre l'armée belge.

Je comprends votre impatience, mais j'estime qu'il n'est pas encore temps de partir. Plus la région Arlon, Audun-le-Roman, Luxembourg sera dégarnie, mieux cela vaudra pour nous.

Je tiens essentiellement à ne pas passer à l'offensive avant l'heure utile. L'ennemi peut d'ailleurs avoir intérêt à provoquer cette offensive par des amorces. Il ne convient pas de tomber dans le piège.

JOFFRE (¹).

____

(¹) Le manuscrit de cette pièce connu des deux suivantes est de la main du général Berthelot.

2°

20 août, 20 h. 30.

Commandant en chef à commandant 3e Armée,

La 3e Armée commencera dès demain, 21 août, son mouvement offensif en direction générale d'Arlon.

Elle portera les têtes de ses deux corps de gauche sur Virton et Tellancourt — son corps de droite en échelon refusé, sa tête à Beuveille.

La mission de la 3e Armée sera de contre-attaquer toute force ennemie qui chercherait à gagner le flanc droit de la 4e Armée. Dans son mouvement général, elle sera prête à s'engager face à l'est s'il était nécessaire.

La route Jametz, Bazeilles, Ecouviny, Virton (incluse) est la limite de la 3e Armée à l'ouest.

Commandant en chef à commandant 4e Armée.

Vous autorise à porter dès cette nuit fortes avant gardes toutes armes sur la ligne générale Bierre, Paliseul, Bertrix, Straimont, Tintigny, pour assurer débouché de votre armée au delà de la Semoy.

Le mouvement de toute l'armée sera prêt à être entamé sur un simple télégramme d'exécution.

La direction générale du mouvement sera sur Neufchâteau.

3°

3e Armée   Q. Q. G., Verdun, 21 août, 2 h.
E.-M., 3e Bureau

Ordre général d'opérations n° 18 pour la journée du 21 août.

1° Bulletin de renseignements n° 15. L'ennemi paraît s'être renforcé sur la ligne Arrancy, Ollières, Domprix.

2º Aujourd'hui 21 août, liant son action à celle du 2ᵉ corps de la 4ᵉ Armée qui opère à sa gauche et doit se porter de Montmédy sur Tintigny, l'armée prendra l'offensive en direction générale d'Arlon. Sa droite se tiendra prête à refouler dans Metz toute attaque débouchant de cette place (*Instruction secrète nº 5 du 17 août au général commandant le 3ᵉ G. D. R.*).

3º *Aviation*. — Explorera en avant du front de marche des 4ᵉ et 5ᵉ corps et sur le flanc vers Conflans, Briey, Thionville (ordre particulier). Terrain d'atterrissage à Verdun.

4º 7ᵉ division de cavalerie franchira la ligne Spincourt, Conflans à 5 h. 30 et opérera en avant du 6ᵉ corps en direction de Audun-le-Roman, Aumetz (*Instruction particulière*). Elle sera soutenue par deux bataillons du 6ᵉ corps rendus respectivement pour 6 heures à Baroncourt et Gondrecourt.

Elle éclairera dans les directions :

a) Landres, Juppécourt, Brehain-la-Ville, Longwy.
b) Fléville, Anoux, Aumetz, Esch-sur-Alzette.
c) Conflans, Briey, Fontoy, Ronchonvillers.

5º *Zone d'action et de mouvement.* — Le 4ᵉ corps disposant de la zone comprise entre (la ligne incluse Marville, Bazeille, Velosne, Torgny, Lamorteau, Virton et la ligne incluse Grand-Failly, Petit-Xivry, Flabeuville, Villette, Allondrelle, la Malmaison, la Tour, portera ses avant-gardes sur la Bassevire à Virton et à la Tour, la queue des gros sur la Chiers.

Le 5ᵉ corps disposant de la zone comprise entre la limite de droite du 4ᵉ corps exclue et la ligne incluse Muzeray, Duzey, Longuyon, Fermont, Martigny-sur-Chiers, Villers-la-Chèvre, Cosnes, Musson, portera ses avant-gardes sur le front Signeux, Gorcy, Cosnes, queue des gros sur la Chiers, se couvrant à l'est vers Ugny en liaison avec le 6ᵉ corps.

Le 6ᵉ corps marchant par divisions échelonnées, la gauche en avant, en arrière et à droite du 5ᵉ corps s'avancera dans la direction générale de Spincourt, Saint-Pierrevillers, Beuveille, prêt à faire face à toute attaque débouchant de Briey et plus au nord. Il se maintiendra hors de la portée du canon de la ligne avancée que l'ennemi paraît avoir organisée à l'est de Conflans et dans la région Briey, Moyeuvre.

La 3 division du 6ᵉ corps (42ᵉ) (¹) maintenue tout d'abord en garde-flanc face à Conflans, Briey sera relevée par la 54ᵉ division de réserve et suivra le mouvement vers le nord.

En fin de marche les avant-gardes du 6ᵉ corps tiendront Beuveille, Mercy-le-Bas, le gros dans la zone Arrancy, Saint-Supplet, Xivry-Circourt, Jeudreville, Spincourt, se gardant face à l'est.

Les avant-gardes des 4ᵉ et 5ᵉ corps franchiront la ligne de l'Othain à 6 heures ; les avant-gardes du 6ᵉ corps la voie ferrée Spincourt, Conflans à la même heure.

3ᵉ groupe de divisions de réserve. — La 54ᵉ division de réserve aura sa tête à Pont-de-Chasson, 1 kilomètre ouest d'Etain, pour 9 heures et sera prête à relever la 42ᵉ division sur le front Eix, Gondrecourt, Mouaville, Saint-Jean-les-Buzy, dès que celle-ci sera mise en marche vers le nord.

La route de Verdun-Etain sera laissée libre à partir de 6 heures pour le mouvement de la 54ᵉ division de réserve.

La 67ᵉ division de réserve viendra dans la zone Damloup, Abaucourt, Blanzee, Moulainville, Eix, Belleville, Haudainville.

6º *Eléments d'armée :*

A. L. 2 suivra le 4ᵉ corps.

A. L. 4 suivra le 5ᵉ corps.

Ces deux groupes sont rattachés respectivement pour la marche et le cantonnement aux 4ᵉ et 5ᵉ corps qui leur donneeront des ordres.

A. L. 4 T. passant par Haudiomont, Fresnes, sera rendue au nord d'Etain à 8 heures où elle sera à la disposition du 6ᵉ corps.

RUFFEY.

Dans ce document (dossier de la 3ᵉ Armée 3ᵉ Bureau, Sorties), le passage relatif à la 67ᵉ Division de réserve fut deux fois remanié :

(¹) Il y avait là une erreur, qui fut rectifiée aussitôt : il s'agissait de la 40ᵉ division et non de la 42ᵉ.

1re version : la 67e D. R. sera portée dans la région Eix, Dam-loup, Abaucourt, Hautecourt, Grimancourt-Morainville où elle se cantonnera. Tête à Erouville-Hautcourt. Instruction particulière au général commandant le 3e G. D. R. pour les autres divisions.

2e Version. — La 67e D. R. aura sa tête à Dieppe-Morgemoulin à 10 heures, elle poussera ensuite son avant-garde. Le gros de la division sera maintenu jusqu'à nouvel ordre dans la région Ornes-Fosameix-Morgemoulin-Ginerey où les cantonnements seront préparés.

Les routes Ornes-Morgemoulin et Dieppe-Morgemoulin appartiendront à la 67e D. R. de 8 heures à 10 heures.

ANNEXE X*

1°

21 août 1914.

Ordre particulier n° 15 (¹)

Commandant en chef à commandant 3ᵐᵉ armée et commandant forces anglaises.

1° La première éventualité envisagée par mon Instruction particulière n° 13 semble se réaliser (²).

2° Les 3ᵉ et 4ᵉ Armées commencent dès aujourd'hui, 21 août, leur marche en direction générale de Neufchâteau (4ᵉ Armée) et Arlon (3ᵉ Armée) en prenant pour objectif les forces ennemies qui sont entrées dans le Luxembourg belge et dont le déplacement paraît orienté vers l'ouest.

3° La 5ᵉ Armée s'appuyant à la Meuse et à la place de Namur prendra pour objectif le groupement ennemi du Nord (effacé : qui a franchi la Meuse).

Le commandant en chef des forces anglaises est prié de coopérer à cette action en se tenant à la gauche de la 5ᵉ Armée et en portant tout d'abord le gros de ses forces dans la direction générale de Soignies.

JOFFRE.

(¹) Cet ordre et le suivant sont de l'écriture du général Berthelot.
(²) Voir cette instruction page 207 *supra*.

2°

Ordre particulier n° 16 à la 4ᵉ Armée

Orientez dès aujourd'hui vos colonnes vers le front général indiqué par mon ordre d'hier, 20 août 8 h. 30, en mesure de déboucher au nord de la Semoy.

Demain 22, le mouvement se poursuivra en direction du nord, votre droite marchant par Rulles, Leglise, Ebby, Nives, route vous appartenant.

La 3ᵉ Armée marchera en échelon refusé à votre droite. L'ennemi sera attaqué partout où on le rencontrera.

3°

Ordre particulier n° 17 (3ᵉ et 4ᵉ Armées).

21 août, 21 h. 30.

1° La 4ᵉ Armée continuera son mouvement vers le nord, dans la zone qui lui a été assignée, et attaquera toute troupe ennemie qui se rencontrera dans cette zone. Le but à poursuivre est d'acculer à la Meuse entre Dinant, Namur et l'Ourthe, toutes les forces adverses qui se trouvent dans cette région.

Le commandant de la 4ᵉ Armée fixera lui-même le front journalier à atteindre en évitant toute fatigue à ses troupes avant la bataille. Il rendra compte journellement de ce front, ainsi que du résultat acquis.

2° La 3ᵉ Armée a toujours pour mission de couvrir le flanc droit de la 4ᵉ Armée contre les forces qui peuvent encore se trouver dans la région du Luxembourg. Elle marchera en un dispositif échelonné un peu en arrière de la 4ᵉ Armée et permettant de s'engager rapidement face à l'est, en tout ou en partie, contre tout élément important signalé.

Le flanc extérieur sera soigneusement éclairé, aussi loin que possible et il conviendra d'opérer des destructions sur les voies ferrées venant de l'est, en dehors de la zone même de l'armée.

3º Les deux armées assureront entre elles une liaison télé-
graphique et téléphonique permanente et se tiendront récipro-
quement au courant de tous les événements.

JOFFRE.

4º

*Instruction personnelle et secrète nº 6 du général commandant la
3ᵉ armée pour la journée du 22 août.*

Verdun, 21 août.

La mission de l'armée est :

1º de couvrir la droite de la 4ᵉ Armée qui marche vers le
nord,

2º de faire face à toute attaque venant du nord et de l'est.

Dans la journée de demain, 22 août, la première partie de la
mission incombera au 4ᵉ corps, qui poussera une division dans
la région d'Etalle et son autre division dans la région de Saint-
Léger, Châtillon, de façon à pouvoir contre-attaquer par Etalle
et par Vance toutes les forces ennemies qui déboucheraient
d'Arlon pour agir contre le flanc droit de la 4ᵉ Armée.

Le 5ᵉ corps, agissant dans la région comprise entre les routes
excluses Virton, Châtillon, Arlon et Musson, Halanzy, Messancy
viendra dans la région Meix-le-Tige, Rochecourt, avec mission
de refouler ce qui sortirait d'Arlon et d'aider le 6ᵉ corps à déboucher vers Aubange et Athus.

La 2ᵉ partie de la mission sera remplie par le 6ᵉ corps.

Ce corps disposant de A. L. 4 T. et A. L. 4 en (¹) masquera
avec une de ses divisions la position de Differdange (est de
Longwy) et débordera cette position par Longwy avec une
autre division. Il disposera pour cette mission de la zone comprise entre la Chiers et la limite sud-est du 5ᵉ corps.

Sa 3ᵉ division, en garde-flanc dans la région Fillieres, Mercy-
le-Haut, sera prête à contre-attaquer tout ce qui déboucherait
de Fontoy.

(¹) Ces abréviations doivent vraisemblablement être ainsi traduites :
artillerie lourde sur tracteur, artillerie lourde calibre nouveau.

La 7e division de cavalerie éclairera dans la région Audun-le-Roman, Rochonviller, et cherchera ensuite à passer au nord de la zone boisée Villerupt, Rumelange, pour se porter sur Esch-sur-Alzette, d'où elle explorera sur Thionville, Bettembourg, Luxembourg.

Dans le cas où le passage ne pourrait être ouvert, elle se replierait dans la région de Longwy pour passer ultérieurement par le nord de cette place.

Un groupe de deux divisions de réserve viendra dans la région Spincourt-Mouaville, couvrant le flanc droit du 6e corps et prêt à contre-attaquer tout ce qui déboucherait de Briey.

(Ajouté de la main du général Grossetti :) La place de Longwy coopérera à l'action du 6e corps.

RUFFEY.

Dans le dossier : *Sorties de la 3e Armée* (3e *Bureau*), sur la minute même de cette *Instruction n°* 6 et sur la copie « tapée » qui y est annexée il y a : « Un groupe de deux D. R. viendra dans la région Spincourt-Mouaville. »

Dans la copie qui se trouve dans le dossier du G. Q. G., *Entrées de la 3e Armée*, 3e *Bureau* (N° répertoire 2908), 2e dossier, pièce 30, on a supprimé les mots : « un groupe de deux D. R. » et remplacé à l'encre par « une D. R. » et on a de même remplacé « Mouaville » par « Etain ».

5°

3e *Groupe de Divisions de réserve. — Ordre du général*
Paul Durand.

Verdun, 21 août, 20 h. 45.

La 3e Armée continue sa marche vers le nord, le 6e corps en échelon à droite.

Le 3e groupe de divisions de réserve a toujours pour mission de faire face à une attaque venant de la région Metz-Briey.

En conséquence demain 22 août :

1° La 54e division de réserve, chargée de couvrir le flanc droit du 6e corps, ira occuper le front Spincourt-Etain, en situation de contre-attaquer tout ce qui déboucherait de la région de Briey (mouvement terminé pour 8 heures).

Zone de cantonnement : Spincourt, Gouraincourt, Eton, Etain. Morgemoulin, Ginerey, Loison, Vaudoncourt.

Q. G. à Ornel.

2e La 67e division de réserve de façon à dégager la vallée de la Meuse prendra pour nouvelle zone de cantonnement Damloup, Haraigne, Fromezey, Herméville, Grimaucourt, Moranville.

Q. G. à Eix.

3º La 72e division de réserve tout en conservant ses emplacements et sa mission actuelle prolongera sa ligne de résistance jusqu'à Warcq, où elle se reliera au nord de la 54e division de réserve.

Q. G. à Manheule.

4º 56e et 55e divisions de réserve ; emplacements et missions actuels.

ANNEXE XI

1º

Armée de Lorraine   Q. G. de Verdun, 23 août, 13 h. 30.
E.M. 3ª Bureau

Ordre particulier nº 25 aux 54ª et 67ª divisions de réserve.

1º La 3ª Armée est sérieusement engagée sur le front Virton (4ª corps) Signeulx-Cosnes (5ª corps), Ugny, Grand bois de Doncourt (6ª corps).

De plus la 7ª division de cavalerie est attaquée fortement vers Audun-le-Roman par l'ennemi débouchant de l'est.

2º La 54ª division de réserve fera tenir immédiatement les hauteurs Ollières-Domprix pour s'opposer à tout mouvement débordant sur la droite du 6ª corps.

3º La 67ª division de réserve se portera immédiatement dans la région Senon-Amel où elle s'établira en rassemblement articulé face à l'est, couvrant la droite de la 54ª division de réserve.

4º Les généraux commandants les 54ª et 67ª divisions de réserve feront connaître le point où ils établiront leur poste de commandement dès qu'ils seront arrivés sur le terrain.

5° Poste d'armée : Ornel.

6° Poste du général commandant le 3ᵉ Gr. D. R : Verdun.

Le général commandant l'armée de Lorraine,

MAUNOURY.

Remis et transmis pour exécution,

Le chef d'E.-M., du 3ᵉ Gr. de D. R. : DIEBOLD.

2°

Marville, 15 heures, 22 août.

Général 3ᵉ Armée à sous-chef État-Major (Message téléphoné).

Action très vivement engagée sur le front Virton, Ruettes, Tellancourt, Bois du Moine, sud de Villers la Chevre, Ugny, Bois du Grand Champ, Bois Mont.

Plus au sud la 40ᵉ division doit être entre Joppécourt et Mercy-le-Haut.

Pas de renseignements sur la 7ᵉ division de cavalerie.

Demander au groupe de divisions de réserve et au général commandant l'armée de Lorraine de porter au moins une division vers Spincourt, Xivry-Circourt pour appuyer la 40ᵉ division et la rendre disponible. L'action est très fortement engagée.

(Reçu par le lieutenant-colonel BOUCHER).

3°

Armée de Lorraine
3ᵉ Gr., D. R. Verdun, 23 août, 18 h. 30.

Le général Paul Durand commandant le 3ᵉ G. D. R. à M. le général
commandant la 3ᵉ Armée.

La 54ᵉ division de réserve rend compte par son officier de liaison que cette nuit, entre 23 et 24 heures, elle ne pourra occuper que les emplacements suivants :

1º 107ᵉ brigade et un groupe d'artillerie en rassemblement articulé à 1 kilomètre sud de Gouraincourt.

2º 108ᵉ brigade et deux groupes d'artillerie tenant actuellement la ligne Spincourt, Donnary, partiront le 23 août vers 1 heure pour occuper le front Ollières-Domprix.

Le chef d'État-Major.

DIEBOLD.

4º

Ordre général d'opérations n° 18
du général commandant la 3ᵉ armée pour la journée du 23 août.

G. Q. G., Verdun, 22 (¹) août, 0 h. 30.

1º A la gauche du 4ᵉ corps l'action du 2ᵉ corps a repoussé l'ennemi vers Virton. Les 4ᵉ et 5ᵉ corps se sont maintenus rive droite de la Chiers — le 6ᵉ tient la Crusne.

2º Le 4ᵉ corps, fortement appuyé à Mont-Quentin et Lamorteau, sa droite sur Charency, s'organisera solidement sur les positions occupées prêt à reprendre l'offensive par sa gauche en se reliant au 2ᵉ corps. Les éléments disponibles seront employés à préparer une position de 2ᵉ ligne sur la rive gauche de la Chiers, entre le mamelon sud de Vilosnes et le bois de la Grange inclus.

3º Le 5ᵉ corps s'organisera également sur les positions qu'il occupe au nord de la Chiers, se reliant vers Longuyon à la gauche du 6ᵉ corps (Longuyon au 5ᵉ corps).

Les éléments disponibles seront employés à préparer une position de seconde ligne sur la rive gauche de la Chiers du bois de la Grange exclus aux hauteurs sud de Longuyon.

Le 5ᵉ corps est destiné à servir ultérieurement de pivot à la reprise du mouvement en avant par les deux ailes.

4º Le 6ᵉ corps établi sur (mot retranché) la Crusne, sa droite

---

(¹) Il y a là un *lapsus calami*, et c'est 23 août 0 h. 30, qu'il faut lire.

vers Mercy-le-Bas, se préparera à reprendre l'offensive par sa droite en liaison avec la 7e division de cavalerie dès que les 54e et 67e divisions de réserve seront établies en repli derrière son aile droite.

5° La 7e division de cavalerie opérant à la droite du 6e corps dans la région Xivry-Circourt, Murville, agira dans la direction du nord dans le flanc des colonnes qui attaquent le 6e corps, se liant à l'offensive de ce corps.

6° La 54e division de réserve est venue tenir en arrière du 6e corps les hauteurs Ollières, Domprix (effacé : « elle s'y est retranchée »), elle va s'y retrancher de manière à libérer la droite du 6e corps.

La 67e division de réserve est rassemblée disponible dans la région Senon-Ornel.

RUFFEY.

5°

3e *G. R. D. R.*
  E. M.
3e *Bureau*   Q. G. de Verdun, 23 août, 8 heures.
  N° 67.

Ordre général d'opérations n° 28 pour la journée du 23 août.

1° Le général Durand a reçu l'ordre de prendre le commandement du groupe constitué par les 54e, 67e, 72e divisions de réserve.

L'intention du général commandant l'Armée de Lorraine est d'organiser ces 3 divisions de façon à lui permettre, soit de résister aux pressions de l'ennemi, soit de se porter en avant.

2° En conséquence, la 54e D. R. et la 67e D. R. tiendront sur la ligne (effacé : Réchicourt, Bouligny) Ollières, Domprix, tant qu'elles n'auront pas devant elles des forces supérieures.

Dans le cas où elles ne croiraient pas pouvoir tenir et sans se laisser accrocher, de façon à conserver leur liberté de manœuvre pour un mouvement de repli, la 54e D. R. prendra pour position de repli la ligne Loison, Bellevue (1 km. 5 ouest de Gouraïncourt) et la 67e D. R. la ligne Bellevue, cote 263, Eton et le Bois d'Eton.

3° La 72e D. R. ira prendre une position défensive momentanée sur le front Bois le Batis, cote 229 (1 km. sud-ouest de Cinerey) hauteurs au sud de Frameix et Fromezay.

Ce mouvement de la 72e D. R. commencera au reçu de l'ordre...

4° P. C. du général Paul Durand : à la gare d'Eix-Abancourt à partir de 9 heures ; même P. C. pour le général commandant la 72e D. R. Les généraux commandants les 54e et 67e D. R. feront connaître au général Durand le P. C. qu'ils auront choisi pour 10 heures.

Le général commandant le 3e Gr. D. R.

Durand.

6°

Marville (sans jour, mais certainement 23 août)
18 h. 15.

Instructions aux officiers de liaison (de la 3e armée).

Les 4e et 5e corps s'organiseront défensivement pour résister sur la rive droite de la Chiers, tenant :

4e corps : de Vieux-Virton à Allondrelles inclus.

5e corps : sur la position de Montigny, Frenois-la-Montagne, Bois de Longuyon.

Une position de repli sera établie par lui vers la ferme Bouillon.

Le 6e corps se maintiendra avec les 12e et 42e divisions sur la rive droite de la Crusnes, s'y organisera défensivement, la 40e division maintenant sur les positions qu'elle occupe la gauche à la Crusne en avant de la coupure Xivry-Circourt, Bois Mont.

Tous les impédimenta de corps devant être rejetés sur la rive gauche de l'Othain.

Les P. C. ne devant pas dépasser les fronts Ecurey, Damvillers, Grumilly, Ornes.

On profitera de la nuit pour reconstituer les unités.

Les commandants de corps d'armée feront rendre compte au Q. G. à Verdun de leurs situations en fin de combat par un officier de liaison. Toutes mesures devront être prises pour assurer le ralliement des isolés en arrière de la Chiers et les ramener à leurs corps.

Des passages seront établis sur la rivière pour faciliter les replis éventuels sur la rive gauche de ces lignes d'eau, si l'on y était forcé par l'ennemi.

Le front devrait être : pour le 4e corps la gauche au bois de Villones, Velosnes dans la direction de Villers-le-Rond ;

5e corps la gauche au Haut-Bois par Arrancy, Han-les-Pierrepont, Ollières, cherchant la liaison vers Ollières soit avec la 7e division de cavalerie soit avec la division de réserve qui a dû être portée vers Spincourt et en avant.

GROSSETTI.

7°

Verdun, 23 août 1914, 20 h. 45.

Ordre général d'opérations n° 19 (pour la 3e armée)

1° Le 4e corps a progressé dans la journée. Il a sa gauche à Mont-Quintin et Dampicourt ; en fin de journée il avait sa droite à la Malmaison et Allondrelle.

Les 5e et 6e corps se sont repliés sur la rive gauche de la Chiers et de la Crusne jusqu'à Arrancy et sur l'Othain jusqu'à Nouillon-Pont.

La 7e division de cavalerie est vers Billy-sous-Mangiennes.

A la droite du 6e corps la 54e division de réserve a sa gauche vers Baudoncourt. Elle est prolongée à sa droite par la 67e division de réserve.

2° L'ennemi a montré peu d'activité pendant la première partie de la journée. Devant le 4e corps il tenait les bois nord de Virton, Ethe, Gonnery Ruette et le bois de la Ville. Devant le 5e corps il a progressé dans l'après-midi en avant de Tellancourt et Fresnois-la-Montagne. Devant le 6e corps il tient la rive droite de la Crusnes entre la Chiers et Pierrepont et les hauteurs de Saint-Pierrevillers, Ollières, Rechicourt et Avillers.

3° Demain, 24 août, les corps se maintiendront à tout prix, au commencement de la journée, sur leurs positions actuelles.

Dès que l'offensive sera possible, le mouvement commencera par le 5e corps dans la direction de la ferme Bouillon, puis de Telloncourt. Le mouvement sera tout d'abord appuyé à gauche par le 4e corps dans la direction générale Allondrelle, la Malmaison. Le 6e corps se portera en avant par sa droite dans la direction générale Nouillon-Pont, Saint-Pierrevillers *dès qu'il sera appuyé par l'offensive des divisions de réserve.*

La 7e division de cavalerie restera tout d'abord en arrière de Muzeray.

RUFFEY,

ANNEXE XII

RAPPORT DU COMMANDEMENT DU 3ᵉ GROUPE DE DIVISIONS DE RÉSERVE SUR LA BATAILLE D'ÉTAIN

Compte-rendu sommaire de la bataille d'Etain.

(24-25 août)

Dès le matin du 24 août, le général commandant le 3ᵉ groupe de divisions de réserve avait reçu la mission suivante :

Le 6ᵉ corps ayant dû à la suite du combat du 23 se replier sur le front Arrancy, Nouillon-Pont, ne reprendra l'offensive qu'ultérieurement. Afin de la lui permettre, les 54ᵉ et 67ᵉ divisions de réserve se maintiendront défensivement sur leur front de la veille, Spincourt-Gouraincourt, la 72ᵉ D. R. devra se trouver en mesure de parer à toute attaque ennemie débouchant de la région Conflans-Briey.

En conséquence, tandis que les 54ᵉ et 67ᵉ D. R. s'organisaient sur le front précité, la brigade disponible de la 72ᵉ était transportée, vers 8 h. 30, dans la région au nord de Fromezey, l'autre brigade de cette division continuant à tenir le front Etain, Warcq, Gussainville, qu'elle occupait la veille.

C'est dans ces conditions que s'engagea la bataille sur l'Othain de Nouillon-Pont à Dommary, caractérisée du côté allemand par une violente canonnade d'artillerie lourde qui ne s'arrêta pas de la journée et qui n'entama d'ailleurs en rien la résistance de nos troupes.

Vers midi, le général P. Durand fut avisé de l'ordre allemand saisi sur une automobile ; en même temps il était invité par un ordre du commandant de l'armée de Lorraine à appuyer l'offensive qu'allait prononcer en ce moment la 3e Armée au nord de Nouillon-Pont. Le général décida aussitôt de passer à l'offensive générale avec les divisions de réserve mises à sa disposition par l'ordre du commandant de l'armée de Lorraine (54e, 67e, 72e et aussi 75e).

Les 54e et 67e D. R. recevant ordre d'attaquer sur le front Rechicourt-Bouligny appuyées ultérieurement en échelon à droite par la 75e D. R. qui, venant de la région Manheülles, attaquerait par Boinville et Buzy dans la direction générale de Gondrecourt.

La 56e D. R. recevait également l'invitation d'assurer la sûreté du mouvement sur le flanc droit.

A partir de ce moment, la 54e D. R. au nord appuyant l'offensive du 6e corps sur Saint-Pierrevillers, débouchait résolument de Spincourt et malgré le feu intense de l'artillerie de gros calibre ennemie parvenait jusqu'à mi-chemin de Rechicourt (18 heures).

Malheureusement à sa droite, la 67e D. R. vigoureusement attaquée de front et aussi de flanc par les forces ennemies qui avaient occupé les bois de Saulx, était obligée (vers 19 heures), après une résistance acharnée et malgré l'appui d'un régiment de la 72e, de se replier sur Amel, découvrant ainsi le flanc sud de la 54e. Dans ces conditions cette dernière était obligée, à la tombée de la nuit, de se retirer sur Spincourt et de repasser l'Othain pour reprendre ses positions au matin.

Au centre l'ennemi (XXXIIIe D. R.) avait pu progresser sur le plateau de Rouvres, d'où il canonnait depuis 14 heures avec son artillerie de gros calibre les villages d'Etain et de Warcq, défendus par des éléments de la 72e.

Au sud, les 75e et 56e D. R. atteignaient seulement, vers 18 heures, la vallée de l'Orne à Boinville, Buzy, Olley, Puxe.

La nuit arrêta le combat et, vers 20 heures, le général P. Durand donnait aux troupes l'ordre de coucher sur leurs positions et de reprendre l'offensive le lendemain, dès l'aube, à 4 heures.

Deuxième journée.

Pour la journée du 25, la 56ᵉ D. R. qui, jusque-là, recevait directement ses ordres du commandant de l'Armée de Lorraine était également mise à la disposition du général Paul Durand, tandis que la 54ᵉ était rattachée au 6ᵉ corps, à la droite duquel elle opérait en liaison.

En outre, après entente entre le commandant de l'Armée de Lorraine et le gouverneur de Verdun, une nouvelle réserve était constituée au groupe de Division de réserve à l'aide de deux régiments actifs (165ᵉ et 166ᵉ) de la place, amenés (vu l'urgence) en partie par voie ferrée à la station d'Eix-Abaucourt et dirigés, dès leur arrivée, dans la région d'Herméville.

Au point du jour l'attaque des divisions de réserve reprenait sur toute la ligne suivant l'ordre de la veille au soir et en conformité avec l'ordre téléphonique adressé dès l'aube par la 3ᵉ Armée.

La 72ᵉ D. R. prise à partie dès le début par une artillerie lourde très supérieure ne put déboucher de la région Etain-Foameix et fut bientôt obligée de commencer à se replier sur le front Fromezey-Herméville. Mais vers 10 heures elle fut renforcée sur l'ordre du général Durand par le 166ᵉ actif et, peu après, sur l'initiative des officiers de son État-Major, par le deuxième régiment actif (165ᵉ) de la place de Verdun. Dès lors, la situation changeait totalement et sous l'énergique impulsion de ses chefs, la 72ᵉ D. R. passait résolument à une offensive que rien n'arrêtait plus.

A sa droite, les 75ᵉ et 56ᵉ D.R. avaient franchi l'Orne de Boinville à Jeandelize pour attaquer les hauteurs de la rive nord. Le débouché de la 75ᵉ D. R. fut très difficile. Les régiments de première ligne accueillis à la sortie de Boinville, Darmont, Buzy par un feu violent de mitrailleuses et une véritable pluie de projectiles de gros calibres, subirent des pertes sérieuses (notamment au 240ᵉ) et durent se replier au sud de l'Orne.

Seul le 42ᵉ colonial parvenait à se maintenir vaillamment dans Saint-Jean-les-Buzy, en liaison avec la gauche de la 56ᵉ

D. R. à Olley. Cette dernière division (la 56e), dès 8 heures du matin, avait assuré ses débouchés au delà de l'Orne par l'occupation du bois Saint-Jean et d'Olley, et pris sa direction sur ses premiers objectifs d'attaque : les Bois communaux, la ferme Neuvron et Thumereville, se couvrant vers Conflans par 2 bataillons de chasseurs à pied.

Bien que son artillerie ait franchi la voie ferrée, appuyant de très près son infanterie et causant de grands ravages dans celle de l'ennemi, le mouvement de la division fut un peu ralenti au milieu de la journée par suite du repli de la 75e D. R. qui la découvrait sur sa gauche.

Quoiqu'il en soit, les progrès de la 56e D. R., à 14 heures, étaient suffisants pour que, à 15 heures, le général Durand put ordonner à toutes les divisions de réserve la reprise de l'offensive générale au nord de l'Orne, sur le front Rouvres, Bechamps, Mouaville, de façon à couper la retraite de l'ennemi vers l'est.

Le mouvement fut couronné d'un plein succès : à 18 heures, la 72e D. R. atteignait presque Rouvres par les carrières de Béhaut et Rosaferme, son artillerie à 220 mètres, à l'endroit où venait de tomber glorieusement en tête de son régiment, le colonel Jacquot, commandant le 156e. Au centre, le 42e colonial et d'autres fractions de la 75e D. R. occupaient Aucourt, tandis qu'à la droite la 56e D. R., appuyée par toute son artillerie avec un ordre et un entrain remarquables, occupait Bechamp et Mouaville, et progressait jusqu'à la ferme Marjolaine sur la route d'Etain à Fleville.

Partout l'ennemi se retirait en désordre, laissant entre nos mains des prisonniers et des armes (400 prisonniers à la 56e D. R.).

Telle était la situation locale des divisions de réserve vers 18 h. 30, 19 heures, lorsque les toucha l'ordre de l'Armée de Lorraine qui les faisait se replier au sud de l'Orne pour, de là, gagner en une ou deux étapes les positions défensives sur les Hauts-de-Meuse (*Ordre général d'opérations n° 14 de l'Armée de Lorraine*).

Cet ordre reçut immédiatement un commencement d'exécution sans être inquiété par l'ennemi qui continuait sa retraite vers le Nord.

***

ANNEXE XIII

RAPPORT DU GÉNÉRAL JOFFRE AU MINISTRE SUR LA SITUATION
GÉNÉRALE

25 août, sans heure.

Commandant en chef à ministre Guerre

La situation sur notre droite ne s'est pas modifiée. Nos troupes ont contre-attaqué dans la région de Nancy-Charmes, et dans celle de Longuyon. L'échec de notre offensive dans le Luxembourg belge a eu pour conséquence de permettre à l'ennemi de disposer d'une partie des forces opérant dans cette région pour leur faire passer la Meuse en aval de Givet et lui permettre ainsi de développer son mouvement sur notre gauche. J'étudie les moyens d'arrêter ce mouvement en abandonnant le terrain nécessaire et en montant une manœuvre nouvelle qui s'opposera à la marche de l'ennemi sur les routes de Paris.

L'échec de notre offensive principale est due aux causes suivantes :

Armée du général Ruffey (3 corps 1/2). Cette armée qui devait se porter en direction de Longwy, a vu son offensive arrêtée dès le début, en raison de surprises subies par deux divisions de ses corps de gauche (7e et 9e divisions). Par son énergie et son coup d'œil, le général Ruffey a rétabli les affaires. Le 6e corps a eu une conduite superbe. Hier encore il tentait de repasser à l'offensive. Bref, cette armée n'a pas progressé, mais n'a pas cédé devant l'ennemi. Elle est étayée à sa droite par l'armée de Lorraine (général Maunoury).

Armée du général de Langle de Cary (6 corps). Cette armée qui devait attaquer en direction de Neufchâteau a vu, dès ses débuts, tout son effort enrayé par suite d'une surprise de la 33e division. Le 17e corps tout entier s'étant replié par suite de cet échec, toute la ligne s'en est trouvée disloquée. Peu après le Corps colonial, puis le 12e corps étaient violemment attaqués. Le Corps colonial qui a beaucoup souffert cédait du terrain. Malgré tous ses efforts, le général Langle de Cary n'a pu repasser à l'offensive. Il reconstitue son armée derrière la Meuse et la Chiers. Mais la majeure partie de cette armée n'est pas sérieusement entamée.

JOFFRE.

TABLE DES MATIÈRES

PREMIÈRE PARTIE

LA FRONTIÈRE DE BRIEY ET LES HAUTS-DE-MEUSE

DEUXIÈME PARTIE

LES COMBATS SOUS BRIEY

PIÈCES JUSTIFICATIVES

*Imprimé sur caractères spéciaux
des « Éditions Bossard »*

SAINT-AMAND (CHER). — IMPRIMERIE BUSSIÈRE

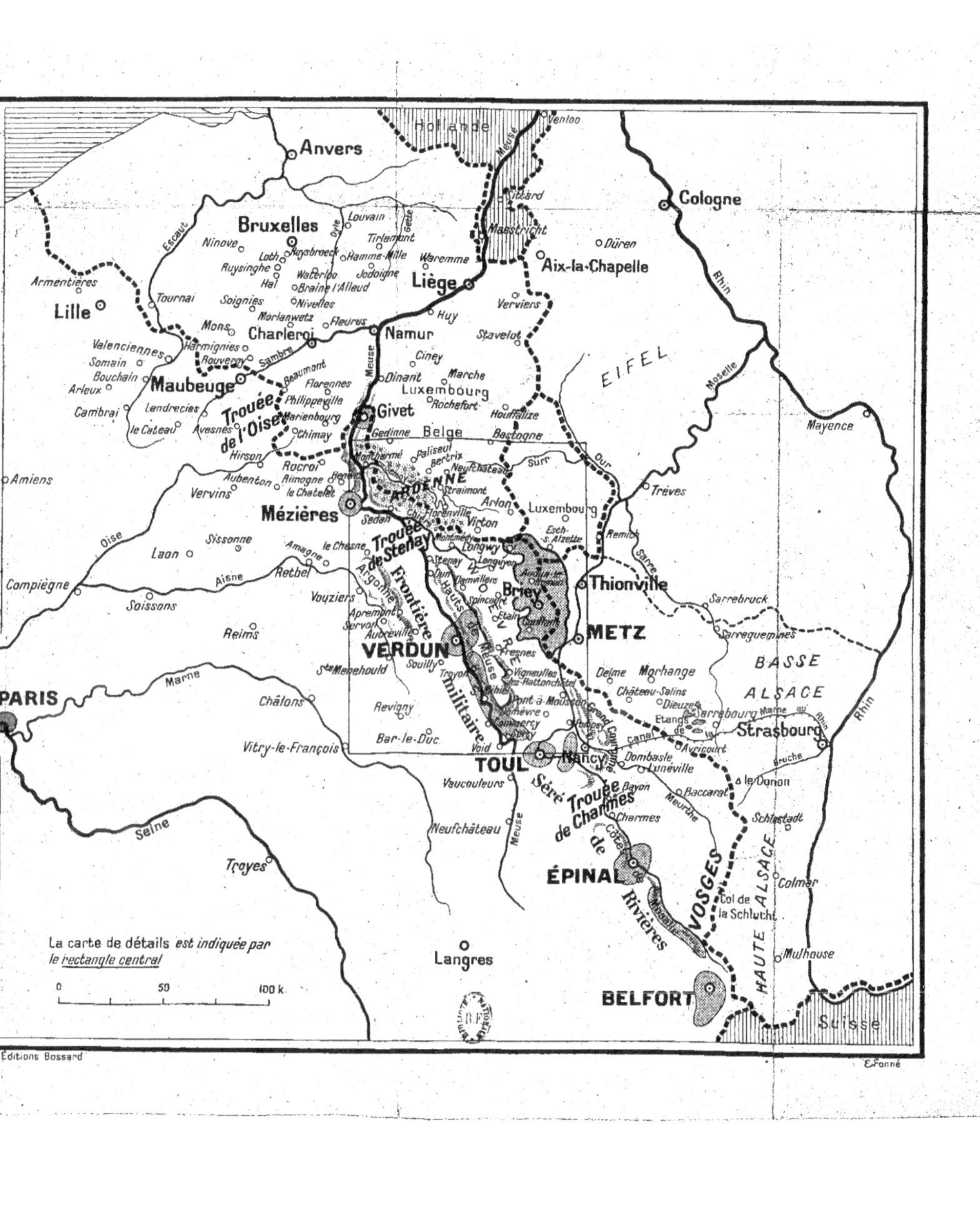

Hollande
Anvers
Venloo
Cologne
Bruxelles
Ninove
Louvain
Tirlemont
Gette
Duren
Ruysinghe
Loth
Raysbroeck
Dyle
Hamme-Mille
Waremme
Maestricht
Vittard
Aix-la-Chapelle
Rhin
Armentières
Tournai
Soignies
Hal
Waterloo
Nivelles
Jodoigne
Braine l'Alleud
Fleurus
Huy
Liège
Verviers
Lille
Valenciennes
Harmignies
Rouveroy
Mons
Morlanwetz
Charleroi
Sambre
Namur
Stavelot
EIFEL
Moselle
Somain
Bouchain
Maubeuge
Beaumont
Florennes
Dinant
Ciney
Marche
Luxembourg
Rochefort
Houffalize
Mayence
Arleux
Cambrai
Landrecies
Philippeville
Marienbourg
Chimay
Givet
Gedinne
Belge
Bastogne
le Cateau
Avesnes
Hirson
Rocroi
Montherme
Paliseul
bertrix
Neufchateau
Surr
Our
Trèves
Amiens
Aubenton
Rimogne
le Chatelet
Revin
ARDENNE
Straimont
Arlon
Luxembourg
Remich
Vervins
Mézières
Sedan
Chi.
Florenville
Victon
Esch-s.Alzette
Audun-le-
Sarre
Oise
Sissonne
le Chesne
Troueé
de Stenay
Longwy
Thionville
Sarrebruck
Laon
Amagne
Stenay
Longuyon
Briey
METZ
Sarreguemines
Compiègne
Aisne
Retbel
Dun
Damvillers
Spincourt
Etain
Vouziers
Hauts-de-
BASSE
Soissons
Reims
Apremont
Servon
Aubreville
Fresnes
Delme
Morhange
ALSACE
VERDUN
Souilly
Troyon
Vigneulles-
lès-Hattonchatel
Château-Salins
Dieuze
Sarrebourg
Marne
au
Ste Menehould
Mihiel
Pont-à-Mousson
Etangs
de
la
Strasbourg
Marne
Châlons
Revigny
Genevre
Grand Couronné
Avricourt
Canal
Rhin
Commercy
Toul
Void
Nancy
Dombasle
Lunéville
Bruche
PARIS
Bar-le-Duc
Vitry-le-François
Vaucouleurs
Sere
Troueé
de Charmes
Bayon
Baccarat
le Donon
Schlestadt
Seine
Neufchâteau
Meuse
Charmes
Meurthe
de
Colmar
Troyes
ÉPINAL
Côte
Col de
la Schlucht
Rivières
VOSGES
Mulhouse
Langres
HAUTE ALSACE
BELFORT
Suisse
La carte de détails est indiquée par
le rectangle central
0   50   100 k.
Éditions Bossard
E.Fonné

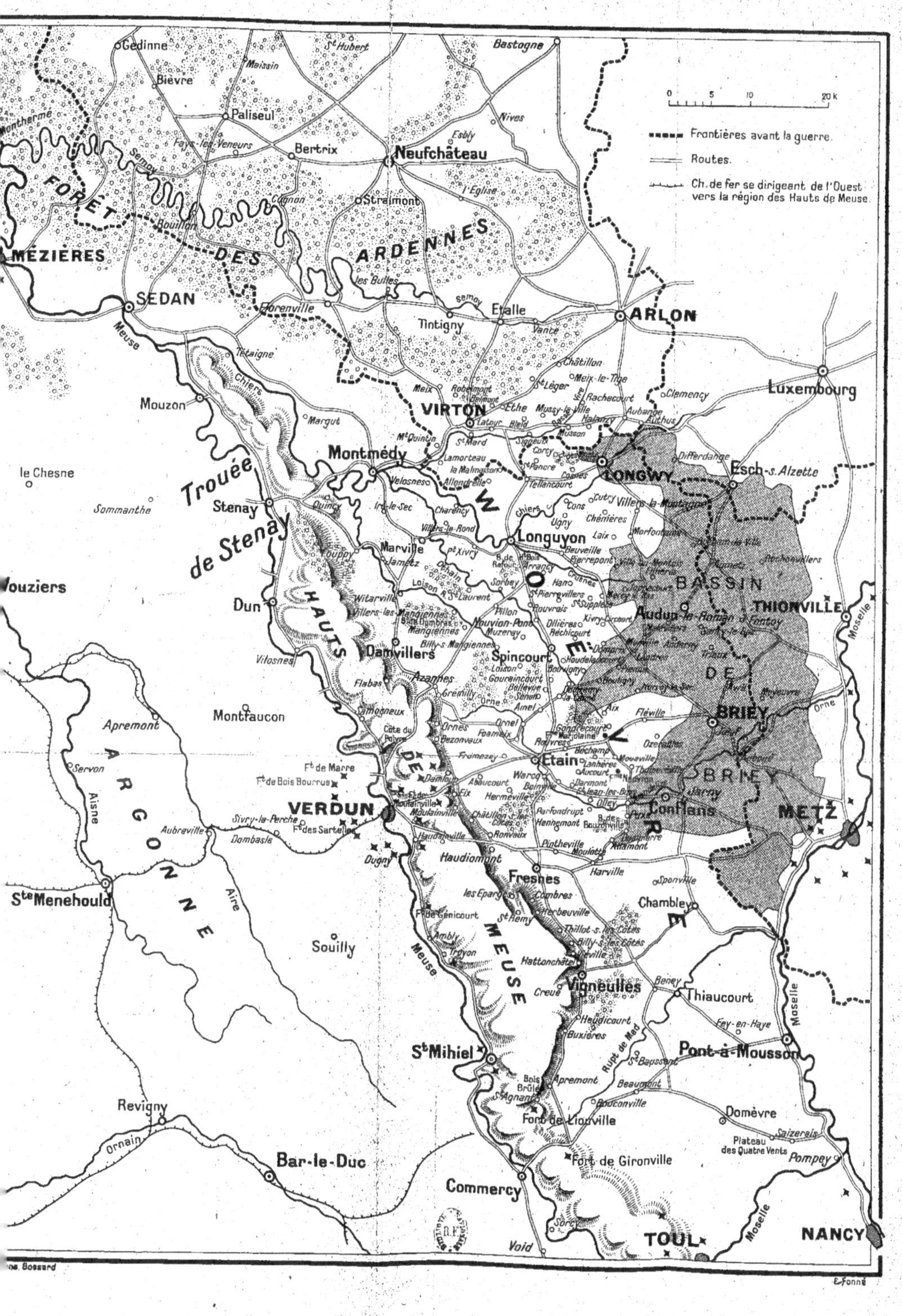

0 5 10 20 k
Frontières avant la guerre.
Routes.
Ch. de fer se dirigeant de l'Ouest vers la région des Hauts de Meuse.
Gedinne
St Hubert
Bastogne
Maissin
Bièvre
Paliseul
Nives
Monthermé
Fays-les-Veneurs
Bertrix
Neufchâteau
Esbly
FORÊT
l'Église
Cugnon
Straimont
DES
ARDENNES
MÉZIÈRES
Bouillon
les Bulles
Semoy
Florenville
Étalle
ARLON
SEDAN
Tintigny
Vance
Luxembourg
Meuse
Tétaigne
Châtillon
Meix-le-Tige
Mouzon
Chiers
Meix
Robelmont
St Léger
Sre Rachecourt
Clemency
Margut
VIRTON
Éthe
Mussy-la-ville
Aubange
Athus
Trouée
Mt Quintin
St Mard
Latour
Bleid
Signeulx
Halanzy
le Chesne
Montmédy
Lamorteau
Corty
Fonore
Differdange
Esch-s. Alzette
Velosnes
la Malmaison
LONGWY
Sommanthe
Stenay
Quincy
Allondrelle
Tellancourt
Cutry
Villers-la-Montagne
de Stenay
Ira-le-Sec
Charency
Chiers
Cons
Chénières
BASSIN
Villers-le-Rond
Longuyon
Ugny
Laix
Morfontaine
Mouzieres
Marville
Pt Xivry
Beuveille
Pierrepont
THIONVILLE
Jametz
Chauvency
Arrancy
Villy
Dun
Witarville
Loison
St Laurent
Hano
Audun-le-Roman
Fontoy
Villers-les-Mangiennes
Sorbey
Crusnes
Xivry
Moselle
Dombras
Pillon
Nouvian-Pont
Rouvrais
St Supplet
Muzeray
Dillières
Réchicourt
Mangiennes
Billy-s-Mangiennes
Vilosnes
Damvillers
Spincourt
Houdelaucourt
BRIEY
Flabas
Azannes
Loison
Goursaincourt
Bouligny
Montfaucon
Grémilly
Bellevue
Orne
Senon
Aix
Fléville
Apremont
Côte du
Ornes
Ornel
Amel
Ozeraille
Poivre
Bezonvaux
Foameix
Gondrecourt
Béchamp
Servon
Ft de Marre
Damloup
Fromézey
Marjoline
Mouaville
BRIEY
Aisne
Ft de Bois Bourrus
Fix
Warcq
Étain
Lanhères
Aubréville
VERDUN
Moulainville
Hermeville
Olley
Jarny
Conflans
METZ
Sivry-la-Perche
Châtillon-s. les
Parfondrupt
Bourdonnay
Ft des Sartelles
Côtes
Henhemont
Dombasle
Haudainville
Ronvaux
Pintheville
Moulotte
Ste Menehould
Dugny
Haudiomont
Harville
Freshes
Sponville
les Éparges
Combres
Chambley
Souilly
Ft de Génicourt
Herbeuville
St Remy
Thillot-s. les Côtes
Ambly
Billy-s. les Côtes
Troyon
Hattonchâtel
Vigneulles
Beney
Thiaucourt
Meuse
Creue
Heudicourt
Buxières
Fey-en-Haye
MEUSE
St Mihiel
Rupt de Mad
Baussant
Pont-à-Mousson
Bois
Apremont
Beaumont
Revigny
Brûlé
St Agnant
Bouconville
Domèvre
Ornain
Fort de Liouville
Plateau
Saizerais
des Quatre Vents
Pompey
Bar-le-Duc
Fort de Gironville
Moselle
Commercy
Sorcy
NANCY
Void
TOUL
ns. Bossard
E. Fonné